回不去的年代

民国的末路

网易博客 出品
姚文广　康　狄 主编

人民东方出版传媒
東方出版社

图书在版编目（CIP）数据

民国的末路 / 网易博客 编. —北京：东方出版社，2014.9
ISBN 978-7-5060-7761-3

Ⅰ.①民… Ⅱ.①网… Ⅲ.①中国历史—民国—通俗读物 Ⅳ.①K258.09

中国版本图书馆 CIP 数据核字（2014）第 217691 号

民国的末路
（MINGUO DE MOLU）

编　　者：网易博客
责任编辑：付云阳　李　烨
出　　版：东方出版社
发　　行：人民东方出版传媒有限公司
地　　址：北京市东城区朝阳门内大街 166 号
邮政编码：100706
印　　刷：北京京都六环印刷厂
版　　次：2014 年 12 月第 1 版
印　　次：2014 年 12 月第 1 次印刷
印　　数：1—6000 册
开　　本：710 毫米×1000 毫米　1/16
印　　张：17.75
字　　数：225 千字
书　　号：ISBN 978-7-5060-7761-3
定　　价：42.00 元
发行电话：（010）64258117　64258115　64258112

CONTENTS
目　录

第二篇 名将风云

第三篇 乱世群像

序

曾几何时，历史只是教科书上刻板的注释，是词条和纪年，是考试知识点和必背段落，唯独不见鲜活的人物与趣致的事件。

作为一门功课的历史让人不忍卒读。

进入21世纪，民间兴起了一股读史的热潮，一夜之间，人人都对历史产生了兴趣。

人们似乎重新发现了历史，在历史教材寥寥数言的记载下，是无数我们从未接触过的历史片段，专业的史学家和业余的史学爱好者们，将这些片段拼接成图，我们由此得窥一些重大历史事件的蛛丝马迹，由果及因，如同阅读一部气势恢弘的推理小说。

回望前尘，我们惊讶地发现以史为鉴是多么深刻的至理名言，时光荏苒，历史的脉络永远清晰可辨，它警醒着我们，也鞭策着我们。

“回不去的年代”就是一幅中国从晚清到民国历史的拼图，三千年未有之大变局，宣告了古代中国走向尽头，现代中国迎来了开端，在短暂的的百年光阴里，中国命运之跌宕，格局之奇诡，登场人物之纷纭，三千年来从未有也。

此段历史无论如何描摹，都始终令人有意犹未尽之感，事件只要换一视角，清晰处便又告模糊，不解处亦豁然开朗，但这亦是历史引人入胜的所在。

网易博客作为民间记录的载体，幸运地拥有国内最顶尖的史学作者，他们多年来来笔耕不倦，孜孜以求，这套丛书的诞生与他们的辛勤劳作息息相关。

在此向他们表示衷心的感谢与敬意。

是为序。

网易博客

第一篇

政史浮沉

中国宪政：曲折而凄惨的开篇

袁伟时

宪政，是人类文明的共同财富，是现代文明的标志之一。中国宪政的历史是从晚清开始的。百年前，慈禧下令“预备立宪”；五年后，武昌城头的枪声敲响了这个老大帝国的丧钟，历史翻开新的一页，宪政依然有名无实。这是一个曲折而凄惨的故事。

一　代价惨重的播种和起步

任何社会行动都以思想为先导。中国宪政的第一粒石子，是1835年7月由外国传教士投下的。1833年7月，德国传教士郭实猎（1803~1851）在广州创办了中国内地第一份现代期刊——《东西洋考每月统记传》。1835年6月，它披露了一节《新闻》：“英吉利国之公会，甚推自主之理开诸阻挡，自操权焉。五爵不悦，争论不止。倘国要旺相，必有自主之理。不然，民人无力，百工废，而士农商工，未知尽心竭力矣。是以英吉利良民不安，必须固执自主之利也。”它宣扬的是：国家要兴旺发达，国会和自由（自主）这些宪政基本要素是必不可少的。

1837年7月，它又刊登文章介绍了美国的宪政："容个人任言莫碍……每省良民立公会，自选人才忠烈缙绅代庶民……首领主在位四年遂退。倘民仰望之，欢声载道，复任四年……民齐平等……个人随意图利……效死执自主之理，由是国之列邦而兴也。"

1838年，它更是连篇累牍地发表了介绍和赞扬宪政的文章。先是在4月那一期上，以《自主之理》为题，肯定自由和法治是"国基"。"英民说道，我国基为自主之理……自主之理者，按例任意而行也……自帝王至于庶人，各品必凛遵国之律例……设使国主任情偏执，藉势舞权，庶民恃其律例，可以即防范。倘律例不定人之罪，国主也不能定案判决矣。""欲守此自主之理，大开言路，任言无碍。"接着，它连续4期连载《英吉利国政公会》和《北亚默利加办国政之会》，详细介绍了国会的起源、运作的具体状况，并比附管子、孟子而归结为"公会总摄之务，为英国自主之理"。"秉政之列位……所说之话，所办之事十耳所听，十手所指，难逃民之鉴矣。由是观之，其民摄总政，且操权焉。"

这些文章正确地介绍了：(1) 公民的个人自由（自主）是宪政和现代国家立国的基础；(2) 保障自由的基本途径是法治；(3) 国会是推行宪政的中枢；(4) 政府领导人由选举产生，并接受民众监督；(5) 言论自由是宪政不可或缺的条件；(6) 宪政是国家兴旺发达的基础，也是使官员真正置于民众监督下、民众真正成为国家主人的基本制度。

不过，这个石子丢到大清帝国的水面，只激起轻微的涟漪。魏源和徐继畬都读过这份刊物，并在10多年后编纂的《海国图志》和《瀛寰志略》中大量选用了其中的文章。魏源读了有关材料后，讴歌了美国的民主宪政："其章程可垂奕世而无弊……皆旷代所未闻。"可是，作为中下级官员，人微言轻，对实际政治生活毫无作用。从地方督抚到皇帝，在《海国图志》出版20多年后讨论何以自强，却不知道这部为国家发展指出康庄大道的书！此后，要求学习西方进行政治体制改革的呼声不绝如缕，但统治者都置若罔闻。

文祥（1818~1876）从1858年起任军机大臣，1861年起兼任总理各国事务衙门大臣，是位高权重的满族大臣。他死前不久，于光绪元年（1875）上《密陈大计疏》指出："说者谓各国性近犬羊，未知政治，然其国中偶有动作，必由其国主付上议院议之，所谓谋及卿士也；付下议院议之，所谓谋及庶人也。议之可行则行，否则止，事事必合乎民情而后决然行之。"他认为这样的制度，清帝国"势有难行，而义可采取"。这是中国最高领导层第一次议论吸取民主宪政制度的精神，改进本国的施政。

1884年，两广总督张树声在自己的《遗折》中把意见说得更为明白："夫西人立国，自有本末，虽礼乐教化远逊中华，然驯致富强，具有体用。育才于学堂，论政于议院，君民一体，上下一心，务实而戒虚，谋定而后动，此其体也；轮船、大炮、洋枪、水雷、铁路、电线，此其用也。中国遗其体而求其用，无论竭蹶步趋，常不相及，就令铁舰成行，铁路四达，果足恃欤！"这已把西方的政治制度作为救国的根本上达朝廷了。

启蒙思想家郑观应在1894年即甲午战争那一年出版了《盛世危言》，愤懑溢于言表："或谓'议政院宜西不宜中，宜古不宜今'。此不识大局，不深知中外利病者之言耳……今日本行之亦勃然兴起，步趋西国，陵侮中朝。而犹谓议院不可行哉……噫！慎矣！"不幸，这些无知慎言根深蒂固，郑观应的诤言随风飘逝了。

直到1900年义和团闯下弥天大祸，231位外国人和数以10万计的中国人被杀，招致首都北京再次被列强军队占领，慈禧仓皇逃亡后，才痛感非学习西方无以救亡图存。1901年1月29日，朝廷发出学习西方变法的“上谕”，迈开了10年新政的第一步。1906年9月1日，其终于宣示：“时处今日，惟有及时详晰甄核，仿行宪政，大权统于朝廷，庶政公诸舆论，以立国家万年有道之基。”虽然大清帝国统治者对宪政的理解稀里糊涂，但宪政毕竟由禁忌话语转变为合法语言，中国宪政史翻开了新的一页。

为了这个迟来的宪政宣示，中国人付出了什么？在鸦片战争后的60年间，主要由于不肯打开国门、认真改革腐朽透顶的专制制度，引发了多次内外战争和饥荒，1亿多（即1/4）的中国人死于非命；给列强的赔款高达7亿多两，相当于10多年的全国财政收入。

二　清政府对宪政的理解和路径选择

尽管付出如此巨大的代价，大清帝国的高层还是没有学到足够的东西。简短宣布预备立宪的上谕，明确说明他们所理解的宪政是“大权统于朝廷，庶政公诸舆论”。这个结论与西方传教士在中国播下的宪政种子相距甚远。与其说这是宪政，毋宁说这不过是开明专制的外衣。

于是，当时的革命党人斥之为“假立宪”，并且不惜破坏有关的活动。

1905年9月24日，清政府派出载泽、徐世昌等5位大臣出国考察政治，火车正要启动，革命党人吴樾引爆炸弹。在轰然巨响中，死伤10余人，送行的各界人士纷纷逃命。这次考察被迫推迟。

这些激进分子不分青红皂白地破坏活动，日后还在延续，而且对其他反对专制的党派非常不宽容。1907 年，梁启超、马相伯等立宪派在东京成立了以实行宪政为宗旨的政党——政闻社，10 月 17 日举行成立大会。同盟会会员张继等 10 多人竟然冲进会场，厉声咒骂，大打出手，并用草鞋击中梁启超的面颊；直至日本警察出面，才将这些暴徒逐出会场。

平心静气地说，用一个假字全盘否定清政府的立宪，未免过于简单。

清政府于 1901 年 4 月 21 日下令设立“督办政务处”，1905 年 11 月又在其下设立考察政治馆，并于 1907 年改为宪政编查馆，确实为筹划政治体制改革、预备立宪做了许多切实的工作。

（1）清政府认为教育是宪政的基础。义和团之灾结束，清政府立即推动各地创办新式学堂；1905 年 9 月又采纳袁世凯、张之洞、端方等督抚的建议，从下一年开始废除科举，把新式教育确立为培养人才的主要渠道。废除实行了 1300 多年的科举，意味着中国青少年的知识谱系从四书五经的束缚下解放出来，为接受现代学术文化奠立了基础。

（2）毅然制定《新刑律》《新民律》和《民事刑事诉讼法》，以西方的大陆法系取代实行了 2000 年的中华法系；同时，推行司法体制改革，接受司法独立、法律面前人人平等、罪刑法定等现代法律的基本原则和建立法治国家的观念。尽管要把这些原则和观念真正变为日常运行机制还很艰巨，毕竟以此为制度变革的目的，无疑与废除科举一样，是震古烁今的改革，但作为预备立宪的重要措施，这些成果一直被中华人民共和国成立前的历届政府沿用或承认。

（3）清政府根据各国经验认识到，推行地方自治是预备立宪非常重要的一环。1905 年 8 月，朝廷接纳刑部侍郎沈家本等人的奏请，下令奉天和直隶试办地方自治；总结经验后，又于 1909 年、1910 年接连颁布《城镇乡地方自治章程》《城镇乡地方自治选举章程》和《京师地方自治章程》《府厅州县地方自治章程》《府厅州县议事会议员选举章程》。这些章程规定各地分设选举产生的议事会和董事会，实行民主自治。

辛亥革命前，很多省区省级以下（不包括省）的地方民主自治机构已经成立过半，有些省（如浙江）的城镇乡议事会成立已超过90%！加上法律和司法体制改革，三权分立的雏形已经在各地显现。

清帝国的政权一直以来都是到县或相当于县的机构（如直属厅）为止，县以下没有政府官员。以三权分立的自治体为社会的基层，这是一个非常有远见的选择。

对一个古老的宗法专制帝国来说，不能不承认这是翻天覆地的变化。

（4）改革官制，向现代行政体制转变，也是预备立宪的重要一步。中国传统的六部制被内阁制取代，尽管出现了“皇族内阁”的逆流，但制度框架已经确立。

（5）影响十分深远的是清政府全面启动了全国性的宪政研究和宪政教育。地方自治局、自治研究所、自治讲习所等官方机构遍布全国，培训了一大批推行民主选举的骨干。派出官员和士绅到西方和日本考察宪政、地方自治蔚然成风。官方大量收集、翻译和出版了各国实行宪政的资料和书籍，并且宽宏大度地允许报刊宣扬宪政，讨论预备立宪中遇到的各项问题。总体来说，当时出现的全国性的民主宪政教育的热潮主要是立宪派的功劳，但很大程度上是官方支持和参与的。

（6）1909年9月，各省谘议局陆续成立；第二年9月，“豫立上下议院基础”的全国资政院也成立了。尽管清政府把它们规定为咨询性的机构，但议员们认真履行自己的职责，加上报刊跟踪报道，引起各方强烈关注，中央和地方议会的雏形已经浮现。

百年回首，这些行动岂能以一个“假”字评判？从路径选择的角度来看，其中不乏值得认真研究并可供后人吸取的经验教训。

三　内外压力下的选择

我们不能把清末预备立宪看作清政府单方面的行动。清政府之所以要走到这一步，是多种力量博弈的结果。

首先是列强环伺，俄罗斯赖在东北不肯依约撤兵，华侨在各国饱受欺凌，俄日竟把中国的领土作为战场，英国则趁机入侵西藏，如此等等，令人激愤难平。在日俄战争中，后起而号称实行宪政的“蕞尔小国”日本打败了专制的俄罗斯这样的老大帝国，也给了仍在泥淖中挣扎的中国人极大的刺激，使其觉悟到政治体制对国家盛衰的作用。尽管当时中国的经济在高速发展，但是，这个广土众民的国家太落后、太贫困了，增长的速率掩盖不了满目疮痍；而内政腐败、官员贪渎更成为经济增长的主要障碍。众多因素汇合，前景渺茫。加上进入20世纪，大批士子和士绅或东渡日本，或负笈欧美，对比强烈，如鲠在喉，不吐不快。

救国的激情让各方人士无法沉默。三种力量在博弈——守旧、改革、革命——此消彼长，决定着中国之命运。

首先是政府内部不同声音在激辩。

出使各国大臣梁诚、汪大燮等人对世界发展大势和中国远远落后于列强有深切的感受，他们联名上书朝廷，强调“保邦致治”“全出宪法一途”，为此应从三事着手：“一曰宣示宗旨……将朝廷立宪大纲，列为条款，誊黄刊贴，使全国臣民，奉公治事。一以宪法意义为宗，不得稍有违悖。”“二曰布地方自治之制。”“三曰定集会、言论、出版之律。集会、言论、出版三者，诸国所许民间之自由，而民间亦以得自由为幸福。”

甚至地方督抚和朝廷高官也不再缄默。8 位总督中有 5 位奏请立宪。出国考察政治的大臣也异口同声，一致赞同立宪。

本土的工商业特别难以忍受官员的需索。著名企业家张謇一针见血地说：“非朝廷力持宪法，笃守大信，巩固臣民权利，不能使实业振兴。”

更令清政府头痛的是各派政治势力正在集结，他们各自提出的纲领吸引着各方人士特别是知识阶层，形成强大的社会思潮，第一批现代政党在各地陆续出现。

原来的保皇派转化为旗帜鲜明的立宪派，随着一些德高望重的士绅与他们联手而声威大震。1907 年 10 月，以梁启超为实际领袖的政闻社成立，推举马相伯（1840~1939）为名义领袖——“总务员”。马氏是复旦公学的创办人，著名的中国天主教领袖人物、学者和社会活动家。他在政闻社成立大会上，以《政党之必要及其责任》为题发表演说指出：“人类之乐有国家也，所以求常保神我之愉快也……故欲完国家之责任，莫要于使国内之人各得其欲。”“天下虽无绝对之良政治，而有绝对的恶政治……质而言之，则曰专制。专制政治，束缚人人之神我，使不得申，故有国家曾不如其无。故生为专制之国民者，必当以排除专制为唯一之义务。”而由于人们各有其欲，就会出现不同党派，“吾是吾所是，而不能谓人之尽非。此国家所以能容两政党以上之对立也。故吾侪忠于本党，而不嫉视他党，可以为光明正大之辩难，而不可以为阴险卑劣之妨害”。立宪派与社会各界人士合作，不但在当时请开国会的宪政运动中起到非常重要的作用，辛亥革命爆发后对比较平稳地转移政权、稳定各地局势也举足轻重，其功劳绝对不比革命党人小。

至于以同盟会为中心的革命党人，他们前仆后继进行了“十次革命”，虽然多数规模和影响都很小，但对清政府确实产生了是生还是死的威胁。清政府加快改革无疑有消弭革命于无形的意图。

四　认识错误和迟疑的代价

不过，在内外压力下，清政府并没有做出恰当的选择。它颁布的第一个宪法文件——《钦定宪法大纲》中就有一些很奇怪的条文。例如：“用人之权，操之君上，而大臣辅弼之，议员不得干预。”“君上调遣全国军队……凡一切军事，皆非议员所得干预。”“宣战、讲和、订立条约……国交之事，由君上亲裁，不付议院议决。”“皇室经费，应由君上制定常额，自国库提支，议院不得置议。”内政外交大事仍然由君主专制，诠释了所谓“大权统于朝廷”的具体内容！

这当然同统治者不肯轻易放弃手中的权力有关。不可轻视的是，其中也包含认识错误。这些认识错误又与选错老师有关。对比大清帝国的《钦定宪法大纲》和日本的《明治宪法》，其中就有不少共同点。说得准确一点，清朝的《钦定宪法大纲》有很多抄自《明治宪法》，而比后者更为落后。例如，《明治宪法》规定：“天皇统率陆海军。”“天皇规定陆海军之编制及常备兵额。”“天皇行宣战、讲和及缔结各种条约。”利用这些条款，日本的军部成了直属天皇的机构。因此，与现代化各国不同，日本军队不但不受内阁管辖，反而操纵内阁，把国家推向实行军国主义疯狂对外侵略的罪恶道路。这些都被《钦定宪法大纲》变本加厉地移植过来了。至于“臣民之权利义务”一章，两个文件从标题到具体条文都如出一辙。两者都把国民称为臣民而不是国民或公民。两者都规定“按照法律”可以剥夺“臣民”的各种自由，从而为制定恶法镇压公民敞开了大门。日本的宪法和法律是以德国为师的，而那时的德国宪法和法律遗存的专制因素甚浓。当时的大清帝国是以日本为师的，日本学者直接参与了中国法律和宪法的制定。与当今日本麻生外交部长大言不惭的断言相反，日本给亚洲各国在政治体制上开创了一个很坏的先例。

从 1904 年开始，大臣上书和民众呼吁立宪便此起彼伏，互相呼应。派大员到国外考察，实行三权分立、地方自治的宪政体制等建议，已一一见诸奏章。1906 年以后，在立宪派策动和朝廷预备立宪的上谕下达后，各界人士纷纷组织各种立宪团体。1907 年以后，请开国会的群众性请愿活动接连不断。1909 年 10 月 14 日，各省谘议局第一次会议开幕；11 月 18 日，各省谘议局代表便在上海开会，讨论请开国会事宜。1910~1911 年由各省谘议局和谘议局联合会领导的四次请开国会运动，把请愿活动推向了高潮。

这些请愿活动直接表达了民意，特别是商人和知识阶层的意愿。是接纳还是拒绝民意？历史处在大转折关头。请愿者要求立即召开国会，实行宪政。19 名督抚也于 1910 年 10 月 25 日联名致电军机处，要求“立即组织责任内阁”“明年开设国会”。如果朝廷能够洞察形势，顺从民意，中国历史就将翻开新的一页，避免不必要的破坏，比较顺利地实现社会转型。

自上而下的改革，通常需要有雄才大略并掌握实权的改革家当机立断，力排众议。可是，当时的皇族和摄政王都是一些庸众，他们没有改革家的气魄和胸怀。面对汹涌的群众性请愿浪潮，他们只作出缩短 3 年，即提前于1913年召开国会的决定，便以为万事大吉了。请愿团体，他们下令解散。学生举着“立宪救国”的标语上街请愿，他们强行驱赶，强迫复课。更荒唐的是，打着官制改革的旗号，他们竟然推出一个“皇族内阁”！正常的对话渠道被堵塞，激进主义在向民众招手。

历史大转折关头，总会有各种不同的主张在争夺信众。压迫和压制只能造就偏执。革命派是组织和观念都很庞杂的人群。他们虽然标榜民主，关注的中心却是从“异族”手中夺权，为此不惜使用除推进立宪以外的任何手段。在他们眼中，和平请愿、要求政府立宪都是怯懦。暗杀、起义、从满族这些“外国人”（孙中山语）手中夺权是最好的选择。当权者在大转折关头的迟疑，为他们上场扫清了道路。

当时最为激进的是无政府主义。他们在东京、巴黎办报刊，互相呼应。然而他们不过是同盟会中的一个小流派。兴中会、同盟会的纲领及其主要领袖的言论，有些就极为激进，如“盖天下万事万物无不为平均而设”。

1911年10月30日，步历代皇帝的后尘，隆裕太后下“罪己诏”；开党禁；答应组织完全内阁，不以亲贵充国务大臣。11月3日，眼看革命烽火无法扑灭，对宪政做了多年研究的清政府，公布了第二个宪法文件：《十九信条》。这个宪法文件废除了《钦定宪法大纲》的荒唐条款，代之以民主宪政制度应有的条文。按照现代宪法的标准来看，这倒也中规中矩。不过，这来得太迟了，已无法取信于民。著名儒商、江苏谘议局议长、请开国会运动的主要领导人之一张謇说得好：“大局土崩，事机瞬变。因不充分之立宪，致不得已之罪己，亦不能取信。”

这就是中国宪政开篇的总结。国家大事，选票和法治隐退，枪杆子决是非，天下从此多事。中国人的艰难岁月开始了。

2005年12月22日

辛亥的另一张面孔

许纪霖

1911年的辛亥革命，创建了新的政治共同体，却没有同时创建共和政体赖以存在的正当性基础——宪政，权力归属问题始终压倒权威重建问题。这使得近代中国政治的根本症结在于只有权力之争，而始终缺乏政治的权威。军阀与政客们假借民意建立所谓的法统，而舆论只关心权力背后究竟是有道还是无道，很少注意法统背后的正当性危机。

一　清廷已无法控制各省的离心倾向

2011年是辛亥革命百年。辛亥所发生的是一场什么性质的革命？周锡瑞在《改良与革命》一书中指出："辛亥革命有两张面孔：一张是进步的，民主共和主义的面孔；在某种程度上，掩盖着另一张'封建主义'的面孔。两者都把中央集权独裁专制，当作攻击的目标。"以往对辛亥革命的研究集中在前一张面孔上，而对民主所遮蔽的另一张面孔缺乏注意。事实上，辛亥革命在民主革命的同时，也是一场封建的革命。

这里说的封建，并非政治术语中“半殖民、半封建”意义上的封建，而是西周曾经出现过的类似于欧洲中世纪的分封制。西周分封制到春秋战国时代礼崩乐坏，自秦始皇之后，中国大部分时间都实行中央集权的郡县制。于是，封建在士大夫心目中成为一段不可抹去的历史缅怀，每当皇权专制过于严酷的时候，复辟封建便成为对抗皇权的重要方案。明末的顾炎武将封建制度视为古代圣人公天下之大法，希望寓封建于郡县之中。然而封建是一把双刃剑，它既是中央专制的死敌，让大一统政治解体；同时也会造成天下分崩离析，各地封建割据。历代中国政治就在专制与封建之间循环动荡。专制与封建是一对怪胎，相互以对方的存在为前提，又彼此为敌与对抗。封建割据久了，会产生中央集权的反弹；而皇权专制过了头，又会刺激封建的再生。专制与封建的相伴相抗到宋明之后尤为显著。明太祖之后皇权专制空前强大，士绅阶级无法得君行道而走上行路线，遂改为下行，尝试走入乡野，觉民行道。这一以士绅阶级为中心的乡村自治，乃是一种平衡皇权的封建努力。辛亥革命与宋明以来这种以乡村自治为目标的再建封建有着隐匿的历史传承关系。

沟口雄三的研究发现，从宋明的乡里空间，到清末的一县自治，再到辛亥革命的各省独立，由乡而县至省，逐级放大，遂使辛亥革命采取了典型的封建形态。它具有如下特点：“（1）这是一场导致持续二千年之久的王朝体制崩溃的革命；（2）采取了各省独立的形态；（3）其结果是旧体制的解体，革命后国内纷呈四分五裂之状；（4）实现革命的主要势力，并非传统型的叛军或异族军队，而是蓄积于民间的‘各省之力’。”

1911 年垮台的不仅是一个专制王朝，而且是一个长达 2000 年的中华帝国。帝国的存在，一是靠中央政权的实力，二是靠帝国所凭借的文明。然而到了清末，中华帝国驾驭各省的实力大大衰落，地方坐大，国库羞涩，清廷已无法控制各省的离心倾向。维持帝国核心价值的儒家文明也日益式微。于是，当革命发生时，不仅清王朝土崩瓦解，帝国内部也分崩离析。从罗马帝国、奥斯曼帝国、神圣罗马帝国，到奥匈帝国、苏联帝国，几乎所有帝国的瓦解都伴随帝国内部的四分五裂、各地的独立或再封建化。推翻中华帝国的辛亥革命，采取的是典型的封建形态，即各省独立。这种独立类似于美国的独立战争。美国革命中的 13 个殖民地不再承认英国的宗主国统治，是为独立；而辛亥革命中的各省纷纷宣布独立，也是不再奉清朝政府为正朔。辛亥既是一场共和对专制的革命，也是一场地方对中央的革命、封建对皇权的革命。这一各省独立的革命形式，在后来又重演过多次，二次革命中的江西独立，反对袁世凯称帝的西南各省独立，都意味着在辛亥之后，中央政府是否合法有道，其判断的标准已转移到地方，即各省是否承认中央的最高主权权威。

二　民主与封建彼此纠缠

根据陈志让的分析，各省的独立由三大势力促成：一是主张或同情革命的地方绅士；二是拥护或同情革命的新军；三是反满的秘密会社所领导的群众。推动革命的这三部分人形成了民国初年的地方势力。辛亥之后，名义上有统一的中华民国，实际格局则是各省有自己的军队，有地方色彩浓厚的绅士精英，有割据一方的督军、省长。再次兴起的封建势力借革命而起，尾大不掉，即使在袁世凯的强人政府时代和蒋介石的专制时期，地方军阀和割据势力也始终是一个无法克服的内在障碍。袁世凯的称帝败在各省的不予认同，蒋介石的几次下野也是为地方军阀“逼宫”所致。

辛亥革命的复杂性在于，民主与封建彼此纠缠，封建的复辟以民权的名义进行，民权的扩张也以地方封建为后盾。同盟会原先不过是一个松散的、秘密的革命团体，到民国初年改组为国民党之后，一夜之间成为国会第一大党。其势力之所以急剧扩张，主要来自革命之后各种地方势力的趋炎附势。他们畏惧袁世凯的中央强权，希望维持在革命中获得的地方利益和各省自主性。民国初年围绕权力进行的民权与国权之争、内阁制与总统制的对抗，都可以从民权、内阁制和国会主权之中发现地方封建的蛛丝马迹。

当民主诉求的背后实际反映的是封建的地方利益时，政党很容易流变为缺乏政治信念的朋党，维护的只是小集团或一己私利。二次革命之后，一时似乎强大无比的国民党急剧没落，分裂成多个缺乏政治理念和凝聚力的小团体，革命党内部的迅速封建化乃是外部的封建势力渗透所致，民权的理想追求蜕变为保存一己私利的功利考量。

在中国的政治文化传统之中，封建并不是一个坏东西，反而是黄金般的三代理想。按照顾炎武的设想，寓封建于郡县之中，可以补中央集权之不足，“二千年以来之敝可以复振”。晚清地方自治复兴的即是晚明“寓封建于郡县之中”的理想。地方自治以乡里自治为起点，逐渐扩大到县一级，形成了“以士绅为中心的管理型公共领域”。待1909年各省谘议局成立，地方士绅在实现“寓封建于郡县之中”的目标上跨出了实质性一步。革命之后，如陈志让所指出的：“分崩离析的中国表现在中央不能控制地方，法律不能控制派系。这是辛亥革命之后中国双重的分崩离析，而两者又是互相关联的。”独立战争后的美国也面临类似的困境，大小各州四分五裂，国将不国。于是，其召集费城会议，各州通过艰苦谈判，求同存异，最后通过制定宪法建立了联邦制的合众国。革命后的中国本来也应走以制宪为中心的合众建国道路，然而各种政治势力的重心不在制宪，而在争夺国家最高权力；内阁制也好，总统制也好，都是围绕国家主权的争斗。而无力窥觑皇位的封建军阀势力，则借助地方自治的名义割据一方，搞成一个个土围子和小独裁。诚如顾炎武所说：“封建之失，其专在下，郡县之失，其专在上。”

美国在建国之前，各殖民地便有百年之久的地方自治历史，为共和宪政制度的建立提供了坚实的经验传统。但在中国，地方自治不过数年，封建传统虽历史悠久，却“其专在下”，掌控地方大权的不是自治的人民，而是无数个小专制者。辛亥之后各省建立的大都是军绅政权，拥兵一方的军阀与当地士绅联合执政。科举制度和官员回避制废除后，家族主义和地方主义在辛亥前后急剧抬头，地方军绅政权为了保住革命之后的封建成果而对抗中央权力，湖南等省提出了联省自治的统一方案，各省制定省宪，通过联邦制的方式统一全国。然而这一表面模仿美国建国道路的方案却缺乏地方自治的实质内涵，陈独秀尖锐地批评说：“武人割据是中国政象纷乱的源泉，建设在武人割据的欲望上面之联省论，不过冒用联省自治的招牌，实行‘分省割据’‘联督割据’罢了。”

三 历史留下的复杂遗产

革命之后，首先面临的是重建秩序。围绕如何重建秩序的问题，民初发生了一场民权与国权的论争。一个新兴的共和国，究竟是民权至上还是国权至上？在这场论争的背后，同样潜伏着封建与集权的冲突。革命后迅速壮大的国民党，高举人民主权的旗帜，试图建立以议会权力为中心的内阁民主制，以对抗逐渐显露苗头的袁世凯的总统集权。聚集在国民党周围的，是各省的地方民主派和封建势力。从某种意义上说，国民党是地方利益的代表，其成员也大多为出身于草根、在革命中一夜崭露头角的地方精英。而与国民党主张地方分权相对抗的，是要求中央集权的进步党，该党从晚清的立宪派发展而来，其头面人物如梁启超、张謇、汤化龙等，都是具有传统功名的全国性精英，其关怀不在一城一地，而是整个国家的命运。他们担心地方势力坐大之后无法形成强有力的中央政权，因此主动靠拢袁世凯，希望借助强人政治统一全国。进步党人打着国权至上的旗号，试图压抑革命后崛起的封建势力。由于民主与封建纠缠在一起，国民党人在追求民主的同时也扶助了封建。而中央集权又与强人专制难解难分，进步党人追求中央集权又无异于帮助了强人专制。无论民权派还是国权派，在民初都陷入了难以解脱的政治困境。辛亥革命虽从美国革命的地方独立开端，革命之后却偏离了立宪建国的道路，各派转而追逐国家最高权力，遂酿成民国初年政治秩序迟迟不得重建的乱局。

1911 年的辛亥革命，创建了新的政治共同体，却没有同时创建共和政体赖以存在的正当性基础——宪政，权力归属问题始终压倒权威重建问题。这使得近代中国政治的根本症结在于只有权力之争，而始终缺乏政治的权威。军阀与政客们假借民意建立所谓的法统，而舆论只关心权力背后究竟是有道还是无道，很少注意法统背后的正当性危机。宪政迟迟未能建立，由宪法所体现的政治权威始终缺席，战乱不断，革命接踵而至，而每一次统一的结果，建立的都是独断权力的中央威权，保证国家长治久安的宪政始终匮乏。

从这个意义上来说，辛亥革命的确是 20 世纪中国的开端。一个世纪之后，中国依然承受着历史留下的复杂遗产。

五四的天真叙事和政治美德

朱大可

五四运动90周年纪念日是一个重要的时间纪元，向我们宣叙了该事件的宏大意义——中国现代青年大步登上民族舞台。不仅如此，五四还是一种革命运动的“元叙事”，决定了中国此后百年的政治范式。它是激进运动的不朽样板。但只要重新反思五四遗产就能发现，在行使正当政治权利的过程中，学生们显露了自身的双重弱点：暴力诉求和政治天真。这两种互相关联的症状，构成了早期“愤怒的青年”的精神特征。

鲁迅发表于1918年的《狂人日记》中出现过下列戏剧性文字：“今天晚上，很好的月光。我不见他，已是三十多年；今天见了，精神分外爽快。才知道以前的三十多年，全是发昏；然而须十分小心。不然，那赵家的狗，何以看我两眼呢？”

这种关于乡绅“赵家”与“狗”的狂人叙事，犹如诡异的谶言，暗示了次年五月四日发生于北京“赵家楼”的“政治动乱”。段祺瑞内阁交通总长曹汝霖的住宅，被突然推入公众的视界。“愤怒的青年”从和平示威突然转向暴力攻击，抄了曹汝霖的卧室，践踏“银耳”之类的珍贵药物，继而痛打“赵家的狗”（化装成日人的驻日公使章宗祥、日本记者及曹汝霖的仆人），纵火焚烧了整所楼房。据说，章宗祥被送至日本医院，身上受伤达56处，差点被“革”掉了“狗命”。按今天的刑律，殴打者或可判刑数年。而赵家楼的火焰，就此成为“五四精神”的伟大标记。

“五四叙事”的关键词是：赵家楼、火烧、痛打、游行示威、青年大学生和爱国主义（民族主义）。这些语词部件被逻辑地组装起来，成为支配20世纪中国政治叙事的“元语法”。爱国主义无疑是中国民族现代性的伟大起源之一，而示威游行也是抗议群体的天赋权利，但它从一开始就出现了基因型缺陷——在各种“社会正义”的名义下，人们可以任意实施话语和肢体的双重暴力，这就为50年后的红卫兵运动提供了坚硬的历史遗产。梁漱溟先生早就犀利地指出，这是几千年来的专制养成的恶习，国民的这个毛病一日不改正，将一日不能运用民主的政治制度。

愤怒的五四青年，不仅受到肾上腺素的热情支配，在外交上也露出稚气的表情。他们采取“拥美反日”策略，指望在美国的支持下抵抗日本人的对华扩张野心。美国驻华公使芮恩施如此形容说：“世界上可能没任何地方像中国这样，对美国在巴黎的领导抱着如此大的希望。”学生们在大街上高喊“大美国万岁”和“威大总统万岁”的口号，而其抗议书更是充满对美国人的天真愿望：

“贵国为维持正义人道及世界永久和平而战，煌煌宣言，及威尔逊总统几次演说，吾人对之表无上之亲爱与同情，吾国与贵国抱同一主义而战，帮不得不望贵国之援助。吾人念贵我两国素敦睦谊，为此直率陈词，请求贵公使转达此意于贵国政府，于和平会议，予吾中国以同情之援助。”

与中国学生的“天真叙事”形成讽刺性对比的是，为了在国联问题上获取日本支持，美国总统威尔逊发表了“亚得里亚宣言”，表面上谴责出卖中国利益的英日秘密条约，背地里却向中国政府施加压力，迫使它把山东秘密出让给日本。前袁世凯政治顾问莫里循洞察了美国人的阴谋，在其日记里痛切地写道：“威尔逊总统为了自己的政治目的捉弄了中国人，无情地愚弄了他们。”是的，在五四运动时期，天真的学生（民众）和政府一同遭到了愚弄。而这场火烧事件最终成了可悲的历史诅咒：此后近百年之间，在诸如“农运”“内战”“反右”“四清”“文革”及其后的各场运动中，青年学生从未摆脱被各种势力愚弄和利用的命运。

徐世昌—段祺瑞政府，一个建立在不充分民选基础上的合法政府，流露出浓烈的外交软弱色彩，但同时也显示了某种内政宽容的特点。当时徐世昌派警察保护曹汝霖，并指示“勿要携带枪支警棍，要文明对待”。于是，警方一直保持“宽厚的中立”，只是在火烧后才接到镇压命令。但被捕的32名学生很快就“不经审判而保释”。整个示威过程中，没有任何人遭到枪杀。唯一被查出的“五四英烈”郭钦光，死于晚期肺痨、大量咳血及失血性休克。赵家楼主人曹汝霖在其回忆录中说：“盖学潮起始，由于学子不明事实真相，误听浮言，激于爱国心，以致有越轨行动，情有可原……”有学者认为这是一种面目伪善的陈辞，但笔者更倾向于把它视为一种宽容精神的表达。

更值得留意的是，正是这个被世人斥为“软弱”的政府，最终遵从民意，摘掉了“赵家”曹汝霖及其“走狗”章宗祥和陆宗舆的顶戴，并拒绝在不平等条约上签字。五四运动的胜利成果，不仅取决于民众的普遍呼声，也取决于政府的忍让、妥协和自我纠错（这种退让政策此后经历了多次反复，暴露出“武人政治”的不稳定状态）。在国内政治关系的框架里，“软弱”是一种令人尊敬的政治美德。而这种以和解为主题的对话模式，便是现代政治管理的轴心。

五四运动之所以变得如此伟大，就在于它提供了来自两端的重要经验：在实践正当的政治权利诉求时，“愤怒的青年”（民众）须控制“文化肾上腺素”，放弃话语和肢体暴力，改善易于被愚弄的精神弱点，成为具有政治理性和对话智慧的责任主体；而另一端则须学会容忍、倾听和接纳民意，放弃城管式的“威权思维”，以开明的姿态实施大赦。90周年的“五四”，不应继续充当暴力对抗的革命样板，而应成为政治和解的卓越启示。

蒋介石亲自掌控的对日秘密谈判

杨天石

中日秘密谈判可以说是抗日战争期间最诡异的事件。这不仅表现在中日双方，也表现在中国内部。一方面，蒋介石屡屡对孔祥熙的谋和活动加以阻遏，但是，蒋介石本人又亲自掌控过几次对日秘密谈判。不将这些情况研究清楚，就无法真正了解谈判全局，也无法了解蒋介石的真实对日意图。

一 精心指导的萧振瀛与和知鹰二之间的谈判

南京陷落后，国民党和国民政府内部主和派一度抬头，但蒋介石坚决拒和，力主坚持抗战国策。1938 年 3 月 13 日，蒋介石专门在日记中写了一段话："中国对倭抗战，决非争一时之胜负与得失，而为东亚千百世之祸福有关，故不惜任何牺牲，非达到此目的，终无战乱终止之期。"但是，同年 4 月，中国军队在山东台儿庄取得胜利，蒋介石觉得中国有了和日本侵略者谈判的筹码，思想的天平开始倾向"和平"一端。4 月 9 日日记云：

"此时可战可和，应注重和局与准备。"此后，日方有希望英国出面充当调停人之意，而蒋介石也曾决定派张群使英，在当地与日本进行和平交涉，以便于英国从中斡旋并担保。5 月下旬，日本内阁局部改组，近卫首相以陆军前辈宇垣一成大将出任外相，企图借助他来抑制陆军。蒋介石看出宇垣将对华主和，准备利用宇垣来压制日本陆军中的少壮派。但是，蒋介石也提醒自己，要防备宇垣对中国内部实行"挑拨离间"。日记云："敌国阴狠，讲和时更增危机也。"果然，宇垣上台后，即不断向中国摇晃橄榄枝。蒋介石则以"刚柔得宜"的政策相对应：一面抵抗日本侵略军对武汉的进攻，另一面也和日方代表在谈判桌上周旋。8 月下旬，蒋介石开始指导萧振瀛和日本军部特务和知鹰二进行谈判。

萧振瀛（1886~1947），字仙阁，号彦超，吉林扶余人；曾任西安市长，1930 年任第二十九军宋哲元部总参议；1935 年任天津市市长，次年任冀察政务委员会经济委员会主席。其间，他曾多次与日军驻华北将领多田骏等人谈判。1937 年抗战爆发，萧振瀛任第一战区长官部总参议。1938 年 7 月下旬或 8 月初，日本军部特务"兰工作"负责人和知鹰二到达香港，萧振瀛与和知是"旧友"，因此受命与和知谈判。谈判中，和知提出总原则六条，其中有诱饵，也有新的侵略要求：第一，停战协定成立之时，两国政府正式命令，停止一切陆、海、空军军事敌对行动，中国政府以新的姿态，恢复"七·七卢沟桥事变"以前状况。第二，日本政府绝对尊重中国主权、领土、行政之完整。第三，两国军事完全恢复战前原有状况后，以平等互助为原则，商订经济协定，以谋东亚经济全面的合作。第四，两国谋国防上之联系，在共同防止共产主义目标下，商订军事协定。第五，两国政府努力恢复两国人民情感上之亲善与谅解，取缔一切互相排侮之言论。第六，两国在此次事变中所发生之一切损失，以互不赔偿为原则。和知提出的《经济协定基本原则》共4条：第一，本平等互助原则，尽先欢迎日本投资，如日本财力不逮，可向欧美各国商借资本。第二，资源与市场之紧密调整与提携。第三，两国互惠关税之协定。第四，战后复兴之合作。其《军事协定基本原则》共3条：第一，中日两国共同防卫，共同作战。第二，平时训练，得聘请日本军事顾问及教官，向日方订购及补充器材。第三，国防之联系，军事内容与情报之交换。

当时，日军正节节向武汉逼进，和知"求和"，使国民党内部的部分"主和"派觉得是个机会，然而蒋介石对此却不抱希望。8月26日，蒋介石与智囊——《大公报》主笔张季鸾——商谈，对张季鸾表示："观察倭寇在华之权益与设施，岂能随便放手还我乎？若无重大变化与打击，彼决不罢手。一般以为和知来求和抱乐观者，实未究其极也。"他在日记中明确写道："对和知应拒绝。""倭寇军阀不倒，决无和平可言。惟有中国持久抗战，不与言和，乃可使倭阀失败，中国独立，方有和平之道也。"9月23日，蒋介石返回汉口，主持汇报会议，决定对策。由于和知的条件首先就是"恢复卢沟桥事变前原状"，这是蒋介石求之不得的梦想，自然勾起他的兴趣。会议决定："倭必先尊重中国领土、行政、主权之完整，与恢复七七事变前之原状，然后方允停战。"此前，国民政府一直要求，在与日本谈判时必须有第三国保证，但是，就在几天前，英法两国为了自身的利益，不惜牺牲捷克主权以绥靖纳粹德国，因此，汇报会议决定，可直接与日方谈判。9月26日，蒋介石增派曾任北平社会局长、有对日交涉经验的雷嗣尚到港，加强谈判力量。这一时期，蒋介石正在观察欧战的状况，认为如欧战不能即起，有机即和；如欧战果起，"则对倭更须作战到底”。

9月27日，萧振瀛、雷嗣尚与和知鹰二第一次会谈，首先告以军事协定不能签订。和知答称，军事协定与经济协定，均在恢复“七·七事变”以前原状后再办。事后，萧振瀛致电蒋介石报告。蒋介石复电指示：“第一，与对方谈话，切不可稍有一点增减，必须依照所面述之范围，万不可有所出入。第二，不可抱有成就之望，要知我方全处被动地位，迁就不但无益，必受大害。如主动方面有诚意，我方不迁就，亦能成就也。第三，每日在途中住宿地，能通长途电话时，请通电话一次，以便随时接洽，恐逐日局势有变化，俾可随时洽商也。第四，对于无商量余地之事，如彼方再三试探，必须坚强拒绝，以我方本不望有所成就，而所欲望成者，实在对方也。此意须特别认识，并知我国至此，实毫无其他希望，只有死中求生之一途也。第五，一切言语态度，须十分稳重从容，万不可带有急忙之色。缓急先后，皆由其便。我方必须以无所为（谓）之态度处之，更不必要求其必答，有所期待也。须知我方除此之外，并无再可商洽之事，即以此为最后之办法也。第六，所写具体各件，切不可以书面明示彼方，且须对彼言明，无具体成文之件携来，一切皆以口头商洽，作为临时相商之事可也。”

当日午后，萧振瀛等与和知第二次会谈。萧等向和知说明：第一，中国方面，自孙总理至蒋委员长，对于日本之强盛，均有深刻之认识与敬意，企求自存、共存，与日本共定东亚大计。日方苟有和平诚意，中国必以诚意应之。第二，日方尝强调东亚主义，以“东亚之事，东亚之人自了之”为内容，中国亦甚同情，但因弱国恐受强国欺凌之故，始终不愿直接交涉，必须有第三国介入并保证，方能重建和平，但如日方确有诚意，尊重中国行政、主权及领土之完整，则中国自当以最大诚意，与日方直接谈判，不要第三国介入。此事如能实现，即东亚主义之大成功，即日方之大胜利、大收获，其重要性尤在一切之上。第三，现在日军进攻武汉，大战方酣，中国方面不能作城下之盟，故目前最要之务，为停止军事，恢复七七事变前之状态。第四，如果军事停止，一切恢复七七事变前状态后，中日两国诚意展开两国、两民族之全面合作、将来定可做到经济合作，外交一致。第五，中国自十六年清党以来，即站在坚决剿共立场，日方必有正确认识，共产主义断乎与中国国情不能相容。中国国内之防共，中国自能为之。第六，日方尊重中国行政、主权、领土之完整，对于中国内政绝不干涉。中国人最恨者，为日、鲜浪人之贩毒，认为是灭种政策，必须切实取缔；中国最疑畏者，为日方所设在华特务机关，认为是亡国政策，必须加以取消。第七，中国不骗人，做敌彻底，做友也彻底，将来必做到中国人爱日本如爱中国，同时日本人爱中国亦应如爱日本。第八，如果日方能以强国大国风度，照此做去，不问国际形势如何演变，即在日本极不利之环境下，中国亦必以最大诚意直接谈判，重建和平。

和知认为，萧振瀛的谈话在原则上、精神上与日方认识相同，双方取得初步结论：第一，停战协定中不涉及军事协定字样。第二，俟恢复七七事变前状态后即订经济协定。第三，对中方提出的不订军事协定问题，和知本人认为可以商量，但恐东京方面坚持，故对此点表示保留。第四，和知同意，由日本先发和平宣言，中方以和平宣言响应，即停止进攻若干日，作为双方正式代表签订停战协定的时间，其签订地点可在香港。第五，双方和平宣言须以电报事前商定原稿，方得发表。第六，和知定28日晚回东京，作最后决定，于10月10日前电告，和知本人随后即来香港。

第七，和知离港后请雷嗣尚飞汉，面陈详情。

同日，蒋介石致电萧振瀛，要求向对方坚决表示："原状未复，诚信未孚，即未有以平等待我中国之事实证明以前，决不允商谈任何协定。不仅军事协定之字样不得涉及于停战协定之中，即经济协定，在原状未复以前，亦不能商谈。"关于"经济协定"，电称："兄等携来经济协定之原稿，无异亡国条件，更无讨论余地。"关于"停战协定"，电称："只可订明停战之时间、地点与日本撤兵及恢复七七以前原状之手续与月日，此外不能附有任何其他事项。"关于"停战日期"，电称："停战之日，即为停战协定同时发表之日，决不可以停止进攻若干日为签订协定之时间。换言之，中国于停战协定未签订之前，绝不愿停战。"蒋介石并要萧振瀛郑重声明："原状未复，且未有以平等待我之事实证明以前，决不能再提军事协定，且绝无保留之余地，否则请明告对方，无从再约续谈也。"萧振瀛收到蒋介石的电报后，于当日与和知进行了第四次和第五次会谈。经反复讨论，和知表示愿做出让步：第一，对停战协定中不出现军事、经济协定字样一条，认为可以商量。第二，对中方要求日方以事实表示诚意，非恢复七七前原状后，不商谈任何协定一条，表示"颇谅解"。但是，和知也表示，关于将来中日合作的具体内容，事前须取得一种"无文字的谅解"，"否则，日方无以自圆其立场"，证明中方"毫无诚意，日本断难相信"。28日晚12时，和知离港回国，行前向萧振瀛透露：日方此举的国际根本原因是，希特勒最近多次电请日方与中国谋和，共同对苏；其次要原因则为日本国内困难重重，不堪应付长期战争，拟在军事优势下，以较大让步取得和平。和知称：近卫文麿、板垣征四郎、多田骏等虽有远识，但日本朝野各方尚无普遍认识。此次回东京，遭遇困难必多，将拼死努力，于10月

10前以日方最后态度相告。

9月29日，萧振瀛致电蒋介石，报告28日与和知会谈情况，声称前后谈话，均以恢复七七事变前状态为唯一前提，与蒋介石的指示并无出入。在转述和知临行前密告的日方谋和原因后，萧振瀛称：和知此次奉近卫、板垣、多田之密令而来，态度确甚诚恳、坦白，条件亦较以前多次提出者为合理。最近东京将举行重要会议，决定武汉会战之后的对策，但日方亦有主张“硬干到底”者，南京伪组织、北平伪组织又多方破坏和局，故前途定多周折。他要蒋介石表态，“若双方意见，距离尚不甚远，而和知再度来港，我方应如何应付，应请预筹。”

萧振瀛与和知在香港的谈判以日方承认恢复卢沟桥事变前原状为前提，这符合蒋介石的要求，谈判也似乎进展顺利，蒋介石甚至开始研究和谈成功时的停战、撤兵要点。10月1日，蒋介石日记云：“甲、分区交代。乙、交接与冲突时之地方治安维持办法。丙、交接时防制（止）误会。丁、预防察绥与冀东及伪组织之处置。”又云：“停战、撤兵后，先订不侵犯条约，后商互助协定。”10月2日，蒋介石从孔祥熙处读到香港情报一件，其中谈到日人百武末义回国活动中日议和情形，百武希望了解，如果日本发表和平声明，中国是否能够发表声明响应。蒋介石当即电询孔祥熙，“其言是否可信”。他指示：“总要前途先拟整个确实办法，再谈双方宣言也。”此后，中国方面即开始草拟《和平宣言》。

中方草拟的《和平宣言》称：

“中国所求者，惟为领土、主权、行政之完整与民族自由、平等之实现。日方诚能如其宣言所声明，对中国无领土野心，且愿尊重主权、行政之完整，恢复卢沟桥事变前之原状，并能在事实上表现即日停止军事行动，则中国亦愿与日本共谋东亚永久之和平。内求自存，外求共存，此为中国立国唯一之政策，亦为世界各友邦所深信，况与日本为同文同种之国家，诚能共存共荣，何忍相仇相杀！苟日本能以诚意相与，中国亦以诚意应之。倘使能以此次战争之终结为枢纽，一扫荆棘，开拓坦途，共奠东亚永久之和平，是不仅为中日两大民族之幸，亦为世界全人类和平之福也。”

蒋介石特别在“中国亦愿与日本共谋东亚永久之和平”一句下以红笔加写了一段话：“我政府对于和战之方针与其限度，早已屡次声明，即和战之标准全以能否恢复七七以前之原状为断。盖始终以和平为主，认定武力不能解决问题也。”中方也草拟了《停战协定》草案等有关文件。《停战协定》草案共5条：第一，停战协定成立之同时，两国政府即命令各该国陆、海、空军停止一切敌对行动，日本并即撤兵，在本协定签字后三个月内恢复七七卢沟桥事变以前之原状。第二，日本政府绝对尊重中国领土、主权、行政之完整。第三，两国政府努力恢复两国人民情感上之亲善与谅解，取缔一切互相排侮之言论行动。第四，两国在此次事变所发生之一切损失，以互不赔偿为原则。第五，本协定自发布日起发生效力。草案提出：该协定可在福州或九龙签字，在中国方面发表《和平宣言》后一日公布。日军撤兵分三个时期，每期一个月，至第三期时，日军完全撤出黄河以北及黄河、长江以南，恢复卢沟桥事变前状态。考虑到清末《庚子条约》规定外国军队在平津一带有驻兵权，蒋介石特别以红笔加添了一句：“日本在平、津一带之驻军人数务须与庚子条约相符，勿多驻兵。”

关于当时存在于华北、华中的两个伪政权，草案提出：第一，自停战协定签订之日起两星期内，南北两伪组织即行取消。第二，国民政府对于伪组织之参加者，宽大处理，但绝不能有任何条件。

关于中日两国合作问题，中方提出："必须在恢复卢沟桥事变前原状后，方能商订协定，事前只能交换意见，成立精神上的无文字的谅解。"

关于《经济协定》，草案提出："绝对以平等互惠为原则"，日方"所提原则，尚须修改""将来举行经济会议，决定具体内容"。在此，蒋介石以红笔批示："此时绝对不得商讨内容与具体办法。"

关于《军事协定》，草案提出："在恢复原状后，可先商订互不侵犯条约。"蒋介石批示称："此可研究。"

关于"满洲国"问题，草案拟订了"相机应付"的三条谈判意见：第一，日方自行考虑，以最妥方式及时机，自动取消"满洲国"，日本保留在东北四省一切新旧特权，但承认中国之宗主权。第二，中国承认东四省之自治，而以日本取消在华一切特权为交换条件（如租界、领事裁判权、驻兵、内河航行等）。第三，暂仍保留。蒋介石在第三条后加了一句："待商订互不侵犯条约时再谈。"

10月8日，雷嗣尚到汉口向蒋介石请训，蒋介石当面指示：第一，对方如确有诚意，应在10月18日以前完成一切手续，否则不再续谈。第二，我方绝对不要停战，更不害怕汉口失守，尽有力量支持长期抗战，此层应使对方彻底认识。第三，直接谈判系指此次事件之解决而言，并非永久受此限制，但对方如不质询此点，我方自不必自动说明。第四，此次谈判，系对方主动，我方诚意与之商洽，对方不得故意歪曲事实，散播不利于我方之宣传，否则认为对方毫无诚意。第五，停战协定系两国政府间之协定，不可作为前线军队与军队间之协定。第六，谈判重点应集中于恢复七七事变前原状，若对方能做到此层，以后双方定能开诚合作。蒋介石特别强调："绝对拒绝之事，宁死勿允。""凡将来之事，不可先提限期，自处束缚。""破裂则不怪，越范则不可。"

和知于9月28日离港返回日本后，于10月15日再到香港。16日，其与萧振瀛会晤称：回国后向近卫、多田、板垣等人汇报，都认为蒋介石"有诚意"，愿意放弃此前历次宣言，以诚意商谈。日方并经最高会议决定，中日停战协定可以不涉及任何其他协定，但恢复七七事变前原状后必须有七项谅解：甲、防共军事协作及驻兵；乙、中国政府之调整；丙、伪组织之收容；丁、"满洲国"之承认；戊、中国领土主权之尊重；己、日、华、"满"经济提携；庚、战费互不赔偿。这七项"谅解"表明，日方虽然声称尊重中国领土主权，但顽固地要求中国签订《防共军事协定》，在中国国土上驻兵，承认"满洲国"，并且狂妄地要求中国政府改组。和知深知这些条件不可能被中国政府接收，因此有意作了"弱化"，其"解释"是：甲、如中国政府自动实行反共，则可秘密约定。所谓驻兵，指将来在内外蒙边防，双方作军事布置之意。乙、所谓"中国政府之调整"，指"酌令接近日本之人员参加，以便促进中日两国亲善之关系"。丙、所谓"伪组织之收容"，指对其主要人物酌予安置。丁、"满洲国"问题暂可不谈，待合作两三年后再商解决。戊、日、华、"满"经济提携，"满"字可不涉及，军事协定亦可不再订。和知称：前次所谈原则，只有军吉参两部最高首脑同意，此次则已取得内阁全体之同意。表面虽近繁苛，实际已经让步。如防共问题，倘使中国自有办法，则协定之有无，仍可从长商讨。其又称：自天皇以下对于此事均盼速决，只须双方诚意努力，当可顺利解决。关于日军当时仍在向华南进兵问题，和知解释说，此系以前预定计划。如和谈有眉目，即可停止。和知并表示，可致电日本军部，通知前方，对于夜间飞机不加袭击，以便代表在香港、汉口之间往来。对于和知提出的上述条件，萧振瀛称："超出前谈范围，不能答复。"17日夜，萧振瀛致电何应钦，请示"究应如何"。

10月18日，何应钦复电指示：日方所提"谅解"，甲、乙、丙、丁四项都是"干涉中国内政"，"若行政不能独立，无异等于亡国，万不能承认。如其再提此等事，可知其毫无诚意，不必续谈"。关于戊项，何应钦认为，日方仅提"中国领土、主权之尊重"，而未提尊重"中国行政之完整"，"是其居心仍欲亡我中国。如其有诚意，则其宣言必须言明尊重中国领土、行政、主权之完整，决不能将行政二字删而不提也"。关于戊项，何应钦称：中日经济提携，必须在恢复原状后方可商讨。他表示："我方除此以外，再无其他可言。"日方有无诚意，以10月20日为期，过此即作罢论。何应钦提醒萧振瀛说："须知侵粤以后，内外情势大异，不容有从容商酌余暇也。"该电在当时的谈判文件中被称为"巧未电"。

何应钦发出"巧未电"后，又迅速发出"巧酉电"，补充说明：关于日方所提甲项，历年以来，委员长及中央所发宣言一再声明，除三民主义外，不容有共产主义存在，此为我方坚决立场。如对方不提甲、乙、丙、丁四项，则将来恢复七七事变前原状后，在内外蒙边境军事布置一层"或可情商"。电称："若对方果有诚意，弟可向委座恳切进言，但不能作为军事协作或防共之谅解事项。又互不侵犯协定，我方愿在恢复事变前之原状后，即行商订，然后再商经济协定也。"不过，"巧酉电"发出后，何应钦觉得其中有不妥之处，又于19日发电纠正："该电末句'然后再商经济协定也'，应改为'再商经济合作也'。"当时，中方《和平宣言》已经起草完毕。何应钦在电中特别指示："在日方宣言稿未提出之前，不可先将我方宣言稿示之。”该电称为“皓卯电”。发出此电后，何应钦仍不放心，又于同日发出“皓午电”，电称：

“密。奉谕：昨日各电，关于经济合作与军事布置等事，必须待恢复原状后，以能否先订互不侵犯协定为先决问题。又无论何项合作，必以不失我独立自主之立场而不受拘束为法则，请于此特别注意。”

两日之内连发四电，可见何应钦的重视。“巧酉电”中，何应钦在“或可情商”四字后加注说明“系遵电话谕所改”；在“恳切进言”四字后加注说明“系遵电话谕所增”。本电一开始就是“奉谕”二字，这些地方都说明，上述各电反映的都是蒋介石的主张。

10月19日，萧振瀛与回汉请示又于18日赶回香港的雷嗣尚继续与和知谈判。在长谈七小时之后，双方在六个方面取得“大体接近”的意见。第一，双方《和平宣言》原稿，须互相同意，宣言在停战协定签订后再发表，作为协定之解释而发。第二，《停战协定》内容只载以下三项：(1）规定停战日期及地点。(2）日本尊重中国领土、主权、行政之完整。(3）在恢复战前和平状态后，中国政府诚意与日本谋两国间之全面的亲善合作。第三，日军撤退问题，中方要求规定撤退期限，和知表示，日本天皇诏令班师，约须一年方能撤完。第四，经济合作问题：(1）以绝对平等互惠为原则；(2）在恢复战前和平原状后召集中日经济会议，决定具体内容。第五，“满洲国”问题保留两年，中国再考虑日方所关心之满洲问题，诚意谋合理解决。第六，双方因战争所发生之一切损失，互不赔偿。

萧振瀛在电报中称：上述六点，“均接近我方腹案”。此外尚有三点，和知极端为难，研究费时甚久。此即：第一，和知欲将撤兵及其将来谅解留交正式代表团谈判，我方则坚持须先商定一切内容，方能成立停战协定。此点经讨论，和知表示同意。第二，关于防共军事协定及驻兵问题，萧等恐其别有打算，坚请说明具体办法。和知称，防共可不要协定，只要中国自行铲共，问题即可解决。所谓军事协作及驻兵问题，系指内外蒙一带之军事共同布置而言。对此，萧等表示：第一，中国自行清共，日方不必提及。第二，在恢复战前和平原状后，内外蒙边军事共同布置可商，但其他区域必须完全恢复战前原状。萧振瀛称：此点和知已电东京请示，尚未得复。关于收容伪组织，和知闪烁其词，若有难言之隐。萧振瀛等称：取消南北伪组织，系和议一切之前提，否则，恢复原状一语毫无意义，且此问题，前已完全解决，此次应不再谈，否则无从再谈和议。对此，和知及参与谈判的何以之均称：土肥原一派仍支撑伪组织，王揖堂、梁鸿志听说和知赴港，已聚集沪上，问题趋于复杂化，须去电请示，得复后尚须再听取北平、上海等地意见，方能定案。萧振瀛等遂声明：第一，南北两伪组织及战区内一切伪组织，必须即刻取消；第二，中国方面可表示，凡参加战区维持治安者，一律宽大处置。和知最后表示，个人同意，但仍须致电东京请示。

蒋介石在收到萧振瀛与和知19日的长谈资料后，立即研究并以红蓝铅笔作了修改。其一，在“大体接近”的第三条上以红笔眉批：第一，撤兵日期必须在停战协定中详细载明；第二，必须载明恢复七七前原状；第三，此“全面的”三字不能加入。其二，在“为难”问题的第二条上以蓝笔眉批：“必须先行撤兵，恢复七七原状，然后再商驻兵问题。内外蒙交界之线最多以张北、沽源与大青山以北之线，对于兴和、陶林、武川、固阳、安北，必须驻扎华军。”其三，在萧等坚决表示的第二点“其他区域”四字下，以红笔加了问号，在“必须完全恢复战前原状”句上以红笔眉批："区域二字，应改为事项，否则对方将解释为察、绥二省全境矣。"以上情况表明，为了换取日方承认恢复卢沟桥事变前原状，在停战协定签订后即行撤兵，蒋介石考虑过同意日军在长城以外某些地区驻兵的要求。

10月21日清晨，和知离港，返回东京。行前，其与萧振瀛密谈，声称因防共军事协定、驻兵及伪组织问题，颇形繁难。上海方面，梗阻尤大。土肥原曾来电，请其返沪，故决定先回东京，向中央部陈述，拟在10月25日以定案电告中方。萧振瀛称：如和局可成，必须在10月30日前完成手续，11月10日前在福州签订停战协定，否则即作罢论，不再续谈。同时约定，由和知通知日军，自23日至27日午后9时至午前3时之间，停止攻击香港至汉口的夜间航班，以便往来。关于中方全权代表，和知要求由何应钦出任；日方全权代表，何以之暗示，土肥原偏见颇深，以多田骏代替土肥原最佳。

萧振瀛在写给蒋介石、何应钦的报告中称：和知态度，确甚恳挚，一切问题，有研究而少争执，但是，日方动员60个师团，耗财百亿，死伤数十万，必须求得代价，方能自圆立场，因此，我方"惟有善用内外形势，示以不可克服之力量，又饵以将来可以合作之诚意，似可就我范围，实现和局"。

萧振瀛对和谈前途有某种乐观，蒋介石却一直心情矛盾，举棋不定。9月27日，蒋介石萌生"欧战如不能即起，对倭有机即和"的想法。然而他又担心和议达成后可能出现的三种状况：一是停战后日方不撤兵或不缴还华北；二是共党扰乱，不从命令；三是英美不悦。10月3日，蒋介石继续研究和议，日记云："媾和险矣。敌军对支院与特务总监之既经设立，岂肯轻易放弃？"他除继续担心日军停战后拒不从华北、上海、察、绥等地撤退外，还担心“对内宣言”及“死伤军民之抚慰”等问题。5日日记云：“敌既欲求和而又稽延不决，以探我军虚实缓急之情。小鬼可鄙，何能施其伎俩也？余惟有以拙制巧，以静制动而已。”7日，蒋介石在日记中提醒自己，“敌来求和是否为缓兵消耗我主力之计”，决定确定限期，不许日方拖延时日，同时绝对拒绝军事协定与经济协定。10月12日，日军在广东大鹏湾（应为大亚湾——笔者注）登陆，13日攻占河南信阳。日军的这两次军事行动使蒋介石强烈怀疑日方的和平诚意，决心坚持抗战。日记云：“倭既在粤登陆，我应决心持久抗战，使之不能撤兵。”“勿以国际外交之关系而影响作战方针。”“勿忘三年前以四川为抗战根据地之准备，况平汉粤路以东地区抗战至今十五月之久，而敌犹不能占领武汉，则以后抗战必更易为力。敌军侵粤，实已达成余第三步之计划矣。”此前，蒋介石早有利用太平洋各国和平会议解决中日一切问题的打算，日军侵粤，战区扩大，不仅让蒋介石看到了日军陷入被动，会出现更多的“灭寇良机”，而且让他感到，英国与日本妥协的可能将会减少，召开太平洋各国和平会议，共同对付日本的希望已经大为增加。10月14日，蒋介石致电萧振瀛称：“敌既在粤登陆，可知其毫无诚意，不可与之多谈。”他随即决定将前此准备的“谅解”方案作废。此时，进行多时的武汉会战已近尾声，预定打击日军的计划已经完成，为保存有生力量，蒋介石决定自武汉撤退，正在草拟《为国军退出武汉告全国国民书》。10月21日，蒋介石自思云：“敌方答复延缓，并无诚意之表示，余当考虑发表宣言以示决绝。语云：宁为玉碎，毋为瓦全，非下此决心，无以救国。”24日，蒋介石接受各将领要求，离开武汉。次日，其下令对武汉若干要害地区进行爆破，以免为日军所用。

和知鹰二返日密商后，旋即来华，10月25日到达上海，立即致电萧振瀛，盼何应钦急赴福州，同时声称将派人携函赴港，28日可到。萧振瀛认为“和局当已有望”，于26日致电何应钦及蒋介石，声称待和知所派之人到港，即询明详情，如与在港所谈没有大出入，即请和知到福州商定，同时请何应钦前往。电称：“何部长应即准备，待电即行。”29日，和知所派之人到港，声称“中华民国临时政府”与“中华民国维新政府”两方“争持甚烈”，正在上海会谈。如果难以作出决定，和知仍拟返回东京，请“最高干部”决定。同日，萧振瀛致电孔祥熙，报告上述消息，声称此外各问题仍与在港所定腹案大体无出入，统由雷嗣尚带到重庆进呈。

前文已经指出，蒋介石对和知的活动本不抱希望。10月27日，蒋介石得悉日本同盟社宣传电及板垣征四郎于26、27两日先后发表的好战谈话，认为“敌寇野心并未减杀，而且有缓兵与诱惑之狡计”，决定发表早就在草拟中的《告全国国民书》，以示决心。28日，蒋介石又接到重庆行营主任张群来电，认为日本外相宇垣辞职，求和空气已淡，必须我方持久抗战，使敌益感疲乏之后，由英美联合，形成国际中心力量，着手调停，才能实现“差强人意之和平”。他说：“抗战至现阶段，决无抛弃立场、根本改变国策之理。”30日，蒋介石命何应钦转令萧振瀛，停止和谈，返回重庆。同日，蒋介石致电孔祥熙、汪精卫、王宠惠，要他们考虑对日宣战的利害问题。电称：“今后沿海各口既全被封锁，故我对于海外交通，不再有所顾虑。若我宣战，则美国必实行中立法，可断绝敌人钢铁、煤油之来源，实于敌有害也。又我如宣战，对于国联及各国关系，均应精密研究，切实探明，望即令我驻外各大使全力进行。如何？请核。”31日，蒋介石在南岳致电张群，要他立即发表《为国军退出武汉告全国国民书》，不可再缓。日记云："发表告国民书后，敌必又受一不测之打击，使其以后之威胁失效，更使其进退维谷。"同日，《告全国国民书》正式公布。该文说明抗战根据，不在沿江沿海，而在广大、深长之西部诸省。武汉会战予敌重大打击，任务已毕，目的已达，现决定放弃武汉，转入主动有利之地。文称：

"我国在抗战之始，即决定持久抗战，故一时之进退变化，绝不能动摇我抗战之决心。唯其为全面战争，故战区之扩大，早为我国人所预料，任何城市之得失，绝不能影响于抗战之全局；亦正唯我之抗战为全面长期之战争，故必须力取主动而避免被动。敌我之利害与短长，正相悬殊；我唯能处处立主动地位，然后可以打击其速决之企图，消灭其宰割之妄念。"

文末，蒋介石号召国人"自今伊始，必须更哀戚、更悲壮、更刻苦、更勇猛奋进，以致力于全面之战争与抗战根据地之充实，而造成最后之胜利"。文告发表后，蒋介石很满意。11 月 1 日日记云："《告全国国民书》自读之，觉为最近第一篇之文字，必使国民知感，且使敌国知畏也。"大概当时主和派对发表此文有意见，同月 2 日，蒋介石又在日记中写道："既知持久抗战是民族唯一出路，为何复有徘徊迟疑？此心既决，毋再为群议所惑。"12 月 17 日，日本特务土肥原到香港，邀萧振瀛见面，蒋介石指示："不准萧赴港""应坚拒不理"。

萧振瀛与和知的谈判因蒋介石的刹车而中止，但日方对这一线索仍存有期待。1938 年 12 月，汪精卫自重庆逃到越南河内，加紧与日方勾结。日本对华政工人员中出现两派：一派将希望寄托在汪精卫身上，另一派仍以蒋介石为谈判对象。1939 年 3 月，何以之及和知鹰二相继抵港。12 日，何以之致电在重庆的萧振瀛说：日方正在实行"拥汪倒蒋"毒谋，为国家大局，“在内必先除汪，在外必多联美”。土肥原与和知二人均以“收拾时局自负”，希望萧到港一谈。萧振瀛在香港的孙、施两位助手也向萧报告，认为土肥原与和知“与联汪派主张不同，暗斗甚烈，实为我方利用、以敌制敌之良好机会”。报告称：“此时如能利用土、和，继成前议，固属圆满，即难完成，至少可以牵制联汪政策不能决定，亦于我有利而无害。”孙、施二人要求萧振瀛将有关函电密呈蒋介石，从长考虑；同时，建议萧本人速来香港一谈，“在国际情形好转之下，奸党勾结未成之前”，找出一条解决问题的“新途径”。萧振瀛接获上述电报后，于13日致函蒋介石称：“伏查汪日关系，乃由日本军部影佐等从中斡旋，不仅土肥原等极为愤慨，皆抱收功在我之愿，板垣近于议会中亦郑重声明，汪既不能号召国内，而与日本尤无历史关系，欲求中日永久之合作，绝非汪辈之所能为力者，言外之意，当系仍欲与钧座间取得谅解。”萧振瀛向蒋介石请示：“对方既极端欲赓续前议进行，和知又将来港，究应如何应付之处，恭请鉴核示遵。”对于萧振瀛此函，蒋介石未作答复。1939年9月，和知鹰二通过其助手转告萧振瀛，汪精卫将于本年11月在南京成立政府，要求萧来港重开谈判，在汪组府之前与日本签订停战协定，阻碍汪的计划实现。10月6日，孔祥熙致函蒋介石，要求允许萧振瀛再次赴港谈判。10月9日，蒋介石复函孔祥熙称：“兄与萧函均悉。以后凡有以汪逆伪组织为词而主与敌从速接洽者，应以汉奸论罪，杀无赦。希以此意转萧可也。”这是蒋介石阻遏与日方和谈的最严厉的一次指示。至此，萧振瀛与和知鹰二的关系遂告结束。

面对特殊的日方代表

在秘密谈判中，日本方面出面者大多系军部或政府人员，但是，也有个别谈判，其出面者系“民间人士”。例如萱野长知与小川平吉。萱野在辛亥革命前曾参加中国同盟会，与孙中山、黄兴友善，多次支持或直接参加中国革命。小川平吉也曾支持辛亥革命，组织有邻会，提倡日中友好；其1927年任铁道大臣，是已经退出日本政坛的元老级人物。二人在头山满的推动下，得到近卫首相等政要支持，出面在中日间斡旋和平。

1938年7月，萱野长知首次到港活动，其谈判对手为孔祥熙系统的贾存德与被孔派到香港的马伯援。同年10月初，萱野再次到港，近卫首相及头山满均派人到港协助，其谈判对手改为军统局在香港的工作人员郑东山。萱野向郑东山表示：第一，目前形势甚迫，但日本政府及人民均不愿战，军部方面，仅少壮军人主战，高级将领则不尽然。如双方能开诚相见，仍不难觅取和平办法。第二，宇垣外相去职后，萱野曾向近卫首相请示和平谈判应否进行，嗣接近卫复电，声称方针不变，仍照前约进行，政府当负全责。谈话中，萱野并以近卫原电相示。和萱野同时来港的外务省政务次官松本忠雄则称：萱野年高德重，中国各院院长均为其友辈，必须派能代表中央，并与彼有交谊之大员，如孔祥熙、张群、居正等前来谈判，且须军统局郑介民陪同。经郑东山解释，萱野同意由郑介民来港商谈。10月15日，戴笠向蒋介石请示：“兹事关系重大，该员所请先派郑介民秘密赴港试与商谈一节，是否可行，理合转呈鉴核。”蒋介石没有批准郑介民赴港，戴笠遂决定由杜石山与日方联系。杜石山，亦作杜石珊，广东兴宁人，早年留学日本，为士官生，娶一日女为妾；民国初年曾出任统领，后长期息影香港；抗战爆发后经曾政忠介绍，参加军统局工作。杜石山与萱野长知等人的谈判由戴笠领导，目的在收集情报，因此，与日方交谈中的许多言辞均虚假不实。但是，戴笠曾多次书面向蒋介石汇报，因此，我们可以从留存档案中窥知谈判的真实情况。

据萱野向杜石山称，近卫首相曾屡次致电萱野催促，萱野则仍坚持要求郑介民迅速到港。他说："中日事件，如久延不决，于日本固有重大祸害，而中国之不利，则尤甚于日本。""现日本当局，灼见及此，深愿和平解决。其整个决策，为积极求和，不得则继续军事行动，并从事第二伪中央政府之产生。中国似应趁机派员来港接洽，以无条件、无理由之和平解决。"其后，萱野又直接打电话给杜石山，声称拟与郑介民先生进行之事，已与近卫首相、头山满、宇垣大将、有田外相、荒木大将等疏通妥当，近卫并已奏准天皇，定期停战，请迅速督促郑介民来港晤商。12 月 9 日，戴笠再次将上述情况向蒋介石报告，蒋介石仍无批示。1939 年 1 月 6 日，萱野回日活动。

蒋介石不能长期不理萱野长知这样和中国革命有过密切关系的日本友人。1939 年 3 月 4 日，蒋介石致电杜石山称："历次来电暨萱野翁前日来电，均已诵悉。中日事变诚为两国之不幸，萱野翁不辞奔劳，至深感佩。惟和平之基础，必须建立于平等与互让之基础上，尤不能忽视卢沟桥事变前后之中国现实状态。日本方面，究竟有无和平诚意，并其和平基案如何，盼向萱野翁切实询明，伫候详复。"杜石山收到此电后，即电邀萱野返港。3 月 10 日，萱野返港，告诉杜石山，他回日后遍访朝野要人，新上任的平沼首相、有田外相都了解蒋介石的"伟大"，头山满准备亲自来华与蒋介石会晤。中日之间应当"平等言和，恢复卢沟桥事变前状态"。和平的基本原则为：甲、中日两国同时发表和平宣言。乙、由中日两国政府各派遣大员会议于约定地点，议明逐步退兵、接防之日期。丙、至于防共与经济提携问题，重在实事求是，以便互相遵守，而奠中日共存共荣之大计。12日，萱野提出，双方政府代表可在军舰上见面。3月16日，宋美龄到港指导谈判。17日，萱野、柳云龙、杜石山商讨条件，最初为九条，后经修改，定为七条：第一，平等互让。第二，领土（完整）主权（独立）。第三，恢复卢沟桥事变前状态。第四，撤兵。第五，防共协定。第六，经济提携。第七，不追究维新政府、临时政府人员的责任。关于满洲，另议协定。宋美龄对第七条、第九条都有意见，批评说："此种条件，何能提出于国防会议耶！如能办到领土完整、主权独立八字，便符政府累次宣言。此事当时时记住。蒋先生可以提出国防会议者，即可成功。"18日，杜石山等将七条电告蒋介石。杜石山在电文中劝蒋介石在汪精卫"所欲谋者未成熟之前"作出决定。19日，蒋介石复电命继续进行，同时称，得"领土完整，主权独立"八字便可，余请商量改删。关于"防共协定"，宋美龄及蒋介石都表示，可以密约办理。

3月29日，小川平吉到港参加谈判，行前致函萱野，说明此行得到首相平沼、外相有田、陆相板垣及近卫、头山满等人支持，以及受命来华情况，要求蒋介石派遣"有权威之代表"到港谈判。小川到港后，命萱野转交杜石山亲笔函一件，内称，日本政府尚未确认蒋介石有和平诚意，"最良之方法则为代表的要人之派遣"；又称，日本要求国民政府改组，而国民政府认为不可能，他本人有一打破僵局的方案，但该案"内容极微妙，而须秘密，非亲见蒋委员长或其心腹的要人不能尽其委曲"。4月初，戴笠到港，向军统局在港人员指示："此时我与日本绝无和平可言""必须以热衷和平姿态为饵，以遂行吾人之谋略，首要之图，为阻滞汪伪组织，不使于短期内成立”。同月2日，戴笠致电蒋介石云：

“中央于此次小川来港之机会，可否密派一绝对可靠而与小川认识，且在现政治上不甚重要之人员来港，与小川晤谈，藉以刺探对和平之真实态度。如此事钧座认为绝不可行，则生处可设法令杜石珊置之不理。是否如何，谨乞鉴核示遵。”

4月3日，杜石山也致电蒋介石催促。此后，蒋介石的日记中连续出现对战和问题的思考。

4月4日日记云：“吾人必须苦撑一年，必待倭寇筋疲力尽，方得有和可言，此时决非其时也。”

4月5日日记云：“如有以近卫建立东亚新秩序之声明为和平根据者，即为卖国之汉奸。”

4月6日日记云：“敌求和之急与其对俄屈服之情状，可知其图穷匕见，应付之方应特别审慎。”“对敌宣传：甲、须由倭王下令撤兵；乙、恢复七·七前原状后谈判。丙、取消东亚新秩序声明；丁、太平洋会议。”

4月8日日记云：“对记者发表，在东亚新秩序声明之下，绝无和平之可言。”

4月14日日记云：“倭派小川探和，以平等互让、领土完整、主权独立三点为原则，而不言行政完整，可笑。”

以上日记足证，蒋介石当时并无与日方议和的想法。不过，这时候，蒋介石尚未决定如何对待小川。4月9日日记云：“对敌探小川应否回复？”10日日记云：“对小川策略应速定。”

可见，这时候，蒋介石尚在研究思考中。

小川在向蒋介石发出第一函后，又于4月10日再次致函蒋介石，声称"为东亚前途以及中日两国百年大计而来，幸有以教之"。13日，蒋介石复电称："小川先生本为余等生平所敬慕，但在此两国战争之中，不能派代表来港致敬。惟托其在港友人马伯援君致意也。"马伯援早年留学日本，曾任中华留日基督教学生青年会总干事，他虽是日本通，但在国民党和国民政府内部从未担任过重要职务，顺便委托这样一个时在香港的"政治上不甚重要之人"与小川周旋，说明蒋介石意在敷衍。

对与马伯援接谈，小川尚未来得及表态，马伯援即于4月14日突然去世。21日，萱野、小川二人与杜石山见面，严厉批评杜石山向蒋介石报告不够详尽，声称马伯援即使不死，也非讨论"秘密大计"之人，如居正、孔祥熙不能来港，则应与蒋先生直接晤谈。萱野、小川称："与中国方面约定大计之后，即可赶程归东，报请政府，恳请天皇召开御前会议决定，藉天皇之谕旨，压服一般军人。现在王克敏、陈中孚、温宗尧、吴佩孚、汪精卫等均与日方已有联系，力量不弱，如不从速约定，乘机解决，则在王、汪等人的谋划根深蒂固之后，吾人虽欲爱护国民党，亦恐难以为力。"二人不无情绪地埋怨说："待命日久，仍无消息，似已成骑虎难下之势，此应请蒋先生乾纲立断，速下决心。想多年相知，必不致难为老朽也。"同时，日方则积极宣扬，如在5月10日前不能得到和议的复函，即在江汉地区成立伪组织。

军统人员面对萱野与小川这两个自称与蒋介石"多年相知"的"老朽"，不敢怠慢，立即将情况转报蒋介石，声称"小川翁既以垂暮之年，奉命前来，其诚意可嘉，其爱我尤切"，要求蒋介石指示马伯援去世之后的继任人选及应付小川等人的办法。

4月24日，蒋介石在日记中明确写道："拒绝小川等之求和。"5月11日，蒋介石制定"和平前提三原则"，其内容为：甲、以九国公约为依据。乙、以英、美、苏、法共同调解下，尤须以英、美二国为保证，恢复和平。丙、必先恢复七七战争之前状况后再谈和平条件。15日，蒋介石继续研究欧洲局势，认为如国际民主阵线胜利，则中国亦可获最后胜利，"故我国之决胜时期，仍取决于国际战争之结局，而抗战到底，不与倭敌中途妥协，是为独一无二之主旨"。这就说明，蒋介石在思想上再次坚定了抗战路线。这以后，国民党人员虽仍和小川等继续接触，但属于虚应故事了。

5月11日，小川通过杜石山再次致函蒋介石，叙述自己多次"援助"中国，卢沟桥事变后与近卫首相商量收拾时局办法，以及与头山满组织主和团体等经过，要求蒋介石"当此难关，毅然不惑，如挥快刀而斩乱麻"。函称："如蒙幸领鄙意，愿派遣要员来港商议，倘足下以仆之赴渝为便，仆应偕萱挺身赴渝，面聆大教。若不然者，则仆即去港归国，一任局面如何恶化。"16日，重庆方面派专机取走该函。21日，蒋介石指示"杜石山绝不准与小川来往"，同时命将小川原函退回。27日，杜石山遵命办理。其情况，据戴笠报告：萱野除叹息外，默不一言。小川则莞尔而笑，并调侃说："仆此行，诚不出板垣将军之所料矣。"他告诉杜石山："板垣认为，蒋先生自西安事变后，受共产党之计，实行抗日政策，日本虽欲和，而蒋先生不能和，因此不希望自己以老耄之年，徒劳往返，自己曾十二次提出意见书，才得到板垣批准，现在所提条件，不蒙明察，辜负余心，是板垣将军诚有先见之明。乌呼，岂非天乎！"二人决定于6月2日离港。

萱野、小川都是曾对中国革命作过贡献的人，背后又有头山满及日本政要支持，因此，蒋介石一度对谈判有兴趣，宋美龄到香港指导即是明证。蒋介石之所以在关键时刻下令中止谈判，其原因在于欧战爆发，蒋介石由此看到了世界大战爆发的可能和中国抗战胜利的希望，因此积极调整国际战略。1939年4月29日，蒋介石日记云："必使欧洲战局扩大至远东，且使包括全球，如此，则英在远东势力勿使为倭或俄乘欧战之机，取得渔利。"同时，他也看到了日本经济能力的严重不足，日记云："余已催英与俄速订军事同盟，使俄、倭对欧战不能旁观坐大，而倭连日五相会议，对欧外交政策举棋不定，然其最后必实行与德、意订立军事同盟，以其军阀之嚣张，如倭王不准，则有革命之可能也。至其对我国，一面恫吓，一面求和，犹想从中取巧，未知其经济尚有支撑二年之力否？此次小川等求和，余拒绝之宜矣！"

萱野、小川在香港除与杜石山等谈判外，还曾于5月6日约见了在香港的《大公报》主笔张季鸾。小川表示：日政界多数人愿"和"，但少壮军人有领土野心，如果"和"不了，日本可能会以重兵驻扎华北及沿海，永久占领半个中国。张季鸾答称：中国纯以保卫国家为目的，只求日本承认中国为对等的独立国家，达到此目的，一定"和"；否则，一定拼命打。关于日本要求与中国订立反共协定一事，张季鸾表示：这就等于让中国"无端抛弃抗战以来同情中国之英、法、美、苏诸朋友，与中苏（互）不侵犯条约在精神上亦有抵触也"。关于中共，张季鸾称："蒋公看此问题很轻。战后之中国完全根据三民主义及法律处理一切，即凡不违法之人与事，皆可承认。"对张季鸾所言，小川不能反驳，只能苦笑。

小川决定离港后，于5月27日约曾任驻日领事的罗集谊谈话，表示愿在行前与张季鸾一晤，张季鸾拒绝不见。5月30日，张季鸾致函蒋介石称："小川个人未必无诚，但在敌方并无正式示好的表示以前，政府断不可派人来谈。炽虽在局外，亦当拒不与见。"不过，重庆方面并未对小川等采取决绝态度，双方始终保持着藕断丝连的关系，直到1941年6月。有关情况，笔者在《抗战前期日本"民间人士"和蒋介石集团的秘密谈判》一文中已有论述，兹不赘述。

"和平"底牌与张季鸾香港谈判的夭折

张季鸾是报人，但是，从1938年1月起，张季鸾即受蒋介石派遣，到上海从事"对敌运用"，后来又参加蒋介石的外交谋划、国际宣传和对日秘密谈判，成为蒋介石的高级智囊。1940年7月2日，蒋介石收到张季鸾的报告，当日日记提醒自己注意研究"敌阀求和之诚伪"。几天后，蒋介石复函张季鸾，指示谈判机宜，日记云："敌方间接求和之心虽切，然其方法与政策，仍毫无变更。我应嘱季鸾以最低限度转示之：甲、谈政策，不谈条件。乙、谈情感与利害而不谈权利、得失。丙、对于中国人心之得失，应令特别注意苏俄对华之宣言（放弃在华特权）。丁、放弃北平至山海关驻兵权。戊、汉口租界提前取消。己、内河航权应取消。庚、青岛与海南岛完全交还。辛、热河先行交还。壬、东三省问题、借用港口问题、东亚联盟问题，待和平完全恢复，撤兵完全实行后再谈。癸、天津与上海租界定期交还。子、保障问题。丑、撤兵手续，平绥路、张家口与归绥一带，必须在第一期撤完。"前文已述，日军自山海关至北平的驻兵权，为清末《庚子条约》所规定，1938年萧振瀛与和知鹰二谈判时，蒋介石曾同意保留。但是，这里蒋介石明确要求日方放弃。此事表现出，在与日方谈判中，蒋介石的妥协性逐渐减弱。此后，蒋介石在与张季鸾会面时又不断指示，其7月19日日记云："季鸾来谈，敌阀野心如昔，毫未改变。"25日，张季鸾再来，谈东北问题以及与日本签订互不侵犯条约之事。蒋介石日记云："敌在华之工厂与营业，各项商民之处置，敌非万不得已，决不愿撤退也。"显然，这是蒋介石与张季鸾讨论中的议题。

1938年10月，和知与萧振瀛的谈判因蒋介石的刹车而停止后，和知继续寻找和重庆方面联系的线索。1940年8月，和知动员一位希腊商人，到重庆上书蒋介石，"其内容无异乞降，此为从来所未有"。蒋介石由此推断，日本急于向东南亚发展，向中国求和已到了迫不及待的地步。他与张季鸾讨论，认为可以利用这一形势，谋求在于我有利的条件下，与日本媾和。但是，他很快就认为，"敌寇求和益急，而其方法越幼稚毒劣，应即切戒严防之"。13日，蒋介石发表《"八·一三"三周年纪念告沦陷区民众书》，盛赞淞沪之战中国军民的英勇表现，中云：

"我们中华民族有悠久伟大的历史，有坚韧不拔的民族精神，有至大至刚的民族正气；我们在沦陷区的同胞们，要知道我们中华民国的版图，决不会放弃寸地尺土的，要知道敌人有必然失败的道理，更要知道我们前方后方的军民，都在加紧努力来迎接这最后的胜利。"

蒋介石将这篇文告的发表看成是对日本的沉重打击和对自己的警策。日记云："余于八一三纪念日告民众书，仍以光明正大态度痛斥敌军之凶暴，激发同胞敌忾之精神，发挥殆尽，此为对敌当头一棒，冀其有所觉悟，勿敢轻来尝试也。自后对余之认识或能更进一步乎？否则，不仅不能使之醒悟，而且反中其软化利诱之计，更不可为计矣！"这段日记表明，蒋介石已经意识到，自己既要抵挡日本的军事进攻，又要谨防日本的"和平”诱惑。

这一时期，蒋介石大概每个月都会收到日本方面的一条求和消息。为了确定谈判“底牌”，蒋介石命张群等人开始起草一份文件，参加者有张季鸾、陈布雷等人。至8月下旬，文件定稿，题称《处理敌我关系之基本纲领》，该文包括《建国原则》《对敌策略》《平和条件》等内容。其《对敌策略》总原则为：保卫国家独立、民族自由，而作战媾和之实际策略以度德量力为依归。下分五条：

第一，领土之完整，主权之神圣不可侵，政治的、军事的、经济的自由之确保，为国家民族存亡、主奴所关，故必须牺牲一切，长期抗战，以求其贯彻。

第二，利于长期抗战，而不利于迅速反攻，此量力之义也……确保长期抗战之实力，巩固全民族救亡自卫之精神，由军事上、经济上、外交上疲困敌人，逐渐减少其“力”的方面之优势，而增加其“德”的方面之弱点，以期敌我间之形势逐渐于我有利，以终达作战目的之成功。

第三，不论时间如何长久，环境如何困难，必须贯彻成功，不容中途自馁。惟作战为现实的问题，必须自定最大限与最小限之成功条件，衡量彼我，根据事实以为运用。

第四，最大限之成功为完全战胜，收回被占领、掠夺之一切，不惟廓清关内，并收复东北失土。最小限之成功，则为收复七七事变以来被占领之土地，完全规复东北失地以外全国行政之完整，而东北问题另案解决之。以上两义，前者战胜之表现，后者则为胜败不分，以媾和为利益时之绝对要求。

第五，我国为被侵略国家，故和议之发起，必须出自敌方……应深切考察，其条件是否无背于我建国原则，而足以达到我最小限之成功，必须在确认为我作战目的已得最小限之贯彻之时，始允其开始和平之交涉。

以上五条，其最重要之点在于将抗战成功分为“最大限”和“最小限”两种。必须在保证“最小限”，即恢复卢沟桥事变以前原状时才能开始与日本进行和平交涉。

关于《平和条件》，该纲领分为《理论原则》与《具体条件》两方面。其《理论原则》规定：第一，日本必须真实承认中国为绝对平等的独立国家。第二，此次议和之后，期成立平等互尊之新关系。第三，日本须放弃过去战前及战时对华不友善之政策及宣传。第四，除东北悬案另作专案解决外，其余一切有损中国主权之事实，皆须彻底纠正。

纲领中有一部分为《坚持之件》，共 8 条，其中关系重大者为一至四条及第七条。

第一条，凡作战而来之军队，应限期完全撤退。河北及华北部队，应撤离河北及察哈尔省境以外。

第二条，凡所占长城以内及察绥之土地，与沿海及海上各岛屿，应完全定期交还。

第三条，凡占领地内之伪组织，均应自战斗终止之日，由日本负责撤销，不能作为中国内政问题。所有伪组织之法令与契约，一概不能承认，并不能要求任何占领地内行政上之特殊化。中国行政完整必须完全恢复，不容有任何干涉内政之举。

第四条，东北问题，须待和平完全恢复后另案交涉，现在不能提议（但热河不在东北范围之内）。

……

第七条，不平等条约之废除，须于和约发表时，同时自动声明且有定期之实行。

在上述各条旁，有注称“8 月 31 日张携港之件”，可见，这份文件是为张季鸾赴香港谈判准备的。

8 月 25 日，蒋介石与张季鸾谈话，日记云：“和战要点：一、打破敌国侵略灭华政策；二、消灭敌人优越奴华心理；三、恢复中国独立自由地位。和战方针：甲、以基本条件为标准；乙、以不失时机为要旨；丙、以国际期待为下策。”26 日日记再云：“一、我有实力可恃，不患其违约。二、我有根据地存在，不患其和议决裂。三、敌人有求于我，国际上、地理上、经济上、军事上，皆非我合作不可。四、敌有惧于我。甲、领袖权威。乙、革命精神。丙、三民主义。”29 日，蒋介石再次与张季鸾、陈布雷会晤，拟定“最低限度”条件，指示交涉时应持坚决态度，“对条件不可迁就”。31 日，张季鸾飞港。但是，也就在这一天，蒋介石又改变主意，日记云：“敌寇时时以日、满、支名词为对象，如何而望其彻悟与和平？我国损害伤亡如此重大，如何而可轻易言和？”9 月 1 日，蒋介石命陈布雷起草致张季鸾函，有所指示。陈布雷因当日没有飞港班机，改发短电。陈电今不可见，但 9 月 2 日张季鸾复函云：“在未得尊电前，即决定不与和某见面。”可见，陈电内容为，要张季鸾不与和知会晤。7 日，蒋介石干脆命陈布雷致函张季鸾，要他从香港回来。

张季鸾 8 月 31 日抵港后，即得悉“桐工作”的有关情况，感到日方“愚昧凌乱”“可决其今后无大的作为”。此前，和知曾告诉张季鸾，日本政府将收回军方的对华谈判权，另作准备；又托人带话，东京只主张内蒙暂驻少数兵员，其他无大问题。9 月 1 日，张季鸾召见和知的助手何以之，要何转告和知：第一，日本政府如准备自办对华交涉，“须彻底觉悟，重新检讨”“必须互相承认为绝对平等的独立国家”“凡不合此义者，概不必来尝试，劝彼亦不必奔走，更不必找我见面”。第二，“中国是不许任何地方驻兵，不许任何地方特殊化的”。此后，张季鸾即利用和知，以“桐工作”中的问题反对板垣，制造日本内部矛盾，同时则抬高身价，拒不与和知见面。9 月 3 日，张季鸾致函陈布雷表示：“弟意非和氏有东京敌总部之新意见，决不与之见面。”次日，和知离港，返回东京，张季鸾命何以之电告和知：“不是日政府诚意委托不必再来；不是日本诚意改变对华政策，诚意谋真正之和平，则不可接受委托。要之，与弟何时见面并不重要，日政府苟无真正诚意，见我何用!”

尽管张季鸾拒绝与和知见面，但是，他内心还是希望继续维持与日方的秘密谈判的。9 月 17 日，何以之面见张季鸾，告以和知来电称：已于 9 月 10 日在福冈会见东京要员，偕飞南京，与板垣协商，决定以和知、板垣为核心，办理对华交涉，将再飞东京，取得正式委托，然后南来。同日，张致函陈布雷，要求代为向蒋介石请示：“是否在港逗留一见?”17 日，蒋介石指示，可“在港静候”。但是，蒋介石很快就失去了耐心。20 日日记云：“和知求和迁延之原因，其必待敌军侵越时来见有所要胁。”22 日，蒋介石在日记中写下了对张季鸾等“无方而好事”的批评。同日，陈布雷即致函张季鸾，要他结束在港工作，立即回渝。不过，张季鸾仍然有自己的想法。日本方面一直宣传愿与中国政府谋和，他要“试验”其真伪。23 日，张季鸾致陈布雷函云：“对今后看法，弟微有不同。弟以为判断局势之第一关键，在看是否以敌大本营之名义来开正式交涉，果来交涉，即当认定其有若干诚意……盖既来交涉，则为承认是国家与国家间之正式议和，一也；汉奸当然取消，二也。”从中可以看出，张季鸾与陈布雷的“微有不同”在于，张季鸾相信日本可能有“若干诚意”，而陈布雷相反。显然，陈布雷的态度反映了蒋介石的观点。

9月24日，张季鸾致函陈布雷，表示遵嘱结束在港工作。25日，张季鸾与何以之“最后晤面”，告以一两月之内，如东京确有正式讲和诚意，许可和知通信一次，本人亦当“拚其最后之信用”，转达一次。谈话中，张季鸾并按照陈布雷来函指示，通知日方，如欲讲和，须有与中国建立平等“新国交”的决心，承认伪满、中日联盟等要求万不可向中方提出，本人也不能转达。9月27日，张季鸾致函陈布雷，承认蒋介石比自己高明：“前年以来之悬案一宗，至此完全告一段落。弟此次判断有误，幸行动上未演成错误，一切处理尚近于明快，此则近年特受委员长之训练，得不至拖泥带水，就弟个人论，诚幸事也。”10月4日，张季鸾回到重庆，其精心准备的与和知的谈判计划终于成为废案。

企图以“和谈”阻挠日本承认汪伪政权

1940年7月，近卫文麿第二次组阁，松冈洋右出任外相。松冈对军部和中国派遣军司令部所做的“诱和”工作不满，决定收归外务省掌握和领导。他将这一工作委托给自己的门生西义显和松本重治等人。西义显将希望寄托在交通银行董事长家钱永铭身上。钱永铭是江浙财团的重要成员，与蒋介石关系密切，一度担任国民政府财政部次长。松冈对钱永铭这一人选很满意，夸口说很快就会成功。当时，日军计划南进，从英国和荷兰手上夺取东南亚，急于和重庆国民政府达成妥协，以便拔出深陷于中国战场的泥足。

同年 8 月，西义显到香港访问正寄寓在那里的钱永铭，动员他投入对重庆的“和平工作”。钱永铭提出：如果恢复到卢沟桥事变发生以前的状态，日军能够全面撤兵，或许能同重庆进行谈判。他表示，自己可以负责促成宁渝合作，但须请上海金城银行经理周作民出面与日方接洽。据西义显回忆，钱永铭当时提出三项条件：第一，重庆、南京两政府合并，建立一个名副其实的中国统一政府。第二，日本政府以中国的新统一政府为谈判对象，从中国全面撤退为推行日华战争所派遣的全部兵力。第三，日本政府与新中国政府缔结防守同盟。9 月 18 日，西义显偕钱永铭的代表张竞立等到东京访问松冈洋右外相。10 月，松冈签字同意钱永铭提出的条件。不过，后来松冈实际向重庆提出的是外务省东亚局第一课课长太田一郎所拟六条：第一条，承认“满洲国”（必要时以秘密文书约定）。第二条，共同防共。第三条，撤兵。第四条，经济提携（作若干让步）。第五条，治安驻兵（长安三角地带不驻兵）。第六条，不要求蒋介石下台。

松冈洋右除委托西义显外，又亲自致函时在上海，与钱永铭、周作民关系深厚的船津辰一郎，拜托他协助进行。船津曾任日本驻天津、上海、奉天总领事，有和国民党人员打交道的丰富经验。10 月 17 日，西义显携带松冈的亲函访问船津。同日，船津访问周作民，说明本人应松冈要求，将去香港活动，周作民表示恢复两国间的和平也为本人所希望。10 月 19 日，松本重治会见周佛海，面交日方所拟“和平”条件，托周作民转交钱永铭。周佛海的印象是：“与在京所谈判者大致相同，惟完成撤兵由二年减为一年，蒙疆及特定地点驻兵，虽形式略异，实质完全相同。”21 日，船津与周作民同船赴港。在港期间，周作民与钱永铭以日方提出的方案为核心，草拟报告与意见书，托因事来港的金城重庆分行经理戴自牧带回重庆。

11月7日，蒋介石研究钱永铭、周作民转来的“和平”条件，大为不满，日记云：“周作民受敌方请托条件转达者，商人不察，以为较倭汪之条件减轻，其实文字变换而内容无异也。”不过，当时蒋介石正在向英美两方提出“合作方案”，建立同盟，尚未得到答复，日本方面又准备在11月30日承认汪记南京国民政府，这使蒋介石感到忧虑。他担心德国、意大利会跟踵承认，担心正在和德国拉关系的苏联会对华冷淡，也担心国内民心、军心动摇。17日日记云：“英美未与我确实合作以前，对倭不使其承认汪伪为宜，此亟应设法运用者也。”18日，蒋决定派张季鸾赴香港，日记云：“派季鸾赴港，作钱、周之答。”

松冈洋右除利用钱永铭等与重庆谈判外，又通过德国出面，对重庆政府施加压力。11月11日，德国外交部长里宾特洛甫约中国驻德大使陈介谈话，声称：“近闻日自新内阁成立后，亟图解决中日问题，已拟于近日内承认南京政府。日如实现，义（意）、德因与同盟关系，亦必随之，他国或尚有继起者。此于中国抗战，或益加困难……倘阁下认为有和解可能，则请转达蒋委员长及贵政府加以考虑，以免误此最后时机。”14日，蒋介石接到陈介来电，认为这是“倭求和进一步之表示”，于18、19两日分别接见英美驻华大使，告以陈介来电情况，说明日本承认汪伪之举将动摇中国民众抗战信心，进而影响中国国内日趋严重的经济与军事问题。21日，蒋介石电复陈介：“日本果欲言和，自应将其侵入我国领土之陆、海、空军全部撤退。”“若日方以承认伪组织为词，使我与其议和，则彼既无恢复和平之诚意，我方亦决不以此有所措意也。”这通电文，表面上致陈介，实际上是说给日本人听的。同日，日方宣称，重庆方面如不在12月1日之前与日方言和，将承认汪政权。蒋介石不受威胁，日记云："此种宣传，只有增加我对英美合作提议之效。盖倭寇宣传，以此为恫吓吾人之计，实拙劣无比也。"24日，蒋介石得到苏联通知，继续援助中国武器，他对此感到宽慰。26日日记云："如何能使俄与英美合作，此为今日唯一之要务也。"这则日记表明，蒋介石当时所孜孜以求的是与俄、美、英等国结成抗日联盟，与日本谈判不过是为了阻挠其承认汪伪政权，并非根本之计。27日，汪精卫致电蒋介石，声称已与日方完成"调整国交条约"，与"友邦"内定，只须"恢复和平，确立治安，则撤兵期限，仍践前诺，无所改变"，要求重庆方面"立下决定，宣布停战"。28日，蒋介石得知有此电文，在日记中斥以"为敌寇作伥"。

张季鸾到达香港后，即向钱永铭提出：国民政府对于日方诚意仍有怀疑，因为日方宣称，如重庆方面在一定期间内没有肯定答复，就要承认南京政府。对于此类威胁，国民政府"非常不满"。张季鸾向日方提出两项条件：第一，无限延期承认汪政权。第二，无条件全面撤兵。张季鸾称：倘若日本政府答应履行上述条件，中国政府准备同日本政府进行和平交涉。11月23日，在松冈外相的力促下，日本五相会议决定接受张季鸾提出的条件，要求中国政府迅速任命正式代表来日，日本政府将延期承认汪精卫政府。其后，钱永铭即将有关情况电告重庆，并请杜月笙携带详函飞渝，要求指派前驻日大使许世英为首席正式代表。27日，重庆拟派许世英赴港。至此，谈判似乎颇有进展，但第二天就发生了变化。

日本内部的拥汪势力一直很顽强。28日，日本内阁会议由于受到军方和日本派驻南京的阿部信行特使的压力，决定按原定日期承认汪伪政府。

同日深夜，日本驻香港总领事田尻爱义得到东京电告，力谋挽救已成局面，改变日本政府的决定。他立即要求钱永铭电告重庆，必须迅速同意日本的“和平原则”，任命正式谈判代表。同日夜，蒋介石接到钱永铭来电，得知日方变卦，非常愤怒，日记云：“观察敌倭与钱新之所谈及其态度，仍以威胁为主。其松冈外长尤为荒唐。无论文武人员皆不可理，若一交手，即以卑污恶劣狰狞之形态毕露。无礼无信之国，不可再理，焉能不败哉。”他决定通知钱永铭，对日“决绝不理”。30日，日本正式承认汪伪政权，蒋介石的第一反应是“东亚战争不知延长到何时方能结束”；第二反应是：“我促英、美、俄更进一步之表示与助我，此其时乎！”同日，松冈洋右致电钱永铭，表示愿继续与重庆议和。12月1日，钱永铭和张季鸾分别将有关情况转报陈布雷，陈布雷的强烈感觉是：“敌之狼狈失态，可谓无所不至。”“松冈之可笑，洵无以复加也。”12月3日，蒋介石读到陈布雷摘录的钱、张报告，愤怒地在日记中对松冈写下了“仍想继续欺诈，恶劣极矣”的考语。

日本承认汪伪政权一事使蒋介石忧心忡忡。1940年12月1日，蒋介石与其宣传干部研究“如何能安定民心”，夜不能寐，自称当夜只熟睡了三个小时。次日，他在“国父纪念周”上报告，说明这是近卫内阁的“自杀”行为，自感“颇费心力”。其实，日本承认汪伪政权一事对当时的政局、战局并无多大影响，蒋介石过于紧张了。

1941年之后，还有个别日本人士企图在中日间斡旋和平，但蒋介石已了无兴趣。1942年4月，和知鹰二的机关总务部长黑木清行，受头山满及萱野长知鼓动，携带萱野名片到桂林，要求到重庆面见蒋介石，调解中日战争，恢复两国邦交，否则自杀。贺耀组、陈布雷二人认为“不可任其自由往返，拟令扣押，密解息峰，留交王芃生讯问。如果不能利用为反间，则应拘留，不许释放”。蒋介石批示：“应即拘押监禁。”

日方求和，蒋介石主动刹车

日本侵华，采取的是以战为主、以诱和为辅的两手策略。同样，蒋介石也用这两手策略对付日本：一方面，蒋介石坚持以武力抵抗日军进攻；同时，在某些时候、某些方面，也不排斥与日本进行秘密谈判。

如前所述，蒋介石虽对萧振瀛与和知鹰二之间的谈判不抱希望，但是，由于和知以“恢复卢沟桥事变前原状”为诱饵，这使蒋介石觉得不妨一试。谈判中，蒋介石细心研究情况，指导起草并亲自修改有关文件，除将东北问题搁置另议外，曾准备以同意日本在长城以外某些地区驻兵为条件，换取日军自中国关内地区撤兵。但是，当蒋介石发现日方拖延不决，并无诚意之后，立刻下令终止谈判，后来并以“杀无赦”警诫孔祥熙、萧振瀛与和知重开谈判的企图。1939 年，萱野长知、小川平吉在香港与中国军统人员谈判，力图面见蒋介石。这是两位和中国有过特殊关系的日本人，在他们后面，又有日本“主和”人士头山满和近卫等政要的支持。最初，蒋介石对谈判持有兴趣，宋美龄、戴笠都先后到港指导。但是，欧战的爆发使蒋介石看到了中国抗战胜利的途径和希望，因此毅然采取决绝态度，禁止军统谈判人员再与小川等来往。1940 年 8 月，蒋介石为了应付日本方面频繁的谈判要求，指导张群、张季鸾、陈布雷等制定了《处理敌我关系之基本纲领》，作为对日谈判的原则和准绳。该文件的最大特点是将抗战结果分为“最大限之成功”与“最小限之成功”两种，但是，当张季鸾于同月底带着这份文件赴港，企图首先争取“最小限之成功”时，蒋介石却阻止他与和知鹰二见面，并且迅速命他回渝，使这次经过郑重准备的谈判还没有开始就夭折了。同年 7 月，近卫第二次组阁后，为了抽出兵力侵略东南亚地区，一面紧锣密鼓地准备给予汪伪政权外交承认，一面通过外相松冈洋右推进“钱永铭工作”，继续诱惑重庆国民政府和谈。蒋介石担心日本承认汪伪会在外交和内政两方面严重影响中国抗战，派出张季鸾赴港谈判，企图加以阻挠。日本政府虽曾一度接受中方的“全面撤兵”等条件，但是，最终还是在军方的压力下承认了汪伪政权。

卢沟桥事变前，蒋介石长期对日妥协，力图延缓对日全面作战时间；卢沟桥事变后，蒋介石被逼抗战，但是，他仍长期为战与和的矛盾所纠缠。蒋介石亲自掌控的几次谈判说明，他在坚持抗战的同时，也还在某些时候对和平解决中日战争存有期待。谈判中，他虽不肯承认“满洲国”，不肯立约放弃中国对东北的主权，但在一段时期内，他只将抗战目标定在“恢复卢沟桥事变前原状”这一“最小限之成功”上。这些都反映出蒋介石在对日抗战中的软弱一面。不过，应该指出的是，所有他掌控的谈判，都是日方求“和”，蒋介石只是被动应对，而且都是蒋介石主动刹车。在谈判中，他的态度逐渐坚决，条件逐渐提高，是日渐强硬而非不断软化的。

蒋介石思想中的战和矛盾存在过很长时期。就在蒋介石受松冈洋右欺骗，愤而斥责日本为“无礼无信之国”后不久，他又在日记中写道：“对敌宣传，使知非由美国或苏、德出而保证，决不能解决战事之意。”“敌次任内阁，如果为海军系联美派出任，使美得调停中倭战事，则和平有望矣。”1941 年 2 月，美国总统罗斯福的代表居里访问重庆。居里向蒋介石提出：本人来渝，常闻传言，某某等秘密对日进行和议，请直率相告。蒋介石答：

“自由中国绝对无一人愿与日本言和。倘英、美能继续予以援助，亦决无人表示不满。此间人士皆决意除最后胜利外，他无所求，何言隔（个）别之和平！我人已作此最大之牺牲，日本已陷无援助、无希望之绝境，英、美已在精神上、物质上予我以一切援助，故不论日本以任何动人之条件向我求和，而此未成熟之对日和平，余将一律视为中国之失败。余可向阁下保证，对日和议必在英、美参加之和平会议席上谈判之，此外无中国可以接受之可能。余愿时机成熟之时，此项会议由美国召集之，一如召集九国公约之华盛顿会议。惟华盛顿会议时，无苏联参加，深盼此会议亦有苏联一席耳。”

这个时候，中国虽还在孤军奋战，但已得到英、美、苏三国的援助，因此，蒋介石说话底气足，腰板硬，但是，从字里行间，我们仍然可以看到其“和平”幻想的阴影。对于彻底抛弃“和平”幻想，转过来劝止英美对日妥协，争取抗日战争的全面、彻底胜利，蒋介石的面前还有一段路程。

（原载《中国社会科学院学术咨询委员会集刊》第2辑，社科文献出版社2006年2月出版）

诺门罕之战：关东军为何惨败于苏军

何立波

1939年的中蒙边界，苏联和日本之间曾发生一场改变“二战”进程的战役。

1939年5月到9月，在中蒙边界诺门罕地区，爆发了一场震惊世界的现代化战争。参战双方为日本、伪满洲国军队与苏联、蒙古人民共和国军队。气焰嚣张的关东军向苏联红军发起猛烈进攻，以为将很快取得胜利，结果一败涂地。有日本学者称这是“日本陆军成军以来的首次惨败”“日本陆军史上最大的一次败仗”。但由于诸多原因，有关这次战役的研究和公开出版物并不多见。

关东军是一支什么样的军队？

要了解诺门罕战役，必须先了解与战役有关的一些因素。

1904年，日本入侵中国东北，挑起了日俄战争。经过一年多的厮杀，日本获胜。长期觊觎我国东北土地的日本侵略者，专门成立了一支“满铁”守备队，另留驻南满一个师团。两部兵力大约两万人，归属关东总督指挥。当时，日本在其控制的东北地区设置了“关东州”，所以这支部队也称“关东军”。由此，关东军便开始了盘踞东北长达40年之久的罪恶活动。

1926年以后，日本加紧推行侵略中国的大陆政策。关东军里充斥着侵华的急先锋，如本庄繁、板垣征四郎、土肥原贤二、河本大作等。从1919年成立到1931年发动“九一八”事变，关东军在中国东北不断挑起事端，策划了“满蒙独立”“皇姑屯事件”“九一八”事变等，成立了伪满洲国。

1932年，关东军司令部迁至长春，司令兼任日本驻“满”大使和关东军长官，掌握伪满军政大权。从此，关东军对中国东北实行殖民统治，残酷镇压抗日军民，疯狂掠夺粮食和矿产资源，妄图把中国东北建成日本进一步侵略扩张的重要战略基地。1937年，日本发动全面侵华战争，关东军总兵力增至5个师，为日军驻海外最大的战略集团，除统治中国东北外，还担负对苏联及整个东亚地区的作战任务。

苏联和日本为何在诺门罕冲突不断?

九一八事变后，苏联一方面对日本侵华行径采取默认、妥协政策，避免直接刺激日本，引火烧身；另一方面，也开始加强对外蒙古地区的控制。在苏联看来，外蒙古地区经济落后，人口稀少，很容易被日军占领，由此不仅构成对西伯利亚地区的直接威胁，且极易切断西伯利亚大铁路，造成苏联东部地区与西部地区联系的中断。日本在占领中国东北地区后，对绥远及察哈尔蠢蠢欲动，这使苏联感到日本有进攻外蒙的野心。

诺门罕位于内蒙古呼伦贝尔盟新巴尔虎左旗境内，海拉尔南方稍偏西180公里处，蒙古境内的哈拉哈河从此处流过。这一带地形复杂，大小沙丘接连不断，人烟稀少。由于历史原因，当时内、外蒙古边境线的划分在有些地方不是很明确。对于诺门罕地区的边界走向，满蒙双方的主张是对立的。外蒙独立后把诺门罕划入境内。1931年日军侵占东北后，日本控制下的伪满认为哈拉哈河中心线是满蒙边界。因此，伪满军队和外蒙古边防军围绕这块方圆数十公里的地域纠纷不断，冲突迭起。

在发动诺门罕战役之前，关东军对诺门罕地区苏蒙兵力的配置以及地形等自然条件进行了周密的侦察。之后，关东军进行了战略布置。1939年4月，关东军司令官植田谦吉命令所属各兵团司令官，一旦发生纠纷，部队应“采取果断行动”，至于后果，由“司令部处理”。

苏联恰在此时大清洗？

战争即将爆发，但苏联国内此时状况如何？

1937~1938年，国际形势极其险恶，法西斯德国、意大利、日本气焰嚣张，已侵略了许多国家。在这种情况下，斯大林却指挥内务部开始清洗军队中的优秀干部。

1937年8月，斯大林在红军政治干部会议上发言，号召在红军中根除“人民敌人”，并要求把他们的活动汇报上来。此后一年间，共有3.5万名军官被镇压，其中包括高级军官的80%，元帅的3/5，涉及所有的军区司令和绝大部分集团军司令；第一批被授予元帅军衔的5人中，有图哈切夫斯基、布柳赫尔、叶戈罗夫3人被处死；15名集团军司令中，也有13名被杀；85 名军长中，57 人被处决；159 名师长中，110 名被处决；4 万多名营级以上中高级军官遭到迫害。苏联的军事人才几乎损失殆尽。

1938 年 6 月 13 日，苏联远东地区内务人民委员留希科夫大将来到日本关东军总部，表示要向日本人投降。他告诉日本人，斯大林为了清除异己，在苏联大搞肃反运动，两年来已有两万多名中高级军官遭到清洗。事实上，留希科夫自己就是斯大林“肃反”运动的负责人之一，居然也受到斯大林的怀疑，以致他最后下决心叛逃。大清洗运动也波及了紧跟苏联的蒙古。蒙古部长会议主席根登、军政部长兼人民军总司令德米德等一大批党政要员受到冲击，多名骑兵师长和高级军官相继被处决。听到留希科夫带来的消息，日本人既感到震惊，又万分高兴，认为苏蒙联军实际上已经“内耗殆尽”。

大清洗造成苏军战斗力急剧下降，指挥系统瘫痪了一半。关东军通过各种情报，总结出苏蒙军队中有能力和经验的指挥官基本被清洗掉了，这样的军队不足为虑。在边境的暂时平静中，关东军一直在试图寻找能挑起事端的机会。华西列夫斯基元帅曾评论道：“没有 1937 年的事，1941 年的战争也许根本不会发生。希特勒之所以敢于发动战争，他对我国发生的消灭军队领导人的严重程度的评估起了重要作用。”

中国抗日战场战况如何？

1938 年，以广州、武汉失守为标志，中国抗日战争由战略防御转入战略相持阶段。

经过全民努力，中国抗战实力明显增长。日本对华作战两年多，士兵战死达22万，在华部队（除关东军外）35个师团，76%以上的兵力还得“根据形势变化增强对第三国的战备”，战力不够显而易见。随着战争时间的延长，日本士兵思乡、厌战情绪增加，反战、哗变及投诚之事不时发生。1939年7月和11月，日本在华两大反战组织——“反战同盟”和“觉醒联盟”相继成立，宣告了日本法西斯“圣战”欺骗宣传的破产。更为重要的是，1939年日本国债突破200亿日元，战费高达100亿日元，战略物资奇缺，粮食供应紧张，日本战时的经济矛盾激化，开始进入“缩小再生产阶段”。

1939年下半年，也就是湖北大捷到昆仑关对峙这一时期，由于中国、日本和国际三方面形势发生了有利于我而不利于敌的变化，也由于日本在长沙、桂南的战略挫折及敌后战略进攻的失败，日本的战略攻势停滞了。至此，中国的抗日战争进入了“敌之战略保守、我之准备反攻”的战略相持阶段。日本在中国南方遭遇困境，无力支援关东军。

日军指挥官小松原是“苏联通”？

1939年5月11日，10余名蒙古骑兵越过哈拉哈河到诺门罕西南约15公里处巡逻。伪满国境警备队认为这属于越界行为，立即发起进攻，蒙古骑兵被迫退回哈拉哈河西岸。翌日，60名蒙古骑兵再度进入这一地区，双方再度交战。

蒙军士兵不会想到，他们的这一举动竟点燃了一场大规模战役的导火索，使得这一地区本来潜伏的危机瞬间爆发开来。

此时关东军驻海拉尔23师团的师团长小松原道太郎，是日军中少有的

“苏联通”。他曾任日本驻苏武官，专门从事搜集苏联方面的情报工作，对西伯利亚地区苏军的军事状况颇为了解。5 月 13 日起，进入诺门罕的日军在一个轻型轰炸机中队的配合下，向蒙军发起进攻。战至 5 月 15 日，蒙军撤回了哈拉哈河西岸，日军也于 5 月 17 日返回海拉尔。但就在日军返回的第二天，蒙军又踏上哈拉哈河东岸，小松原见蒙军不依不饶，感觉机会来了——正好可以想法使战斗升级，挑起事端。

日本参谋本部根据掌握的苏军情报，认为苏联红军虽然介入，但准备不足，不可能抵挡日军的进攻。日军补给线从海拉尔到诺门罕只有 180 公里，而苏军最近的铁路线距离诺门罕也有 750 公里。在日军看来，补给线超过 250 公里就不宜作战，尤其是苏联的大肃反运动，使得苏军指挥员多由年轻军官担任，缺乏战场经验，况且希特勒已对欧洲发起攻势，苏联的西部边境眼下也在吃紧。日本参谋本部遂决定支持关东军的计划。

5 月 13 日，小松原派出师团搜索队和 1 个步兵大队从海拉尔出发开往前线。5 月 15 日，日军搜索队与蒙军在诺门罕发生激战。蒙军不敌日军，退回哈拉哈河西岸，日军也撤离了战场。其后，蒙军又越过哈拉哈河返回诺门罕，恢复了原来的警备态势。

5 月 21 日，日军第 23 师团出动 1 个联队，在 1 个轻轰炸机中队的配合下发动攻击。苏军随即加入作战。日军猛攻数日不下，伤亡惨重。

5 月 28 日，日军发起突然袭击，大规模的战斗开始。小松原派出的部队是东支队等部队，共计 1.6 万人，在空军掩护下发起进攻。然而苏军的战车队和炮兵队协同作战，攻击力极强。向苏军侧面进攻的东八百藏骑兵联队后退无路，被苏军战车队包围，全军覆没。5 月 31 日，东支队狼狈撤离战场。日军被迫于 6 月 1 日撤退。

长期以来，日军当局大力在士兵中灌输反对苏联红军的思想，苏军被说成了技术落后、在作战方面相当于1904~1905年日俄战争中沙皇军队的水平。为掩饰窘状，小松原居然谎报战况，关东军司令部也据此向东京参谋本部报告说“彼我一胜一败”，参谋本部竟向关东军发来荒唐贺电。

亚洲战争史上的第一次坦克大战

1939年7月1日，集结到诺门罕的第23师团和安冈支队，在飞机的掩护下渡过了哈拉哈河，向西岸苏蒙军阵地深入，发起第二次诺门罕战役。7月4日，苏蒙军队击溃了日军步兵主力，然后以坦克部队寻歼日军坦克部队。亚洲战争史上第一次坦克大战爆发。战斗中，日军第1坦克师团参战的坦克和装甲车辆几乎全被击毁。

7月23日起，关东军发起第三次诺门罕战役。日军3个远程重炮联队缺乏训练和维修保养，不但打击精确度差，重炮发射机还频出故障。而苏军大口径炮数量占优，射程较远，弹药供应充足。在苏军炮群的打击下，日军炮群没有还手之力。3天后，日军炮战以失败告终。无奈，日军只有发挥武士道精神，打肉搏战。观战的德国武官在发给国内的报告中称，日军的战术水平顶多处在“一战”初期。

8月20日，苏军总攻部队分南、中、北三路发动进攻，步步压倒日军，形成大包围圈。8月24日后，各守据点的日军内外两面反击，试图突破包围圈，但均遭失败。日军完全被逐出蒙方所主张的国境线以外。关东军第23师团在这次战斗中基本被歼灭——总兵力为15975人，损失达12220人，死伤率高达80%。就在日军即将被全歼之际，苏军放松了攻势。

趁着苏军的疏忽，日军第23师团仅存的2000余官兵侥幸逃出包围圈。

一向气焰嚣张的“无敌关东军”“常胜关东军”名誉扫地。

苏联制胜有何秘诀?

在刚刚经历大规模肃反、军队精英几乎全遭剔除的情况下，苏联为何能轻而易举地完胜战争狂魔日本?答案有五:

其一，苏军精通草原上的大兵团作战；而关东军主要依靠步兵夜间袭击。

苏联军队继承了当年蒙古骑兵大兵团机动作战传统，坦克、装甲车辆、飞机、火炮、后勤车队、重化学工业的迅猛发展使这一传统完成了现代化。这种机械化战法在开阔的平坦地形上有明显优势。斯大林格勒、库尔斯克、白俄罗斯、东普鲁士诸战役就是证明。而日军基本上仍系旧时代的旧战法，主要依靠步兵夜间袭击。这种战法无力与苏军抗衡。后来在二战期间，苏军攻入我国东北全歼日本关东军，再次证明了这一点。

其二，苏军在装甲车和坦克方面占有优势；而日军的技术装备相对落后，陆军装备实力远逊于苏军。

苏联军事工业发达，武器装备先进，数量庞大，品种齐全。诺门罕战役双方投入的作战兵力大约均为5万~6万人，但双方兵力的编成、结构和使用有差别。苏军侧重机械化部队，在坦克、装甲车辆、后勤运输上占优势。火炮数量上，双方大体相当，但苏军大口径炮数量占优，射程较日方远，弹药供应充足，每门火炮发射的弹药相当于日军的3~4倍。

苏军坦克无论在功率、装甲、重量、火炮口径、火炮长度，还是在射程、车速等方面，均比日军高出不止一个档次。在战斗中，日军第 1 坦克师团参战的坦克和装甲车辆几乎全被击毁。日军不仅坦克低劣，而且战术单调，失败是必然的。

其三，苏军最终掌握了战场制空权，影响了诺门罕战役的结局。

战役初期，双方航空兵实力大体相当。苏军飞机数量略占优势，一线配置作战飞机 250 架（战斗机 150 架、轰炸机 100 架）；日军作战飞机 150 架，由于已在中国战场作战两年，侵略经验丰富，特别是在 6 月 27 日偷袭轰炸塔木斯克机场（蒙古境内）的战斗中，击毁击伤近百架苏军战机（日方资料称 124 架），改变了空中力量对比。但苏军极为重视制空权的争夺，苏军总参谋部很快调来最优秀的飞行员，并从内地转到战区大批新型伊—16 战机和海鸥式战机。在激烈的争夺制空权作战中，苏军渐占上风。战争后期，苏联空军不仅在战场上实施近距离对地面的空中支援，而且轰炸了日军腹地的将军庙机场及后勤设施。由于损失了大量最有经验的飞行员，日军在空中已处于弱势，制空权易手。

其四，苏军能够胜利的另一个重要因素是，当时日军陆、空军主力被牵制在武汉、广州战役之中，对诺门罕地区的日军无后继增援实力。

1939 年 8 月 30 日，诺门罕日军被围歼当日，日军参谋总长向关东军司令官下达命令：“大本营的意图是在处理中国事变期间，以帝国军队的一部分在满洲防备苏联，维持北方的平静。为此，在诺门罕尽力不扩大作战，筹划迅速结束之。”

其五，指挥官朱可夫是苏军取得胜利的直接原因。朱可夫与关东军统帅部 PK，毫无疑问，朱可夫胜出。

朱可夫参加过第一次世界大战，十月革命爆发后的次年加入苏联红军，在与高尔察克白军的战斗中从士兵升至连长，后升任骑兵团团长、坦克团团长、骑兵旅旅长、骑兵第四师师长、骑兵第三军和第六军军长等职。朱可夫担任骑兵团团长时，就主张建立坦克兵团，反对按传统的办法将坦克分散配属给步兵，以发挥快速突击的作用。苏军组建第一批坦克部队时，总参谋部要选拔两名杰出的骑兵团团长担任坦克团团长。斯大林确定的最后人选是朱可夫和帕伏洛夫。朱可夫以极大的热情和上进心投入工作，以罕见的耐心和克制态度去做那些看来是细小的事情，并以讲究方法和深思熟虑的态度要求别人完成任务，很快就把这支部队治理得井井有条。上级每次组织军事演习，朱可夫团的成绩都名列前茅。

而朱可夫一举成名，却是在诺门罕战役之后。1939 年 6 月 2 日，苏联国防人民委员伏罗希洛夫在莫斯科接见了朱可夫，派他到诺门罕前线指挥作战。朱可夫曾在 1938 年被派往中国担任军事顾问，对日军的作战特点比较了解。

一个日本军医的反思

松本草平，这位诺门罕战役中的日本军医，战后写了一本回忆录——《诺门罕，日本第一次战败》，较真实地记录了这次战争的惨烈经过。他亲身感受到日本关东军的残忍及底层官兵的厌战、反战情绪。他的深刻反思值得一读。

1977 年，松本草平在回忆录的序言中说："38 年前的 1939 年，在戈壁大漠北端的诺门罕，我和许多年轻士兵咽下了悲愤的眼泪，满腔的悔恨全部洒在了'满'蒙边疆尽头的荒野上。"松本草平对日军和苏军的准备情况有自己的分析："（1）苏军是知己知彼，日军是既不知彼也不知己。苏军早就通过谍报网搜集到了日军的兵力、兵器、装备等军事情报，并进行了战前准备。相反，日军对苏军可以说是一无所知。（2）苏军居高临下，日军处处挨打。苏军利用哈拉哈河左岸蒙古高台的优势，一直监视着日军的一举一动，依此来调兵布阵……（3）苏军张网以待，日军是飞蛾扑火。苏军利用地形地势上的优势和合理的战略战术，在诺门罕早就布置了一张网，只等诱敌上钩了。相反，日军没有战略不说，在战术上也是一塌糊涂。"

松本草平对战争的惨状印象深刻，他对战争的性质产生了质疑："到处都是烧焦的痕迹，仿佛是一群喷火的蟒蛇在这里群斗过一样，阵地上充满了焦煳味和尸臭味……面对他们如此悲惨的命运，我的眼泪止不住地流，这打的叫什么仗啊？就因为关东军高官们为了所谓的'帝国荣誉'，几百人就白白送了命。这哪是什么战场啊，简直就是搜索队的坟墓。"松本草平对战争的目的一直抱着怀疑态度："冷静下来好好想一想，付出这么大牺牲的这场诺门罕之战，究竟是为了什么呢？这也是第一线全体士兵一直得不到解答的疑问和不满。由军部一部分强硬派操纵指挥的这场侵略战争，对一般的下级军官来说是难以理解的，更不用说那些已经死去的亡灵了……"

日军有没有使用细菌战？

诺门罕战役爆发后，日本关东军调集了最精锐的部队和最现代化的武器对抗苏军，其中包括 731 部队及细菌武器。

战争之初，关东军总司令植田谦吉视察 731 部队，命令 731 部队以“防疫给水部”名义参加诺门罕之战。石井四郎从当时 731 部队所有 400 余人员中抽调出一半组队参战，分编成两部分：一部分从事防疫给水；另一部分组成“敢死队”，准备对苏蒙军实施细菌攻击。石井拟订了细菌作战的计划：一是将炭疽菌炮弹用火炮发射到苏蒙军阵地；二是使用飞机向哈拉哈河西岸投掷土陶细菌炸弹（内装鼠疫跳蚤），或感染了细菌的小动物、物件和食品；三是派出“敢死队”深入哈拉哈河西岸，用细菌污染苏蒙军队各水源。

日军前线指挥官小松原对石井的细菌战方案的可行性作出评析，担心有人员被俘，若暴露出细菌战谋略，必招致苏军报复；另外，日军若攻入被细菌污染的西岸地区，又将危害自身。因此，经关东军高层缜密分析研究，决定 731 部队的细菌战计划只适宜在日军战争失利的情况下实施。

7 月 11 日，第 23 师团失利停战。7 月 12 日，“敢死队”队长旋常重少佐受命带领敢死队秘密潜入哈拉哈河西岸，在河中投撒了 22.5 公斤的霍乱、伤寒、赤痢和鼻疽菌菌液。13 日，石井四郎告知日军司令部，通知日军各部队不要再饮用哈拉哈河的水。

苏联情报人员早有察觉，通过战前大量谍报工作，在中共抗联人员的积极配合下获取了细菌战的机密情报。苏军随即做好相应的防护准备，在部队进行了相关的教育和防护演练，还专门从后方铺设了数条输水管线，以保障饮水安全。日军此时还未解决好细菌武器的相关技术问题，这次细菌作战还只是实验性质，加之苏蒙军各项防护措施得当，在整个战役中并没有因日军的细菌战造成大量伤亡。

在苏蒙联军的猛烈打击下，不少溃败的日军部队没有接到关东军司令部不准饮用战区河水的命令。许多士兵在极度干渴饥饿的情况下跑到河边，捧起河水一顿痛饮，结果很快成了细菌战的牺牲品。残忍的日军为防止泄露细菌战秘密，引起国际社会的谴责和苏联的报复，竟下令将所有感染细菌的伤病员立即集中“秘密处理”，销尸灭迹，顺带把细菌战的帽子扣到了苏军头上。据战后日本关东军军医部的数据统计，在整个作战期间，日军前线部队共有1200余人因感染细菌死亡。而石井部队却从中获得实战经验，并受到了关东军司令部的特别嘉奖。

作为报复，日军将被俘的苏蒙军士兵强壮者送进了细菌部队进行人体试验，以求查明在此次细菌战中苏蒙军没有受损的体质原因，并将改进后的细菌武器更凶残地投放到中国战场，制造了一幕幕后果难除的人间惨剧。在“二战”结束前夕，日军还派出731细菌部队秘密潜入苏联边境地区，将新的高效病菌投放到各交通要道附近的池塘里。

诺门罕战役改变“二战”进程?

诺门罕战役对日本的侵略布局产生了重要影响。

在日本决策层，有两种对外侵略战略：一是“北进”战略，即依托中国为根据地，进攻苏联，占领西伯利亚；二是“南下”战略，依托中国为根据地，占领南洋诸岛。陆军主张“北进”，海军主张“南下”，双方争持不下。1936年8月7日，日本参谋本部调整了它的战略，就是“南北并进”。这是一个折中方案，可是“北进”的势头仍然很大。

然而在诺门罕战役之后，日本对苏联的认识发生了变化。关东军认识到：即使日军处在补给很有利的条件下，也无法与苏军的机械化部队正面作战。如果日军深入苏联腹地作战，断难取胜。此后，日本被迫放弃了“北进”侵苏的国策，改为全力“南下”，侵占中国、东南亚，甚至最后偷袭美军珍珠港基地。

1941 年 6 月苏德战争爆发后，苏联西线吃紧，东部防务减弱，这对于日本“北进”无疑是千载难逢的机会。按德日盟约，希勒特一再催促日本对苏开战。当德军兵临莫斯科城下时，德国再次催促日本出兵。但日本鉴于诺门罕之战的惨败，不肯进攻苏联。日军放弃对苏发动战争，使苏联避免了与德日两线作战的不利局面。苏联在卫国战争的关键时刻，敢于将用来对付日军的 20 个西伯利亚师（其中有 4 个坦克师）向西调动，参加了莫斯科、斯大林格勒和库尔斯克战役，击退了德军的进攻并转入反攻，与诺门罕战役的结果不无关系。第二次世界大战的进程，从某种意义上可以说被诺门罕战役改变了。

此战对关东军的士气产生了很大影响。1945 年苏军出兵中国东北，关东军许多部队一击即溃，这与之前惨败留下的心理障碍不无关系。

此次战役为何鲜为人知？

与“二战”中的其他重大战役相比，后世很少有人提及诺门罕之战。究其原因，一是对苏联而言，主战场是欧洲战场。诺门罕战役之后，苏德战争爆发，苏联投入卫国战争，自然淡忘了远东的诺门罕之战。二是对日本而言，在其国力、军力强盛之时，占尽天时地利攻击苏联，不料却遭遇惨败，颜面丧尽，自然更不愿提及。三是对参战的伪满而言，其影响本来就有限，“满洲国”更是灰飞烟灭，也无多少记录；外蒙古虽称此役为建国后唯一一战，但宣传有限、影响不大。而对中国而言，诺门罕之战既不是国民党军队的胜利，也不是八路军、新四军的战果，而且中蒙边界的部分中国领土还由此被划入外蒙古。1940年6月9日，苏联和日本就外蒙古和伪满边界问题缔结了协约，把边界线由哈拉哈河向黑龙江境内推进了约40公里。据美国《生活》杂志记者戴维·贝尔加米尼记载，苏军占领了一条64公里宽、32公里深的狭长地带，是一块面积达2000多平方公里的土地——对中国而言，这实在不是一个值得称赞的胜利。因此，对诺门罕之战的宣传报道不多，也就不足为怪了。

（转自《同舟共进》网易官方博客）

抗战胜利后国民党为什么迅速溃败

茅于轼

国民党坚持抗战八年之久，在强大的敌人面前艰苦卓绝，坚持到最后，赢得了胜利。这是中华民族的胜利，是非同小可的胜利。我国成为联合国五大常任理事国之一，在国际上从来没有这样风光过。1840 年第一次鸦片战争以来的一百年间，中国人受尽了屈辱和欺侮，八年艰苦抗战，以牺牲上千万军民为代价换来了胜利的荣誉。抗战中虽有一些腐败，但并不严重，否则抗战的仗就会打不下去。抗战中有近百位将军为国捐躯，包括张自忠、佟麟阁等，这说明了对日抗战有很强的凝聚力。

国民党在这样一片大好形势下怎么会急转直下，把大局输给了共产党？这段历史很少有人探讨过。其实，这里的经验教训非常值得吸取。

在我看来，原因是胜利后国民党迅速腐败，以致不可收拾。国民党派出的接收大员进入原来由日本和汪精卫伪政府控制的沦陷区，建立了国民党的政权。此间发生了大量的腐败现象，丧失了民心，一泻而溃千里，势不可阻。

沦陷区的百姓在日本兵的铁蹄下生活了七八年，过着亡国奴的生活。他们天天盼国民党凯旋，自己能重新做一个有主权的国民。然而盼来的国民党却是一群腐败分子，只知道伸手要钱、要权，不关心民间疾苦，还看不起沦陷区的百姓。

抗战胜利时，国民党只占有全国一小部分国土。当时的一线城市只剩下重庆、成都、贵阳、昆明、兰州；大片繁华的东部地区，比如武汉、桂林、长沙、广州等，全都落入了日本人的手中，更不用说上海、南京、北京、郑州和东北广大地区。胜利之后，国民党要派出大量官员去沦陷区工作，但它根本没有足够的合格的干部。接收大片沦陷区任务之重大是可以想象的。伪政权要接管，伪军要改编，汉奸要惩处，地方秩序要维护，汪伪的货币要改制，日本人要遣返，生产要恢复，税制要建立，还要防止共产党的渗透，这真是一个百废待兴的时代。可是接收大员来到一个地方，首先是占据最好的房子用作自己的官邸，接收伪政府的财产供自己享用，委派自己的亲人出任新建政府的各级官吏。各式各样想当官的人（包括从国管区和沦陷区来的人）都在贿赂接收大员，买官卖官层出不穷。汪伪政权在七八年占领期间经营了巨额的资产，胜利后这些资产成为“逆产”，全部要没收充公，在这产权变化的过程中有许多可乘之机。接收大员多半利用逆产改制的机会，将一部分资产据为己有。手里有权，又缺乏监督，腐败是必然的。接收大员纷纷忙于自己的私利，把要紧的事都放到了脑后，这引起当地百姓的极大不满。

国民党政权把接管沦陷区看成一个敛财的好机会，规定伪政府所发的货币兑换成国民党的法币的比例是200：1。而实际上当时的购买力之比远高于此。这导致沦陷区百姓现钞和银行存款大幅贬值，遭受了巨大的经济损失，招致普遍的民怨。国民党控制区的货币可以在沦陷区大量抢购各种商品，实际上是压榨当地百姓的财产。为了满足兑换法币的需要，政府大量印制钞票，赶运到广大的沦陷区。由于增发货币，造成通货膨胀，沦陷区的百姓更是一片怨恨情绪。

国民党又错误地认为沦陷区的百姓都是不爱国的人，而自己以抗战胜利者自居，凌驾于沦陷区百姓之上。国民党把伪政府官员都看成卖国者，其实死心塌地做汉奸的只是极少部分，大部分职员只是为了求生，混口饭吃，心里还是向着国民党，把他们当成卖国者是极不恰当的。更有甚者，有些地方当局把当地学校的学生叫作伪学生，伪学生转成正规学生要经过甄别。国民党实际上把国统区的百姓和沦陷区的百姓分成两种不同的人：胜利者和投降者。这种区分不但存在于国民党的官员中，也存在于国统区的百姓中。从重庆来的百姓到达沦陷区往往自视甚高，看不起当地的老百姓。这极大地伤害了沦陷区百姓的自尊心。从人口数量来讲，沦陷区的人口超过了国统区的人口。把这样大的人口群体视为外人，就把自己彻底地孤立起来了。

抗战胜利本来给了国民党一个巨大的机会，可以利用胜利的大好形势，建立为国为民的政权。然而由于在沦陷区接收中出现的问题，国民党在政治上逐渐失去了民心。同时，共产党声称将要建立一个没有腐败的真正民主的新政府，逐渐争得了民心。面对这种严峻的局面，国民党内部本应严加整肃，挽回民心。然而它错误地判断了形势，以为自己的统治地位受到威胁是共产党捣乱造成的，必须给予反击。于是，国民党加强舆论控制，不许报道负面新闻，最后甚至暗杀同情共产党的大学教授（也有消息说是国民党内派系之争，给国民党帮了倒忙），结果彻底丧失了民心。共产党以微弱的力量发展壮大，取得了全国性的胜利。“得民心者得天下，失民心者失天下”，此言至确。

这一段历史的经验教训，太值得我们深思了。

中印公路：深埋历史六十年

戈叔亚

随着东盟的日渐活跃，修建一条连接中印两国间的“跨国通道”成为发展贸易合作的迫切需要，重新打通中印公路成为焦点。事实上，中印公路就是著名的史迪威公路从印度到中国国境路段。史迪威公路西起印度东北铁路终点站利多镇，中经缅北和滇西，东至云南省会昆明。这条又名滇缅公路的公路于1945年年初通车，打破了日军对中国抗日战场的陆上国际封锁，是第二次世界大战中举世闻名的军事运输线。

那天黄昏，印度阿萨姆邦的瓢泼大雨将公路冲刷得如同水洗一般，在我们到达时却神奇停止了。这就是印度利多小镇史迪威公路“零公里”处。各国来这里考察的人都来这里拍照留念。史迪威公路从这里一直通往云南昆明，进入中国国境之前的路段就是我们近来时时听说的“中印公路”。

当年，这里也有一块写着同样文字的招牌，表明这是史迪威公路“零公里”处，笔者熟知的许多美国老兵都曾在这里拍照留念。两个照片展示的沿途英文地名完全一样，路程表上老照片显示的是英里，新照片上显示

就是在如此泥泞的路面条件下，工兵们用原始的工具完成了这个“不可能的任务”。

的是公里。招牌上写的终点站都是笔者家乡昆明，距离 1736 公里！

2008 年 5 月和今年 4 月，笔者两次来到这里，完成了一生中最大的愿望——走完滇缅公路和史迪威公路的全路程。从 1986 年开始，沿途逐个考察路牌中的每一个地方，直到今日能够站在这里，竟用去了二十多个春秋。

当年改变了中国命运的史迪威公路，如今已经有些破碎，但是仍然穿越茫茫的林海向边境延伸。沿途我们看见再也忍受不住战后漫长寂寞的印度阿萨姆人，开动机械，挥动铁锹在修缮公路，他们希望重新恢复这条公路战时的繁荣。他们提出的口号是：

史迪威（中印）公路

为了使我们的生命线焕发青春，

为了使我们的对外关系焕发青春，

到边境去！

原始森林中开辟道路

看到“LEDO”（利多）字样的招牌，终于进入了梦寐以求的利多小镇。展现在眼前的利多，和六十多年前的景象几乎一模一样：当年熙熙攘攘，被中美英盟国大兵和筑路民工挤得水泄不通的利多小镇早已冷落下来，偶尔有几个身穿艳丽的民族服装萨丽的印度女人走过。牛群在空荡荡的公路上悠闲散步，小贩在柚木竹篾和铁皮油毛毡搭建的摇摇晃晃的路边小店里呼呼大睡。仅有的一座很小的印度寺庙在为一对新婚男女举行祝福仪式。当年把上百万吨作战物资从加尔各答海港运到这里的利多车站空无一人。我们拿着相机一下车，马上引来无所事事的当地人围观。这里毕竟太平静、太荒凉了，也许他们永远怀念引擎隆隆、车和人川流不息的战争时期的“黄金年代”。

1942 年 6 月，印度首都新德里。带着不同肤色、不同民族的男女混杂的小分队，刚从湿漉漉的缅甸丛林逃出来的史迪威将军，毫无掩饰地向新闻界承认了盟军首次入缅作战的失败。他用沙哑的嗓子坚定地说：“我们的确被狼狈地赶出了缅甸，这是奇耻大辱……我们必须找到失败的原因，打回去，收复缅甸。在莽莽的林海中开出一条路，把物资再次送到中国！”

盟军第一次缅甸作战失败后，中国唯一一条接收国际援助物资的通道——滇缅公路——被日军切断，中美随即开辟了“驼峰航线”继续输送作战物资。然而航线艰难，日本空军的拦截使空运损失惨重，远远满足不了中国前线的需要。因此，中美决定从印度阿萨姆邦的利多小镇修筑一条公路，穿越缅北茫茫林海和日军占领区，然后和滇缅公路连接，打造运送物资的另外一条通道，这就是中印公路。

1942年11月17日，第一支筑路部队——美国第四十五工兵团和八二三航空工程营、中国驻印军工兵第十团——云集利多，驱赶绵延数里不断呼叫的猴子在此建立营地，并于12月10日正式在莽莽的原始森林披荆斩棘筑路开道。到1945年1月28日，第一支车队从这里到达畹町，和滇缅公路对接时，一共用了两年多的时间。

之所以把印度阿萨姆邦的利多小镇当作公路的出发点，是因为印度中心城市加尔各答的铁路终点站就在那里，同时，利多也是中缅印传统商业驿道——“蜀身毒道”——的必经之地。这条路线沿途要经过除了马帮之外，现代人从未进入的蛮荒的热带原始森林。森林中野兽蚊虫细菌密布，瘴气疾病滋生；居住的原始狩猎土著骁勇剽悍，对外人充满敌意。这里的地形山峦起伏，河流纵横，雨季洪水泛滥，泽国一片。而且精锐的日本北九州兵团第十八师团和第五十六师团在此筑壕据守，以逸待劳地等待着杀戮远道而来的盟国工程队。

对此地早有研究的英国工程人员对筑路非常悲观，他们认为按照最乐观的估计，工程两三年不会完工。长期在此驻守的英印军官更是谈虎色变，他们说，沿途到处都是半年前倒毙在此的难民白骨，令人毛骨悚然。别说修路，就连筑路工兵也休想爬出野人山！

以墓穴为它的里程碑

2008年5月，笔者和《中国国家地理》杂志记者陈志文在阿萨姆邦的暴雨中马不停蹄地赶往利多，就是要去寻找一片被丛林和热带攀藤覆盖了整整六十年的墓地。

1991年，印度报纸报道，在与史迪威公路“零公里”纪念碑近在咫尺的路边野草中，发现了被浓密的苔藓覆盖的200多块腐蚀脱落的混凝土板。专家经研究认为，这是中国工兵第十团的墓地，一些模糊的文字是中文：萧柱青少校（追认），中国驻印军独立工兵第十团第二营第二连连长，1913年出生河北省威县，1943年12月死亡。

缅甸史迪威公路上的里程碑

多年前，笔者收集到这个信息，但在第一次探访时遭到印度军人的拦截，因为这里是不对外国人开放的边境地区；回来后，意外找到了萧柱青的家人，他的儿子一直在寻找父亲的踪迹。第二次来时，笔者仍然被拦截，只好请印度朋友代为专门到那里烧香磕头拜祭英烈，并为我们带回了坟头上的一抔土和照片。

如今，无论是中国大陆还是台湾地区，根本没有这个中国士兵墓地的记载。如果不是印度报刊的报道，中国人可能永远也不知道这里还埋葬着自己的同胞。我们仅仅知道，中国远征军第十工兵团最初没有机械设备，因此开始只能做一些清理公路、修建排水渠和挡土墙的工作。后来，中国第十团成为了整个公路上装备最好的单位之一。

这里埋葬的中国工兵并不是唯一的修路殉职者，在到达这里之前，我们已经越过了两个庞大的美英军墓地。早在 1942 年 12 月，履行史迪威要打回去的诺言的第一批工兵几乎都是黑人，他们中间的一些人和早已风化消失变为泥土的中国第十工兵团士兵一样，被永远埋葬在了这里。

据美军记录，为修筑仅仅只有 507 英里（大约 815 公里）的利多路段，美军投入了高达 1.5 万的正规部队工兵。死亡人数为 1133 人，正好是“一英里两个墓碑”。

需要特别指出的是：这仅仅是筑路美国工兵的死亡人数，并没有包括现已无从考证的死去的中国工兵和当地劳工、扫荡阻止修筑公路的日本军队中死亡的中国驻印军及美国劫掠者部队；中美野战部队仅仅在密支那一个地方，死亡人数就远远超过这个数字。还有第一次筑路筹备组死亡的中国工程师、败走野人山的中国远征军，更别说那些逃亡印度的难民，以及途中大量死亡的印度人、英国人和缅甸人。他们的白骨并没有成为公路的里程碑，而仅仅是公路勘测人员的“路标”。

美国人这样记录：

墓穴是史迪威公路上的里程碑。这条生命线是用生命做代价的。美国人、英国人、中国人、印度人和克钦人都倒在了你今天所经过的这条道路上。他们永远安息在利多和昆明的军人墓地中；他们永远安息在缅甸暗淡的丛林公路边，以及战火硝烟烧焦的滇西群山边。

一场巨大艰难的工程

史迪威公路修筑初期充满各种各样的困难：设备短缺，雨季野外露营，洪水常常冲毁刚建好的路基，推土机被土埋葬以及滑坡……中国工兵更加无奈："我们没有一辆推土机被埋葬，因为我们根本就没有那玩意儿。我们被埋葬的是斧头、铁锹、十字镐以及我们自己。"

雨季来临，山洪淹没了刚开辟的路基和活动住房、帐篷、炸药和水泥，筑路机械在泥泞中锈迹斑斑。汽车无法通过泥泞的道路，阴雨绵绵，空投也无法进行，只有大象和挑夫勉强运输少量物资。施工在恶劣的条件下艰难地维持，疟疾、伤寒等疾病蔓延，严重威胁筑路官兵的生命，工程多次瘫痪。

1943 年 10 月，公路仍然在印缅边境磨磨蹭蹭，部队弥漫着强烈的失败主义气氛。史迪威不得不把指挥官撤职，换上了美国密苏里水坝总工程师刘易斯・A. 皮克将军。他一下飞机就说："我在美国就听说了，归根结底就是说无法修筑。太泥泞，太多雨水，太多疟疾，等等。从现在起，让泥泞、雨水和疟疾见鬼去吧。"

他把指挥部设立在最前线，果断采取了多项措施，工程开始加快。新一军孙立人在前面扫荡阻止盟军工兵的日军，皮克对他说："今后我一定会紧紧跟在你们屁股后面一步不落，包管撵得你们屁滚尿流！"

从 1943 年 10 月到 1945 年 1 月，公路从 38 英里处延伸到和滇缅公路交叉口的畹町，整整修筑了 427 英里的距离。平均每天工程要延伸 1 英里，其中包括102英里的山区。

仅仅是一开始的270英里中，平均每英里就要搬运5万立方码的泥土。如果用这些泥土建造一座宽3英尺、高10英尺的坚固城墙，可以从纽约连到旧金山。如果把史迪威公路全部排水系统的管道从头到尾相连，管道将有105英里长。公路要铺设沙砾，有时需要从30英里开外的河滩拉沙子来铺路。这样，铺设470英里的工程就需要138.3万立方的沙子。

史迪威公路沿途有10条主要河流、155条小一点的河流需要架设桥梁。平均每3英里就架设1座桥梁，总数有164座桥梁，平均5英里1座。世界上最长的浮桥架设在密支那附近的伊洛瓦底江上。这座永久性的浮桥长60英尺。

伐木工程规模空前，雨季要求建筑2英里的堤坝，需要打桩2400个，砍伐100万立方英尺的木板，然后锯、运输和放到合适的地方需要30天。超过822000立方英尺的木材从丛林运来建筑公路。

鲜血与硝烟的密支那

世界列强从来就把中国军队列为“世界上最差的军队”，但是凭借多年对中国人的观察，以及带领他们徒步走出缅甸的实践，史迪威认为：中国人是世界上最吃苦耐劳的人民，只要给予他们最好的装备和训练，中国军人可以和世界上最好的军队媲美。

经过印度蓝姆迦的秘密训练，中国驻印军进入缅北，经过了艰苦的胡康谷地和孟拱谷地战役，以及令人惊奇的密支那攻防战，中国军队成为了钢铁拳头，迫使敌人从丛林阵地撤退。

密支那是笔者多次重点考察的地方，它是缅甸第三大城市。这座英国殖民者的城市曾经洋楼密布，充满浪漫情调，后来被战火夷为平地。如今，散落在伊洛瓦底江西畔的密支那平原仍然没有高大建筑，街道两边茂密的阔叶树像大型的遮阳伞将整座城市淹没，四周是广袤的原始森林。当年美军的“GMC”卡车和“Willeys”吉普车仍然在这里四处奔跑，战斗最激烈的密支那火车站仍然保持着原来的风貌，战后日本人修建的“慰灵碑”“慰灵塔”随处可见。日本人建造的“慰灵牌位”和巨大的睡佛庙宇旁，一幢保留至今的小洋楼曾是“日军密支那守备队”的司令部和远征军司令官史迪威将军的官邸。而中国驻印军和美军在密支那各地的墓地，早已被缅甸人彻底破坏了……

留在此的中国老兵杨剑达，每天拄着拐杖散步。他每天都要路过当年被打得片瓦不留的“华侨新村”，去看望另外一位老兵——李锡全。不久前，他第一次回到老家广东梅县，回来一反常态，见人就畅谈祖国变化一日千里。

当年，中国远征军和美国“劫掠者”特种部队经过八十多天的苦战，终于于1944年8月4日全歼日本守军，收复了这个城镇。密支那之战是中国驻印军缅北作战最重要，规模最大，也最为惨烈的战役。密支那战役的胜利，基本上可以宣告驻印军缅北作战和史迪威公路的修筑已经胜利在望。收复了密支那，驼峰航线可以飞越“南线”，而不是艰难的“北线”。

由于中国“文革”狂热分子在缅甸搞输出革命的历史原因，在密支那的中国阵亡将士的墓地被全部铲平了。它们分别坐落在密支那第二中学（第三十师墓地）、车站附近某缅甸人私宅（第十四师）和密支那第二小学（第五十师）。目前，当地华侨在中国使领馆的帮助下，正积极和缅甸当局交涉重建，已经得到了同意。

中印公路二十年纪行

眼前的路牌有一幅巨大的地图，绘制出这条公路的全部路程和途经的十个重要城市。公路每前进一公里，每到达一个城市，中美印缅军民都付出了艰苦的努力甚至鲜血。沿着先辈的足迹一路走来，同样也付出艰苦的努力。

1986年开始踏上这条路线，2002年至今前后五次沿着史迪威公路进入缅甸考察，笔者在此的二十多年里，缅甸难以被忽略。从瑞丽的垒允口岸出境乘车到八莫，路边有一座佛寺供奉着一尊大佛，当年这里被战火夷为平地，但是闭目安详的大佛毫发未损。这个神奇的事情多年一直流传，各地官民纷至沓来顶礼膜拜。

路上有里程碑（南坎—八莫69英里），路面非常糟糕，绝大多数都是没有柏油的石头和土路，车行驶起来尘土飞扬。只在经过一些小村寨或者城镇时，才可以隐约看到一些严重脱落的柏油路面。公路主要是在原始森林里。多数都是不太高的山区，不时有猴子在路上觅食，这使我想起老兵讲述的远征军败退野人山时吃猴子的故事。走在史迪威公路上，我们利用下车小便的机会拍摄了公路的路面情况。沿途看到许多军用铁桥，都是“二战”时期的美国军用铁桥。这样的铁桥原来在滇西也是很多的，现在都消失了。后来我才知道，在缅甸，无论大小，大约80%的桥都是这样的军用铁桥。

八莫是坐落在缅甸第一大河——伊洛瓦底江畔的一座美丽小镇。清晨，穿着粉红色袈裟的尼姑一队队穿过密雾，顺着“孙立人路”“李鸿路”沿街化缘。途中要经过仍然散发着臭气，已经成为垃圾箱的日军地堡。有一座简陋的咖啡馆，人们或坐或躺，一边喝着廉价的咖啡，一边看着没有翻译的美国警匪大片。每次，我都一定要来这里坐一坐，看一看窗外的湖光山色。江边上堆满了各种陶罐，准备运往各地，渔民两人扛着一条尾巴拖在地上的大鱼。经过浴血奋战收复这里的中国新三十八师的墓地，已经成为政府的会议厅。每次，我也要来这里看一看，摸一摸，试图接收地下英烈传递的信息。

1945 年 2 月 4 日，中印公路首次通车，车队进入昆明。

从密支那出来，沿着史迪威公路继续向印度方向前进，不久就可以看到当年中美联合特遣队深入敌后所跨越的库蒙（Kumon）山脉。途中有一条至今仍然架设着军用铁桥的南桂河（Nankwi River），当年突袭部队就从这里秘密蹚水而过。如今，女人在洗澡，孩子在打闹，老牛拉着破车在水里摇摇摆摆……我们离开公路，进入一片夹杂着竹子的树林，来到一个小山坡前。当年，一五〇团就是秘密埋伏在这个距离机场只有八英里的小山坡上，长途奔袭的代号是“赛跑结束”。

进入孟拱河谷的第一个小镇是南木地（Namti），往往都可以看到两位中国老兵坐在路边闭目养神。他们本以为这把老骨头无法“落叶归根”，但是没有想到祖国同胞要把他们接回老家。

尽管柏油已经脱落，公路十分残破，但是这里一马平川，路两边是一望无际的原始森林和沼泽灌木。然而到了新平洋，公路越来越难行，似乎就要消失……

这条中美缅印军民用汗水、血水和泪水修筑的公路废弃了，六十年来，公路被无情的岁月侵蚀风化，被肆虐的热带植物吞噬覆盖。当年，无数中国印度商旅马帮运输物资和传播文化、马可·波罗和埃德加·斯诺探索神秘东方的蜀身毒道——西南丝绸之路——消失了，无数先烈抗击日本法西斯的功绩被埋没了。当年，一些反对修路的英美政客说修筑这条路劳民伤财，得不偿失。一些美国老兵无限感慨地说，他们在此流血流汗算是白费了……

但是不久前，美国的卫星惊奇地在缅北发现：覆盖在公路上面的植物被人悄悄地挪动了，绿色的林海中出现了一条白色的线条！为此，《洛杉矶时报》惊呼：荒弃的中印公路将重新焕发生机！这是美国二百年历史上，第一次由美国工兵为骨干，以一个美国人（史迪威）的名字命名，不在美国本土，而是穿越了三个亚洲国家的公路。

一段日子以来，中国的筑路大军浩浩荡荡地开进缅甸修复公路，弥补战争伤痕。而试图重新崛起的印度阿萨姆邦，也开始将目光盯住这条公路……

行宫别馆里的现代中国剪影

——《蒋介石后传》读后

朱学东

承蒙师永刚兄馈赠他和方旭先生合著的《蒋介石后传——蒋介石台湾26年政治地理》一书，认真读完之后，感慨颇多。

本书透过蒋介石败退台湾后，在台湾26年的孤岛生涯里所居住、停留过的行宫别馆里的前尘往事，向读者介绍了蒋介石在台湾的政治和私人生活，实堪别出心裁。

与过往我们习惯的编年史不同，这本书在某种意义上也是一本断代史，不过，这本断代史不是集纳中华民国退据台澎金马后所发生的完整的历史，而是围绕蒋介石政治和生活的重心来讲述的一部历史；而所写政治生活的重心，则是以围绕在蒋介石在台的行馆展开的那些活动为要。所以，编辑者才会在腰封推介此书时写上“26年私史、正史、秘史”“26年治人、治事、治政”“首度揭开蒋介石台湾34处秘密行馆里的隐蔽历史”。

对于对国民政府败退台湾后的历史感兴趣，或者喜欢人文自然旅游的读者来说，这部书就是一本很好的索引。

难怪书中说，蒋介石若做旅游局局长，定是好手。

行馆，旧时指官员出行时的临时性居所，皇帝的则叫行宫，它们的费用都出自公帑民膏。不过，对于集权独裁及威权政权而言，行馆其实是行宫的民间雅称。

在现代民主国家，除了研究的学者，普通人应该不知中国人口中的行宫别馆为何物。

民主国家的元首可以有自己的农场别墅，但若像古代中国皇帝和威权时代的中国领导人那样拥有自己的行宫别馆，别说成为元首度假，连成为元首的机会都不会出现。

但中国不一样。行馆是权力的一个象征，自古以来都是一样。

即便蒋介石败逃到孤岛台湾，以及毛泽东拥有了广袤大陆，两人在各自能够掌控的土地上都新拥有了自己的行宫别馆，甚至其他权势人物也有自己的行宫别馆。

我没到过台湾，对于蒋介石在台行馆，只是从一些书中读到过名字；毛氏在井冈山、庐山的行馆开放后，我曾去参观过。而 20 世纪 80 年代我读过军队作家李存葆所写的小说《山中那十九座坟茔》，书中所描述的所谓“战略工程”，似乎也暗指类似的行馆。

依据台湾相关府部资料，蒋介石败退台湾后，在台湾曾有 34 处行馆，不过并非蒋介石专用。

过去中国人有言：天下名山僧占多。在台湾的胜景之处，则是蒋介石的行馆占多。

“蒋介石行馆之所以如此引人注目，一方面是他的行馆几乎遍布全台湾风景绝胜之地，或饱览青山翠绿，或眺望湖光山色，都一定位于景致最佳之地；再加上这批行馆在戒严时期军事管制严密，寻常人不得其门而入，如同封建时代行宫离宫般难以亲近，自然众说纷纭，把行馆当成了蒋家私产，想象其中势必富丽堂皇，是特权的象征。”

对于专制时代的民众及今天到台湾旅游的大陆民众而言，蒋介石的行馆吸引人，恐怕也不过此两种情况：绝美的风景，政治的神秘和八卦。

蒋氏行馆，相当比例来自抗战胜利后接受日本政要的房舍，使用前略加翻修，加置安保措施。也有来自向地方政府租用土地所建，或由富豪乡绅捐地所建，或向地主购买土地所建。

这多少有些跌破我眼镜。

蒋氏败退台湾，虽临穷途末路，但党政军情一把抓，后更因韩战爆发而危局得纾，建个行馆，还要租地买地，这是我过去所忽视的。

其实细想，台湾庚续中华民国宪法，是保护私产的，与封建皇朝普天之下莫非王土不同，与大陆社会主义普天之下莫非党和政府的也不同，若非自有国有，自然要向地方政府和地主商借租用购买了。

比如大名鼎鼎的慈湖，蒋介石原本让蒋纬国私下向地主板桥林家商洽是否愿意出让转卖，林家欲捐此地，蒋介石不受，最后达成协议，在土地登记时，林家此地由国民党无偿租用。

今天的大陆，一个小小的地方基层官僚，其征地时的威势，已经远远超过堂堂的中华民国总统了！

书中有记，蒋氏一处行馆所在，边上是别人家祖坟，这祖坟能看到该行馆所有，但台湾军警并没有去迁坟，反而同意该家人每年去扫墓祭祖！且不说卧榻之旁岂容他人酣睡，更不容死者长眠！坟墓在行馆之侧，不是煞风景破风水吗？

书中又记，一处行馆，是向台北市政府租用的土地所建，蒋介石遗言，死后退还给台北市政府……

除此之外，蒋介石虽在岛上有数十个行馆，却大体都算奉行节俭的。

凡此种种，也让我们看到了政治纷争下脸谱化的蒋介石的另一面。

1949 年，62 岁的蒋介石黯然落脚台湾，与抗战胜利后作为战胜国领导人巡视台湾时的辉煌相比，不可同日而语。

内里，党心军心民心动摇，外面既有共产党解放军隔海相望，随时紧逼，又有美国人试图抛弃蒋介石换将之谋，所谓内外交困，风雨飘摇。

但蒋氏总结大陆先胜后败之教训，在波谲云诡中整饬党务军务，踢开不信任之人，与美国人钩心斗角，一心不忘反攻大陆，坚持一个中国，栽培蒋经国，26 年长留孤岛，苦心孤诣，经营这最后立身反击之地，至死方休，再也没有踏上大陆故土，读来也是令人唏嘘。

本书通过这 34 个行馆里发生过的党国军政大事，记述了蒋氏在台湾治人治事治政的努力。

我们可以看到，每一座行馆里，发生着不同的故事，这些故事改变了中国当代史，改变了台湾和大陆的命运。

无论是周恩来的一封亲笔信，曹聚仁斡旋国共合作幕后，还是反攻大陆计划始末，麦克阿瑟访台，台美共同防御条约签订，蒋介石与美国人之间相互利用的敌意与无奈，还是孙立人事件，流放陈立夫，重见张学良，抑或是蒋介石遭遇车祸及其遗嘱之谜，还是炮击金门时，蒋经国奉命劳军，在炮火之下进出金门次数之多，从而建立起其在军队的威望，抑或陈诚与太子争位，等等，都与这 34 座行馆里发生的故事相关。

文字平和，故事简单，读起来，联想当时历史背景，却是波涛汹涌。

这便是蒋介石在台 26 年的政治地理，是关于蒋氏在台的断代史。

除了发生在这些行馆里的军国党政大事，这些行馆也是蒋氏私人生活的重要居所。

本书也向读者展示了蒋介石与宋美龄少为人知的私人生活场景，比如他们的夫妻之情、天伦之乐，从中也可看到一代枭雄的柔情蜜意、常人之情。

本书中有许多极其珍贵的历史场景和生活照片，过去甚少见到，也是当代史的一个缩影，颇值一看。

这一路 34 座行馆轨迹，也是蒋氏父子在台统治时留下的足迹和舞台，展现了他们治台岁月的风风雨雨。

幕起幕落之后，那些波涛汹涌的故事俱已走进历史，成了前尘往事，供后人省思凭吊。

蒋家的功过已经交给了历史来评价，但那些曾经神秘的行馆，在台湾政治变化、政党更替的现实中，因过去的神秘尊荣，一些也不免受到牵累而致损毁，留下了诸多遗憾。

当然，也有受益者，不管政权更迭而维系好当年历史场景，如今政治开放，两岸互通，这些历史场景不由得又成为热门游览处，惠及本地民众。这类似于大陆损毁文物，后来却靠修缮假文物来吸引游客一般，真是彼一时，此一时。

除了朝野政治不良互动对那些人文历史场所的损毁，还有自然的变迁给它们带来的损毁，比如，台湾的大地震就曾毁掉了一些珍贵的行馆建筑。

岁月无情，自然无情。风流总被雨打风吹去。

值得一提的是，本书的装帧设计也颇有些特别。不过，我说不清是喜欢还是不喜欢。

读完掩卷想，如果有人愿意写一部大陆的行馆别史，虽是东施效颦之举，不过应该也很有趣。

第二篇

名将风云

黄埔军校走出了哪些国共名将

何仁勇

1924年6月，孙中山在中国共产党和前联的帮助下，于广州黄埔长洲岛创建“中国国民党陆军军官学校”。这个学校有一个更著名的名字——黄埔军校。

从1924年到1949年年底，黄埔军校在大陆开办了23期，包括各分校、训练班在内，培养出23万多名毕业生。其中，不少毕业生成为国共的骨干将领——胡宗南、林彪、刘志丹、罗瑞卿、杜聿明、黄维、郑洞国、戴安澜、胡琏、徐向前、陈赓、赵一曼……没有他们，整个中国现代史或将黯然失色。

胡宗南“哭”进黄埔军校

胡宗南是浙江镇海人，国民党陆军一级上将，深得蒋介石的宠爱和器重，指挥40余万精锐部队，人称“西北王”。他一生戎马30年，经历了黄埔建军、东征、北伐、第一次国共内战、抗日战争、第二次国共内战、台海对峙等中国现代史上几乎所有的重大事件。

但是，当年胡宗南参加黄埔军校入学考试，因为个子比别人矮，身体又较瘦弱，差点在体检时被淘汰出局。幸好他及时施展“哭”功，硬是“哭”进了黄埔军校。

1924 年，黄埔军校在上海秘密招生，进行初试，合格后再到广州复试。上海初试的主考官是毛泽东，胡宗南顺利通过。可接下来在广州举行的复试就没有这样简单了。

体检复试，考官让考生站成一排检查身高。胡宗南身高不足 1.6 米，一下子就被拎了出来。考官不客气地说：“你根本就不是当兵的材料。”这就意味着，还没进入文化考试环节，胡宗南就被“咔嚓”了。

这个结果是胡宗南无论如何都没有想到的。他怔了怔，突然蹲在地上号啕大哭起来。在举目无亲的地方，这个 29 岁的男人第一次体会到“绝境”两个字的含义。

哭了一阵后，胡宗南醒悟过来。他猛然站起来，大声责问把他拎出来的考官：“为什么不让我参加国民革命？革命是每个年轻人的义务，个子矮怎么了？拿破仑的个子也不高，总理孙中山先生的个子也只有 1.68 米，廖仲恺先生更矮嘛，国民革命怎能以相貌取人呢！”

这时候，在旁边一间屋的黄埔军校党代表廖仲恺被惊动了，他出来后对胡宗南说：“这位同学，我批准你参加考试。”廖仲恺当即写了一张纸条交给胡宗南，上书：“国民革命，急需大批人才。只要成绩好，身体健康，个子矮一点也是应该录取的。”

凭着廖仲恺的纸条，胡宗南参加了文化考试，成为黄埔军校一期的一员。当然，那时候的廖仲恺没有想到，这个差点被淘汰的小个子，日后会成为国民党最著名的战将之一；更没想到，日后他会把毛泽东“逼”出延安——当然，最终结果是胡宗南被逼退台湾……

“灵不过陈赓的腿”

“既生瑜，何生亮？”这是三国东吴大将周瑜的一句名言。对此，胡宗南有很深体会。他这辈子与无数对手过招，最难忘的一位可能就是陈赓了——这位老同学与他从黄埔军校就开始争斗，直到解放战争都还没停息。

两人都是黄埔军校一期生。陈赓是青年军人联合会成员，而胡宗南则加入了孙文主义学会。两派经常因为思想和立场的不同而发生冲突，打架斗殴是家常便饭。有一回，在一次集会上，两派又起争斗，闹成一团。陈赓开始和李仙洲对阵，胡宗南跑过去帮李仙洲的忙；陈赓一时火起，抄起一只板凳追赶胡宗南，把后者赶得狼狈逃窜，帽子都跑丢了。

陈赓成名很早，被称为“黄埔三杰”（另两人为蒋先云和贺衷寒）之一。当时还有一首打油诗说：“蒋先云的笔，贺衷寒的嘴，灵不过陈赓的腿。”这说的是陈赓在第二次东征中救蒋介石一命的事情。

1925 年秋，国民革命军进行了第二次东征。东征军总指挥蒋介石在华阳镇一役中遇险，陈赓背着蒋介石，靠两条长腿健步如飞，最终在枪林弹雨中保护蒋介石过河脱了险。

1933 年春天，因为叛徒告密，陈赓在上海被国民党当局抓获，后来送到南昌。蒋介石召见陈赓时心疼地说：“陈赓，你瘦了。”陈赓回答：“瘦吾貌而肥天下。”陈赓说：“校长也瘦了。”蒋介石说，“国家如此，生灵涂炭，寝食不安哪！”陈赓说：“身为一党一国领袖，校长瘦而天下更瘦，这是为何？”蒋介石无言以对。

陈赓性格非常豪爽，行事不拘小节。1943 年的一天，陈赓等军政干部在听毛泽东做报告。听了一阵，陈赓突然站起来，直接往主席台而去。毛泽东愣了，问：“陈赓同志，有何急事？”陈赓也不回答，取过毛泽东的杯子，喝了一大通后才报告：“天太热，借主席一口水。现在没事了！”在场的干部哄堂大笑，毛泽东也不禁微笑起来。

令人痛心的是，1961 年，年仅 58 岁的陈赓病逝于上海，共产党痛失良将。当年考试时与陈赓并排而坐，后来一同进入黄埔军校的宋希濂，经常想起老同学：“陈赓给我印象最深刻的是解放后的几次会面，他没有一点以胜利者自居的神气，令我心折和怀念。”

杜聿明：同时收到国共两党“入党登记表”

1948 年，淮海战役快要结束时，毛泽东曾以人民解放军中原和华东两司令部的名义，写了一篇 800 余字的广播稿——《敦促杜聿明等投降书》，这让时任东北“剿总”副总司令的杜聿明家喻户晓。

杜聿明也是黄埔一期出身。

杜聿明是陕西米脂县人，书香门第出身，可他却老想着投笔从戎，干出一番可歌可泣的事业。1923 年，杜聿明从榆林中学毕业后，一次，无意在《新青年》上看到黄埔军校的招生广告，同时，也在另一份报刊上看到吴佩孚办洛阳军官学校的招生广告。经过慎重考虑，杜聿明选择了黄埔军校。

1924年3月，杜聿明与堂兄杜聿鑫，以及同乡青年阎揆要、关麟征等11人，从北京取道天津，搭乘英轮南下广州。他们在陕西会馆住下后，随即上街打听招生情况，获悉军校还在招生，但报名者已超过1000多人。为了保证被录取，他们决定由杜聿明执笔，给国民党元老、原陕西靖国军总司令于右任先生写了封信，请求他帮忙做个介绍。原来，于右任是杜聿明父亲的同窗好友，又同是早期的同盟会员，感情很深。半个月后，爱惜人才的于右任回信，不但请他们吃饭，还慷慨地写了一封介绍信给黄埔军校校长蒋介石，说这里有11位陕西有志青年，前来报考黄埔军校，希望破格录取，以便将来到北方开展工作。

据称，蒋介石收到于右任的介绍信后很高兴，专门找来负责录取工作的人员，当面交代说："于先生送来的学生理应全部收下！"

4月下旬，黄埔军校举行最后一次补考，试题是国文和数学。杜聿明不怕数学，担心的是国文。国文的题目是："你为什么要信仰三民主义？"杜聿明对"三民主义"没什么研究，好在那时《新青年》等进步刊物盛行中国，杜聿明便根据上面的一些文章，结合自己的看法写了几百字交卷。也许是因为运气好，也许是于右任的介绍信起了作用，总之4月底放榜，杜聿明等11人全部榜上有名。入校后，杜聿明收到了国民党和共产党的入党登记表。那时候，他对于什么是国民党、什么是共产党一无所知，只好从字面意思来理解。他想，"共产"大概就是把家里的财产拿出来分给大家。杜聿明家中比较殷实，有些舍不得"分财"，所以就填写了国民党的表格。

当然，杜聿明做梦也没有想到，就在他加入国民党的当儿，他的妻子曹秀清正在陕西榆林中学，举着右手向共产党党旗庄严宣誓呢。他更没有想到，后来他能当上国民党的大官，1949 年却成了共产党的俘虏，1964 年又当选为中华人民共和国的政协委员……

郑洞国："冒名顶替"进黄埔

总体来说，黄埔军校的入校考试比较严格，也非常注重公平，但仍避免不了一些"意外"事故发生。比如，国民党名将郑洞国就是冒名顶替考进黄埔军校的，这也是黄埔军校史上独一无二的"事故"。

郑洞国是湖南石门县人，学生时代参加过五四运动。1921 年，他曾投笔从戎，但没成功。1924 年 1 月，正在长沙商业专门学校读书的郑洞国听说孙中山创办黄埔军校的消息，立刻找同乡王尔琢商议。没料到，王尔琢已先走一步了。郑洞国赶紧邀上三位同乡，一同南下广州。当他们找到王尔琢时，才知道报考军校的日期已经过了。

郑洞国心急如焚，王尔琢也跟着急。这时，转机出现了，一位叫黄鳌的湖南老乡，因为担心考不上，就报了两次名。此刻见郑洞国急成这般模样，便建议顶替他的名去考。郑洞国沉吟半晌，决计冒顶黄鳌之名报考军校，而且考上了。巧的是，真黄鳌也考进去了，而且他们都被编在第二队。在点名出操的时候，两人竟一同应声出列。

郑洞国是个老实人，对于冒名顶替的事情一直惴惴不安。经过反复考虑，他终于鼓足勇气，向区队长坦白了。好在校方并没有追究他的责任，只是把他的名字改了回来。

于是，郑洞国的名字开始在东征、北伐、抗日等历史事件里闪耀……

刘志丹：气质更像艺术家

刘志丹是陕北红军和苏区主要创建人之一，中国工农红军高级将领。1936 年刘志丹牺牲后，毛泽东曾亲笔题词：“群众领袖，人民英雄 。”

刘志丹长得俊朗儒雅，能歌善舞，写得一手漂亮文章。从气质和特长上来看，他更像一名艺术家或者文学家。不过，刘志丹打小就立志做一名军人，过金戈铁马的日子。因此，当他在榆林中学读书时，第一个响应中共党组织的号召，报考了黄埔军校。不料，此举遭到很多人反对。亲戚朋友轮番劝阻，学校也不放行。刘志丹慨然而言：“古人云‘虽有文事，必有武备’，对付军阀，没有军队怎么行?”

1925 年秋天，刘志丹南下广州，成功进入黄埔军校第四期，习步科。刘志丹是北方人，在广州水土不服，入校没多久就染上重病，一度昏迷不醒。医生以为他死了，准备送往太平间。同乡请求医生再观察一天。医生说，再观察一天可以，但不能放在宿舍里，以免传染。

也是刘志丹命不该绝，在同乡的悉心照料下，他闯过了“鬼门关”，逐渐康复——否则的话，中国工农红军就少了一位杰出的领导人。

“福将”胡琏

在国民党众将领中，能打仗的多，会打仗的少，敢打恶仗硬仗的就屈指可数了，而胡琏即其中一位。

有好事者做过统计，《毛泽东军事文选》里有 7 篇专门针对国民党十八军及胡琏的电文。能够多次得到毛泽东这种“指名道姓”的待遇，实为罕见。开国上将杨勇曾经说过："我们宁愿俘虏一个胡琏，不愿俘虏十个黄维。可惜让胡琏给跑掉了。"

胡琏是黄埔四期毕业生，与林彪同窗。毕业后，他从少尉排长干起，历经北伐、中原会战、江西"剿共"、抗战诸役，因战功显赫而不断擢升，37 岁做到十八军军长，中将军衔。抗战胜利后，国民党对军队进行整编，十八军改为十一师，与新一军、新六军、第五军、七十四师并称为国民党军五大主力。

在随后进行的三年国共内战中，胡琏率三万全部美式装备的十一师，在中原、华东两大战场同解放军对峙周旋，与刘伯承、陈毅等中共名将均有过正面碰撞，丝毫不落下风。1949 年 10 月，退守台湾的胡琏担任"金门防卫司令部总司令"，统领金门党、政、军务，在当地影响深远，被称为"金门王"。胡琏在金门打了"古宁头"战役。此战是国民党三年内战之后唯一一次歼灭性的胜仗，也是解放军第一次团级以上建制单位被全吃的败仗记录（是役解放军伤亡 9000 人）。

胡琏会打仗，更是一名运气超好的"福将"。

1947 年 8 月，华东野战军三个纵队将十一师包围在山东南麻，志在将其一口吞掉。战斗打响后，却突降大雨，华野将士苦战四天，最终只能撤出战斗。老天帮了大忙，胡琏没有被歼灭，此役也被列为国民党"十大武功之一"，后于台北圆山忠烈祠以浮雕壁画作记。

一年后，胡琏与黄维率由十一师扩编的十二兵团参加淮海战役，在败局已定的情况下，胡琏爬上坦克逃生。中途遇到大队解放军人马，竟无人理睬这辆逆行的坦克，甚至还有不少战士"礼貌友好"地为他让路。黄维就没有这么好的运气了，同样是乘坐坦克，却因坦克抛锚而被捕。

1958 年 8 月 23 日，“国防部长”俞大维来金门视察，与胡琏等人到翠谷水上餐厅参加晚宴。临行前俞大维突然叫住胡琏——就在此时，解放军开始炮轰，胡琏等人赶紧躲进坑道，再次逃过一劫。而在餐厅恭候的金门防部副司令赵家骧、吉星文、章杰三人均被炸身亡。

俞大维后来回忆这件事情时说，该谈的其实都已谈过，为什么要叫住胡琏，连自己都百思不得其解，只能说是命运的安排。

戴安澜：蒋介石、毛泽东为他写悼词

与老资格的第一期、群星荟萃的第四期相比，黄埔三期显得多少有些寂寥，不过，这一期依然走出了不少震动一时的著名将领，比如戴安澜将军。

戴安澜是安徽无为县人，曾经就读南京安徽公学，深受陶行知先生的影响。1924 年年初，戴安澜响应时任广东粤军第四师团长的远方叔祖父戴端甫的号召，报考黄埔军校一期，却因身材瘦弱而被淘汰。戴安澜只能退而求其次，先参加国民革命军，当了二等兵。在部队里，戴安澜勤奋锻炼，身体情况很快好转。

1925 年，戴安澜再次报考，终于考进黄埔军校第三期，被编在步兵队学习。

真正让戴安澜“扬名立万”的是在抗日战争时期，率领中国远征军南征缅甸。1942 年，抗日进入了最艰难的持久战阶段，中国广大军民正在为抗日付出最惨重的牺牲。当年 2 月，日军为了切断援华抗战物资的重要运输线——滇缅公路，向缅甸大举进攻。应英国政府请求，中国国民政府派遣远征军3个军约10万人赴缅参战。其中，第五军戴安澜所率的200师表现最为突出。

1942年3月，戴安澜率200师参加东瓜保卫战，与日军第55师团正面交火，在敌众我寡且又失去空军支援的恶劣环境中，与日军苦战12天，歼敌5000余人，掩护了英军安全撤退。4月24日，戴安澜率部克复棠吉，使东线战局转危为安。5月18日，戴安澜在郎科地区指挥突围战斗中负重伤，26日下午5时40分在缅甸北部茅邦村殉国。

戴安澜殉国后，国共两党领袖均亲撰挽词。蒋介石的挽词是："虎头食肉负雄姿，看万里长征，与敌周旋欣不忝；马革裹尸酹壮志，惜大勋未集，虚予期望痛何如？"毛泽东的挽诗是《海鸥将军千古》："外侮需人御，将军赋采薇。师称机械化，勇夺虎罴威。浴血东瓜守，驱倭棠吉归。沙场竟殒命，壮志也无违。"

1956年，戴安澜被中央人民政府内务部追认为革命烈士；2009年，他被评为"100位为新中国成立做出突出贡献的英雄模范"——这可能是其中唯一一位国民党将领。

抗日百战名将 薛岳传奇

王 丰

国民党第一代军事将领中，先后参与北伐、剿共、抗日、国共内战者，多如云汉星斗。然而真正能征惯战，令对手折服，战功永载史册，名传中外，垂于青史者，则薛岳将军堪称第一不凡战将。薛将军个性耿直，不喜钻营，如非凭借历次战役立下赫赫战功，何能在派系林立、恶性倾轧的国民党军中拔尖而起，鹤立鸡群？

薛岳，生于清光绪二十二年（1896 年），广东省乐昌县九峰乡人。薛岳将军字伯陵，原名仰岳，后改单名岳，以示对岳飞精忠事迹之崇仰。其 17 岁投入黄埔陆军小学第六期；19 岁加入中华革命党；22 岁考入保定军校第六期。1919 年，24 岁的薛岳正式投身军旅，第一个职务是中华革命军闽粤军第一师中尉排长。

夫将者，不可单凭匹夫之勇，更要依仗智谋，知己知彼，方能谈笑用兵，决胜千里。薛岳将军有古风而又不泥于古，故能成就其百战英雄之“战神”美名。本文分成四个段落，概述薛岳参与几次著名战役之不朽事功。

一、陈炯明叛变，薛岳挺身护卫孙中山夫妇

近代史各式书籍汗牛充栋，大凡叙及孙中山先生蒙难事件的段落，制式的国民党历史教材必着重描述蒋介石如何冒险犯难，九死一生，营救孙中山；英勇事迹，点滴积累，故而受孙先生信赖，许为国士。仿佛历史要人都是循此轨迹，平步青云。是耶？非耶？比如，一本蒋介石侍卫写的官方记录就写道："由于领袖蒋公的机智，终于成功登上永丰舰，立即晋谒总理，畅谈近日经过及各方情况，患难与共，倍感亲切，直至深夜方休。总理曾谓：'蒋君一人来此，不啻增我两万援军。'总理因领袖蒋公之赴难，除增加剿逆助力与信心外，对于蒋公的人格，非凡的勇气与作为，获得进一步的认识……"

揆诸史实，国民党建军史上，若论真正以肉身护卫孙中山的忠心军人，恐怕还真得首推薛岳将军不可。如果不是薛氏智勇双全，倾力保护孙中山的切身安全，一旦稍有闪失，中国近代史极可能因此被改写。青年军官薛岳不顾自己安危，用自己的生命为孙中山挡子弹，允为第一桩战功。

1924 年，26 岁的薛岳任职大元帅府警卫团第一营中校营长。同年 5 月 4 日，孙中山以陆海空军大元帅的名义，下达北伐令，薛岳也率领着他的警卫营，随扈孙中山赴广州韶关。谁晓得就在后防空虚的节骨眼上，陈炯明假借北伐的名义，命令所部熊略父子的部队进入广州，紧随熊略部队后头的，还有原本驻扎在西江的陈系叶举、陈炯光、李云复、洪兆麟等部队，全部乘隙涌进广州城。就在一阵混乱之间，广州城全城被陈炯明部队占领。陈炯明向前方的孙中山通电提出要挟，威逼孙先生恢复他的粤军总司令、广东省长的职衔。6 月 1 日，孙中山偕同夫人宋庆龄回师广州，欲

好言劝服陈炯明。薛岳率领警卫营一路护卫孙先生夫妇下榻粤秀楼。

6月15日傍晚，薛岳事前侦悉陈炯明将于当夜兵变谋反，立刻通知孙中山秘书林直勉、参军林树巍火速通报孙中山，请其化装成出夜诊的医师，趁黄昏时分通过叛军哨站，直奔广州天字码头，辗转登上永丰舰。

当天深夜，陈炯明果然称兵作乱。陈逆谋反时，率领之叛军有两三万之众，薛岳带领他的警卫部队八百多人，坚守广州大总统府，指挥若定，颇有大将之风。这时，孙夫人宋庆龄尚藏身于大总统府左近之粤秀楼，她身边有二十几名卫士保护她。叛军发动数波攻势，都被薛岳所部击退。叛军见久攻不下，准备以煤油纵火焚烧粤秀楼。薛岳急请宋庆龄下楼，并由廖仲恺夫人等陪同，在重重卫士的护持之下，将孙夫人安然撤离，与孙先生会合于永丰舰。

广州大总统府保卫战一共打了三天三夜，战斗持续到18日晚间，薛岳才率领残存的两百多警卫营士兵向韶关方向突围而去。薛岳这一仗，不仅以寡敌众，而且还制敌机先，事前巧妙安排孙中山突破重围，安然脱身，并在千钧一发的危险关头，冒着枪林弹雨护送宋庆龄脱险，这对孙中山领导的国民革命运动无疑是中流砥柱第一功。薛岳智勇双全，给孙先生留下了极为深刻的印象。

二、五次追击红军头疼人物

薛岳在北伐期间历任团长、师长、军长等职。1927年4月12日，蒋介石发动清共，导致宁汉分裂。据薛岳生前回忆，1927年8月，蒋介石下野后，广东的李济琛与桂系暗通款曲，独树一帜。同年12月11日，第四军参谋长叶剑英率领教导团于广州暴动，时任北伐军教导第一师师长薛岳予以敉平，第四军及粤军等商议未来动向，薛岳则主张为达成国民革命，非拥护蒋介石总司令不为功。

北伐完成，何应钦（时任军政部部长）恣意排挤，利用编遣军队的机会，将薛岳之第四军缩编为第四师，打了胜仗的第四军，精英官兵竟全部被打散到各个部队。薛岳心灰意冷，有意辞乡归里，途经南京，向蒋介石辞行，蒋介石推诿说："并非我对你不好，是何敬之不谅解你！"薛岳意兴阑珊，打算赴德国深造，正积极研习德文，为日后习军事做准备，这时，一个偶然机缘让他改变主意，继续留在了军旅。

蒋介石发动第五次围剿前，适逢宋子文将去美国洽购棉花，临行前与蒋介石密晤。宋子文走进南昌行营委员长办公厅，与蒋介石谈完美国购棉事宜，立将话题转入剿共事宜。宋子文说："最好能征召薛伯陵（薛岳字）来赣剿共。"蒋介石听了宋子文的建议，深表认同。蒋介石说："薛岳在国民党军当中，确是一员虎将，总理在世之日，他英勇护卫总理夫妇脱险，血战总统府，抵抗陈炯明；参加东征、北伐，战无不克；清党之役，粉碎叶挺、贺龙、叶剑英武装行动，战功彪炳有目共睹，今次剿共战争若有伯陵参加，更能克敌制胜。"

可是，想起薛伯陵不久前才来辞行，蒋介石不禁眉头深锁，探问宋子文："伯陵近况如何？"宋子文说：薛伯陵这两三个月在香港九龙，埋头习读德文，准备去德国念军校。"蒋介石笑称："你叫薛伯陵暂缓出国，我内定他出任剿共要职。"宋子文说："那你要赶快通知薛伯陵，免得他动身坐船走了就麻烦了。"蒋介石急答："你赶紧通知他，请他速来南昌剿总找我。"

宋子文辞出委座办公室，当下给薛岳发了一封加急密电："委座要事待商，请速来赣。"于是，薛岳从九龙带了一个随身秘书，直奔南昌行营见蒋介石。蒋介石委派薛岳为第三路军上将副总指挥，负责协助陈诚剿共。蒋介石面允新职，薛岳春风得意，接着面晤顶头上司陈诚（字辞修）。陈诚投石问路曰："伯陵兄来参加剿共，我陈辞修是如鱼得水，我们第五次围剿有你，是稳操胜券啊!"陈诚想试探薛岳的政治敏感度，请薛岳兼任十八军军长，薛岳当下暗忖，十八军是陈辞修的嫡系部队，我去哪能指挥得动？所幸这次薛岳头脑清醒，连忙谦辞不就，只接受副总指挥兼任第五军军长。（按：陈诚在蒋桂战争时，带过国民党军第十一师，中原大战时，蒋介石升他当第十八军军长，十一师和十八军是陈诚起家的部队，也是国民党军嫡系部队，"十一"和"十八"合起来写就是"土""木"二字，当年国民党军便以"土木系"概称陈诚系统人马。）薛岳谦让得宜，宾主尽欢，随即走马上任。

薛岳在1936年的作战日记中曾经写道（按：后来薛岳作战日记编成《剿匪纪实》一书），共产党占领江西，国民党军为了对付共产党，形成"长堑之围"。薛岳回忆，他从民国二十二年（1933年）亲自参与了历次战役，纵横决荡，和共产党周旋了无数次。共产党突围西走，薛岳寻迹追赶，他形容这一路追赶是"不舆不车"，步行两万多里。

蒋介石说薛岳的二路军（第六路军和第八纵队）创下了中国有史以来军队徒步长征的记录，竟然徒步行军了两万余里路。

湖南，似乎是薛岳打仗的无往不利之地，从赣南一路穷追猛打。1934年11月间，薛岳任北路剿匪军第六路军总指挥，副指挥吴奇伟（国民党陆军中将，广东梅州大埔县人，历任军长、长江上游江防司令、战区副司令长官、湖南省主席等要职，1949 年 5 月起义投奔中共）。第六路军排出来的战斗序列是：第七纵队由吴奇伟兼任副总指挥，辖第五十九师、第九十师、第九十二师、第九十三师，一共四个师；第一支队辖第四旅、第七十五旅，一共两个旅，外加税警团的一个迫击炮营。

这真所谓“红军一路跑，薛岳一路追”。1934 年 11 月底，是红军最难挨的一个月份，红军最刻骨难忘的地方就在湘桂黔边区的穷乡僻壤。红五师在界首渡口苦战两日，伤亡过半，师参谋长、两名团长、一名团政委相继阵亡，另有两位团长和一位政委受重伤，红八军团的一个建制师从渡河点以东 44 里地的附近，被薛岳的部队连追带打，哀鸿遍野，最后被全歼在湘江之畔。红军主力虽然侥幸抢先西渡湘江，逃过一劫，但是，据非正式统计，光是在湘江地区，被消灭的红军就高达 5 万之众。薛岳也因而成为红军长征路上最为头疼的敌将。

关于湘江之捷，薛岳在他的作战日记中写下：“匪之伪第一、第三、第五、第八等军团之主力，经我军在良田、宜章附近击破后，继续西窜，其先头计已到达宁远蓝山之线。”

所谓湘江之战，薛岳固然痛歼红军五万余，但是，红军的主力部队已经越过湘江，保留了有生力量。所以，薛岳才会在口述历史中痛惜，如果有湘桂军早一点在湘江西岸的有利地带配置打击部队，乘红军将渡未渡之际予以迎头痛击，红军主力将在湘江西岸全部就歼。

千金难买早知道，历史从无“如果”二字。湘江之战是国民党军在追击红军长征的过程中赢得的第一场重大胜利，也是发生的第一场重大失误，所谓“祸兮福所倚，福兮祸所伏”，真是丝毫不爽。

一名国民党军空军飞行员在完成低空侦察任务后回报，国民党军刘建绪（第一路军追剿司令）的部队竟然在阳光下架枪睡大头觉。被指摘抗拒蒋介石堵截红军命令的白崇禧，也指摘刘建绪不努力合作。然而红军的战史中则记载，桂军刻意后撤兴安，并且拆毁湘江两边的碉堡，让出广西的东北角让红军通过。

湘江之役，薛岳得一“小胜”，因湘桂地方军头消极抵制老蒋命令，道不同不相为谋，致未能扩大战果，这犹然是战术层次的失误。而蒋介石在 1935 年 10 月底犯下的战略层次错误，才是日后国共逐鹿中原失去先机的关键。

薛岳在作战日记中大致写道，1935 年秋，中共内部意见不一致，所以分成几路溃散，一路由毛泽东率领，所部三四千人，经草地甘肃而入陕北，希望能在那里与徐向前部队会合。另外一路由朱德、徐向前领军。朱德带了三四千人。徐向前带的人马最多，有七八万人。薛岳说，徐向前率领的红军，“复由草地回窜，重扰巴西，十月中旬，朱徐股匪乘防军疏懈，突围南犯”。徐向前所部接连攻下丹巴、懋功、宝兴、金汤、天芦、荣经，进而攻打名山、邛崃，又围雅安、汉源，直趋富林。

据薛岳作战日记中的说法，徐向前红军部队南攻，“匪焰燎原，势如破竹”，导致“西川千里，鼎沸糜烂，蜀都要区，危如累卵”。

这时，蒋介石犯了一个致命的战略错误。他见四川局势危急，心急如焚，于是，不叫最精锐的薛岳部队直捣黄龙，攻击甫进入陕北的毛泽东中央核心，反而叫薛岳的王牌军从陕西回头去抢救四川（薛岳作战日记中写有“本路军奉移师驰剿之命”）。薛岳当时的北路第六路军辖下有两个纵队（吴奇伟兼带的第七纵队辖五个师，与周浑元带领的第八纵队辖四个师），以及一个迫击炮营。在蒋介石的瞎指挥下，七纵和八纵全被从陕西调到四川，两路纵队全部朝成都进发。蒋介石的这一大失误，导致失去了解决陕北中共核心的戎机，也为他失去江山种下了远因。

薛岳在公祭剿共死难官兵时，总结了剿共战果，并初估了红军的伤亡战损数字。薛岳在祭奠仪式上声称：“朱毛自江西突围西窜，统率残余，号称十万之众，经湘赣粤桂黔川康等地区……本路军奉命追剿，转战九省，计在追剿期中，土匪伤亡俘逃约七八万人，窜至川西后，残部仅万余人耳。”

薛岳又说，他为了追击朱徐两军，所率领的第六路军在四川荥经、天芦等地追到红军主力，几次遭遇战之中，“计俘匪约两千名，缴获步枪一千六百余枝（支），轻重机关枪六十余挺，匪之团营连旗二十余面，马三十余匹，匪伤亡约四千人，我军负伤官长七十余员，士兵一千四百余名，阵亡官长四十余员，士兵六百余名”。

三、从淞沪粉碎三月亡华论到长沙三捷，成就“战神”英名

日本帝国主义者从明治维新以来，积极准备侵华计划，历时半世纪，痴心妄想在三个月内灭亡中国，幻想将中华大地沦为其殖民地。薛岳正是让日帝三月亡华梦彻底粉碎的第一人。

芦沟桥事变爆发后，1937 年 9 月 23 日，蒋介石命令薛岳担任第十九集团军总司令。次日，薛将军即赴安亭战场指挥（按：安亭位于今上海市松江区）。薛岳到任之后，检讨上海战场我军伤亡过重的原因，第一件大事就是改变战场布署，由过去的一线阵地改变为纵深配备，使得全线南北呼应，又大量构筑堡垒工事，形成坚强的纵深型防线。

薛岳的战场防线布署及堡垒设施刚兴建完成，日军便大举来犯。10月31日上午9时，日军以20辆战车为前导，冲到我军阵地前沿10公尺处，薛岳一声令下，部队开火反击，一时之间机枪、迫击炮齐鸣，手榴弹弹如雨下，日军好几部战车深陷火海，爆炸连连，尾随之日军步兵窜逃无路，死伤枕藉。

日军凭借占有铁路优势，沿着铁路大举增援，还有大批机械化部队源源而来。虽然我军只有依靠轻武器及肉身拼搏，但薛岳嫡系的吴奇伟第四军奋勇杀敌，毫不退却。日军反复冲锋，彼此你来我往，冲杀数十波，尸横遍野，血流成河。

某日下午，日军更以催泪弹投袭我军，殊不料这时风向突变，反朝日军方向吹去，催泪弹释出的催泪毒气朝日军飘去，我军立刻利用天赐良机挥军反攻，日军全线败阵，溃不成军。

薛岳也很善用炮兵优势，造成阻隔日军进攻的天堑。他命令炮兵指挥官刘翰东把炮兵群的主力设立在阵地右翼的南桥东九王庙、洛阳桥、墙门庙，设定炮兵射击目标为蕴藻附近的唐桥站；又将十五集团军直辖的炮兵群配置在南翔镇、谢家桥、直圣塘桥等地，以葛家头、杨泾到广福一线的日军为目标。每次只要有大批日军步兵协同战车来攻，就会挨到我军炮兵群的无情轰击，日军始终无法在战场上获胜。我军常利用日军大炮间歇、准备对我发动冲锋时，立刻朝日军回击炮火，给予日军极大打击。这期间，薛岳在与云南省主席龙云的函电联系中告诉龙云，上海战局在他手上是“血战半载，寸土未失”。日本原本希望三个月亡中国，没想到光是上海，中国军队就死守了半年。

1939年9月1日，德国以闪击战术突袭波兰，欧洲大战爆发。日军为了因应新的世界形势，亟谋解决陷于泥沼的对华战事，同时也要打一场漂亮的会战给纳粹德国看看。这是第一次长沙会战发生的背景。

这时，日本军阀成立了“对华派遣军司令部”，任命西尾寿造为总司令，板垣征四郎为总参谋长，由第十一军司令官冈村宁次负责战地指挥。地面部队出动了六个师团的兵力，包括：第一零一师团、第一零六师团、第三十三师团、第六师团等4个师团的全部；第三师团的34及68联队的全部及18联队的一部。第十三师团的一部。独立第十四混成旅团。奈良昂支队（系以第十三师团第26旅团为基干）。上村干男支队（系以第三师团第5旅团为基干）。海军陆战队两个大队，地面部队共约10余万人的兵力。海军也出动了12艘兵舰和100艘汽艇。空军则出动了一个飞行团，配有飞机100余架。

负责拱卫湖南和长沙的中国军队，系由薛岳代第九战区司令，罗卓英为前敌总司令。在第九战区辖下，为了阻击日军可能的侵略攻势，在湖南集中了5个集团军（罗卓英的第十九集团军、王陵基的第三十集团军、杨森的第二十七集团军、关麟征的第十五集团军、商震的第二十集团军之一部），14个军，还包括工兵、炮兵、通讯兵各若干团，总兵力近18万人。

战争前夕，国民党军副参谋总长白崇禧、政治部部长陈诚到湖南株洲视察薛岳的第九战区，要战区司令官薛岳把部队后撤到湖南醴陵、衡山、湘潭地区，放弃长沙以北区域，但薛岳坚持不肯后撤一步。薛岳专门从战略和战术分析，试图说服两位上级长官。他说，首先，自古以来，谁得到河南和湖南这“二南”，谁就得天下，如今我们已经丢了河南，如果再丢湖南，中国就有灭亡的危险，所以我们不能再从湖南撤退。其次，湘北地区的地形复杂，山川纵横，湖沼错综，我们可以诱敌深入，俟机予以歼灭。而且，为了迎战，薛岳已经命令所部破坏湘北所有的铁路、公路，“化路为田”，敌人机械化部队万一来犯，进入湘北地区之后就进得来出不去，根本无从发挥作用，连大炮都不容易开进来。今后日本人同我们打仗，就是步机枪对我们的步机枪，国军有把握打胜仗。然而白崇禧听不进去，坚持要薛岳撤兵，薛岳索性许下重诺：“如果湖南战胜，是国家和委员长之福，如果战败，我就自杀以谢国人！”白崇禧、陈诚劝服不成，无功而返。战争如箭在弦，炮声在远方响起。

日本从赣北、鄂南、湘北三个方向，向湖南长沙发动进攻。日军的战略目的是要进一步压缩国民党军，将之局限于四川、贵州内地。

时任军事委员会参谋长的何应钦，在《八年抗战》一书中回忆，1939年“九月中，南昌之敌约两师团（第一零一及第一零六师团之主力），秘密向赣江以西移动，同时，鄂南之敌亦秘密向湘北移动，计有第六师团，第三十三师团，及第三、第十三师团各一部，共约十万人，长江敌舰亦向岳阳方面集中，企图会攻长沙”。

1939 年 9 月 17 日，日军以四路进犯长沙：一路是正面主攻部队，为日军第三师团、第六师团、第十三师团，沿着粤汉铁路南下，意图直下长沙；第二路以海军舰艇载送之海军陆战队及波田支队，循洞庭湖驶入湘江，在汨罗江南岸的营田登陆，向我军左翼进攻；第三路以第三十三师团为主力，由湖北通城南下，直攻平江、浏阳，图取长沙；第四路从江西奉新、上高出发，向湖南攻击，企图从东侧包围长沙。

9 月 23 日，日军调集了 80 门重炮瞄准新墙河南岸、王街坊、七步塘等我军阵地猛轰，5000 步兵随后渡河来犯。薛岳命令所属官兵坚守碉堡。日军不敢越雷池一步，再升起载人汽球，居高临下，指挥炮兵射击，继而再施放毒气，而后又派飞机轰炸，三波恶毒攻势之后，再派步兵近6000名渡河冲锋。缺乏防毒面具的国军官兵曝露在毒气中与配戴防毒面具的日军进行肉搏战，登时有400多名第十二团官兵中毒。一时之间，新墙河上漂满了浮尸，河水被染成血红。激战多时，薛岳命令后撤。国军第六十师撤退到汨罗江新市南岸一带集结。

9月26日，原本退到汨罗江一线的国军依预定计划缓缓退后。日军不疑有他，第三师团进逼到湘阴，第六师团前进到栗桥，第十三师团势如破竹，直抵福临铺。国军一路佯装败退，第七十三军、第十五师、第一九五师、第五十二军、第四军均到达指定设伏位置。到10月2日，以逸待劳的国军开始大规模伏击，猛烈围攻。事发突然，日军以为是天降神兵，被打得落花流水，豕突狼奔。据何应钦《八年抗战》的描绘，我军跟踪追击，加上当地武装民众也群起追杀鬼子，协同作战，敌人望风崩溃，死伤4万人上下。到了10月6日，我军恢复阵地秩序，并继续朝岳阳进攻。

第一次长沙会战的战果，诚如“长沙会战碑”碑文所记：“鏖战二十四昼夜，遂奏肤功，歼寇四万，长驱三百里。”蒋介石闻讯大喜，在一次演讲中说：“自从月初湘北战争以来，我国抗战局势，已临到胜利的一个大转变，国际外交形势，亦随之一天一天好转……”

关于日军战损的数字，我方有三种不同说法。根据国民党当局国防部史政局之战史记载，日方死伤人数为3.3万余人；根据何应钦的说法，日本死伤4万上下；而张其昀编著的《抗日战史》则说“敌狼奔豕窜，遗尸两万余而去”。

然而敌人并未因长沙溃败而放弃侵吞我神圣领土之野心，1941年9月，日军又图卷土重来。这次动员的兵力有4个完整师团，分别是第三师团、第四师团、第六师团和第四十师团，以及第十三及第三十三师团之一部，另外两个独立旅团即第 14 旅团和第 18 旅团，两个炮兵联队，两个工兵联队、海军陆战队，海军舰艇 30 余艘，汽艇 200 多艘，军机 180 余架；陆、海、空总兵力约 12 万余人，强拉中国民夫 15 万人修筑从湖北通往长沙的道路。我军之兵力总人数，仍与第一次会战时相当。

薛岳在第二次会战前即预料，吃过第一次长沙会战瓮中捉鳖的苦头，第二次攻打长沙，日军必定会采取全新的战法，从湘北方向单刀直入。果真，日军集中第三十八师团、第三师团、第六师团、第四师团、第十三师团，从湘北正面挥军南下，直逼长沙。薛岳灵活运用其拿手的“天炉战法”，把大部队预置于侧翼，以小兵力与日军接触，佯装正面抵抗，再引诱日军主力进入汨罗江以南、捞刀河两岸一带，等到大部队通过，辎重车辆通过，先头部队已经接近长沙附近，日军便衣队甚至渗透进长沙市区，便衣队迅遭我军歼灭，但国军主力仍按兵不动。一直忍到 9 月 29 日子夜，日军第四师团、第十三师团先头部队正准备展开对长沙城郊的包围。这时，薛岳命令预为埋伏的两个军向永安、石子铺的日军猛攻，另外两个军由浏阳河两岸攻击日军的侧背，然后调动五个军迅速向万家铺、新安铺之线急进，防止敌军向后逃跑。

9 月 30 日，第 11、第 12 挺进支队奉薛岳之命，将杨林街、长乐街道及新墙市道彻底破坏，断绝日军退路，合围态势形成。10 月 1 日，总攻击开始，一场血腥战斗于焉展开。日军遭受国军不断冲杀，部队零乱，兵疲马困，战斗过程中，只要稍有空当，宿营时倒地就睡。此刻，又是国军敢死队扫荡鬼子的最佳时机，许多敌人都在夜宿时分被我军一个一个解决了。日军夜里不敢睡，白天精神不济，在退却的路途中昏昏沉沉，动不动就遇到国军主力编列的袭击队，沿路以游击战法化整为零乘胜追杀。这搞得日本鬼子睡也不是，走也不是，进不得，退不得。

尽管第二次长沙会战中，薛岳的“天炉战法”很奏效，但是，我军的损伤仍颇重，堪称惨胜。根据薛岳提出的统计数字，我军伤亡人数约在9.5万人以上。薛岳指出，日军的死伤人数在4万人以上。何应钦则精确指出，日军的死亡人数是41537人；并俘获日军武器步枪1347支，机枪38挺，山炮6门，步兵炮9门，战马871匹，装甲车8辆，俘虏269名；击落军机3架，击沉汽艇7艘。

1941年12月19日，就在珍珠港事变发生后不到两个星期，第二次长沙会战之后两个月，日军一方面不甘心前两次败阵之耻，另一方面想乘珍珠港事变的势头，悍然发动第三次长沙会战。这一场会战持续了29天，日军遭逢更重大的惨败。1942年元旦以后的4天，是第三次长沙会战最艰苦的日子。1月4日拂晓，敌军第六师团、第三飞行团、第三师团分道进攻长沙城。日军以陆空联合攻击行动鏖战四昼夜，长沙城的阵地依旧巍然不动。这时，我军主力开始缩小包围圈，准备将之压缩在捞刀河与汨罗江之间的狭小地带。

日军指挥官发觉情况不对，紧急命令大部队掉转回头，向北突围。我军第九十九军、第三十七军、第五十八军、第二十军挡在前面阻截，而且侧翼还有我军第二十六军、第七十八军的侧击，后方更有我军第十军、第七十三军、第四军、第七十八军的追击。由于腹背受敌，四方应战，日军往后逃跑的速度很慢，一天只能跑10里地。日方为解主力部队之围，从后方调来独立混成第九旅团增援，企图包围我军的后背，没想到反被我军包围，该旅团在激战两日后几乎被全歼。

第三次长沙会战中，日军共伤亡官兵 6 万余人（何应钦的统计数字是“役毙敌 56944 名，俘敌 139 名”），战马被击毙 1200 匹，据说，光是清理战场焚烧尸体就烧了好几天；俘获步枪 3300 支，轻机枪 300 余挺，山炮 30 余门，平炮 37 门，掷弹筒 60 余只，无线电 27 部，钢盔 700 余顶，防毒面具 800 余具，重要文件百余种。

总结薛岳三次长沙会战胜利的关键，固然是薛岳灵活运用“天炉战法”，善用湖南特殊而复杂的地形，独树一帜地创造了这个有效的防守战术，使日军三次丧师湖南；然而薛岳运用官兵同仇敌忾的心理，激励军民强烈的爱国心，鼓舞官兵士气勇敢投入战斗，军民齐心发挥整体战力，则更是功不可没。所谓得人心者得天下，因此薛岳能在长沙会战中接连三次挫杀日军锋镝。

1942 年 1 月 24 日，薛岳获国民政府颁发的象征最高荣誉的青天白日勋章。蒋介石公开宣称：“长沙会战大捷之意义非比寻常，予敌人战略之打击也影响深远，尤其薛长官以下各军、师、团、营、连长，以迄全体官兵人人抱定必死的决心，才能缔造此一光荣之胜利，不仅可以告慰全国民众，而且也可以告慰世界友邦。”1946 年 10 月 10 日，美国颁给薛岳一枚“自由勋章”，表彰其在抗战期间的卓著战功。薛岳的名声由此享誉国际。

国共阋墙，台湾余年

如果将军失去了战场，那将是军人莫大的悲哀。胜利复员后，薛岳在宦途上走了一条崎岖路。他在 1945 年南昌受降之后决心离开部队，由南昌往上海暂住。他拒绝了蒋介石任命的山东省主席兼济南绥靖主任的官位。

陈诚奉蒋介石之命两度召见薛岳。第一次要他当陆军总司令，被薛岳婉言谢绝。第二次又要薛岳当海军总司令，薛岳笑说："我没当过一天海军，如何能当海军总司令？"又予婉辞。

最后，蒋介石没办法了，1946年5月亲自召见薛岳，当面下达命令："共产党一旦渡江，你想闲居上海都不可能了，为了国家的生存，我命令你到徐州接顾祝同。"于是，薛岳被"赶鸭子上架"，当上了徐州绥靖主任。可是，1946年的鲁南战役让薛岳的宦途横遭波折。一说是，薛岳把蒋介石最重视的机械化部队第一快速纵队给牺牲了；另说是，根据薛岳回忆时所说——作战次长刘斐向蒋介石进了谗言，说："陈辞修、薛伯陵对统帅信心已经动摇，不听委员长的命令。"由此，薛岳被调回南京，担任上将参军长。

国共内战进入白热化阶段后，薛岳早已成为失去枪与战场的光杆将军，英雄无用武之地了。

直到1949年2月，蒋介石下野后不久，薛岳被调任广东省主席兼广东全省保安司令；同年12月，调任海南防卫总司令。日薄西山的国民党政权已经被逐出祖国大陆，除了海南岛、西藏以外，五星红旗已经飘扬全大陆。薛岳名为海南防卫总司令，实际上海南岛没有国民党正规军的一兵一卒，他只好把原来广东省的六个保安师运到海南，编成第四军、第六十三军和第六十四军，每军配置两个师。

在海南岛不过半年，这位被冈村宁次称为"撼山易，撼薛将军难"的现代岳飞就奉命往台湾撤退，他这一生最后调教的三个军（原保安部队）完整撤退到台湾，移交后，部队被整编为四个师，薛岳手上没有一兵一卒，又成为名副其实的"光杆司令"。将军失去了战场，失去了袍泽，唯有仰望西天彩霞，百感交集。

蒋介石给了薛岳几个虚衔，像是“总统府战略顾问”、中国国民党改造“中央评议委员会主席团主席”等闲差；1958年8月，又兼任行政院政务委员这个第二份闲差；1966年5月，又增加了一个有名无实的闲差——“光复大陆设计委员会主任委员”。两蒋父子固然执礼甚恭，曲意尊崇，可并未授予薛岳实权。既然无兵可带，无仗可打，百无聊赖，薛岳多半闲居在台湾南部嘉义乡间，过着闲云野鹤、与世无争的半隐退日子。

蒋介石、蒋经国父子相继亡故，李登辉当政时期，大搞修改“宪法”的勾当。李登辉妄图扩大自身职权，有意继续连任“总统”，引起岛内众多民意的反对声浪。是时，具有国民大会代表身份的薛岳，曾经因为拒绝签署李记国民党提出的“宪法”修改方案而引起外界关注。面上无光的国民党高层被迫对外辩称：“薛岳代表没有签署修宪方案，并不代表他不支持党的政策”，还说：“薛岳在会见国民党秘书长宋楚瑜时，曾表示他支持党的提案。”高层主管又辩称：“薛岳忠党爱国，绝对会支持党的决策，他不签（修宪法案）可能是为了省事，但不代表不支持党的方案。”

个性耿介的薛岳，难免因此得罪了心胸狭窄的李登辉，李某因而曾经几度以“小动作”为难薛老将军。

一桩明显事例就是，薛岳在担任“光复大陆设计委员会主委”时，在台北之房舍系由“光复大陆设计委员会”编列经费，向省属“台湾银行”承租。1991年，李登辉把“光复大陆设计委员会”这个两蒋时代成立的旧机关裁撤，薛岳在台北的房舍只好由薛将军自付租金，可是，“台湾银行”与薛家彼此因租金问题谈不拢，由于薛岳不接受台银要索的高房租，台银便于1993年间将其告上法院。

老实讲，对待薛岳这种“功在党国”的老将军，如果在蒋介石、蒋经国时代，别说台银这种官僚银行不敢动薛岳一根汗毛，即使房东与房客双方真有房租纠纷，两蒋只需大笔一挥，就可动支特别预算经费代缴房租，根本无须薛岳付一毛钱，更不可能会演变成打官司的难堪场面。坦言之，薛岳对国家民族的贡献难不成还抵不上台湾银行的一幢破旧房子？明眼人都看得出来，这显然是心胸狭窄的李登辉假公济私，挟怨报复，存心出薛岳的洋相。

第二桩事例则是，1998 年 5 月 3 日，高龄 103 岁的薛岳将军逝世，正在办理后事期间，李登辉当局协助处理丧葬事宜的单位草率无礼，竟然连殡葬仪式中覆盖党旗的人选都要家属自行设法邀请，此事招致薛岳昔日部属大感不平。

身经百战，半生戎马，浴血抗倭，功在民族。横刀立马、战功彪炳的薛大将军，追随过孙中山、蒋介石，与毛泽东、周恩来曾有革命情谊，蒋经国犹是他的后生晚辈，他已看尽多少人世沧桑！103 岁波澜壮阔的人生历程，与中国内忧外患血脉相连，休戚与共，他又何尝会在乎晚年群魔乱舞的跳梁小丑呢?!

李茂堂：潜伏“中统”十五年

陆　昇

2007年，中央电视台8套黄金时间热播的40集谍战大剧《特殊使命》好评如潮。该剧讲述了一个“无间道”式的中共特工因与组织失去联系，单枪匹马在敌人情报系统内部奋战十多年的谍战故事。

故事发生在西安，主人公巩向光的生活原型，就是原国内贸易部（现商务部）首任副部长，曾任国民党中统局驻西北局专员、中统陕西省室主任的李茂堂。

中共党员变身中统特务

李茂堂，又名李自靖，化名杜清，1906年生，陕西渭南人，1921年进入西安电报局开办的电信人员传习所学习电报技术，之后被派往北平、杭州、开封工作。李茂堂1926年在西安补习时，由罗承运、林达夫介绍加入中国共产党；1927年去了武汉，任职于中华全国总工会。大革命失败后，李茂堂回到陕西搞工运，历任中共陕西省电报局支部书记、西安市东区书记，曾两次被国民党反革命派通缉。

1935 年 9 月，在李茂堂赶去郑州参加中共陕西省委常委扩大会议的路上，全部与会者因叛徒告密被抓。整个陕西省委委员就剩下他侥幸躲过了大搜捕。他跑回家待了两天，换了一身破衣服，什么话都没说，又走了。敌人放出话来：只要李茂堂自投罗网，别人一概无罪释放。李茂堂天真地想用自己换取其他被捕同事的自由，主动送上门去。结果，答应放的人一个没放，本来自由的人反倒不自由了。李茂堂被押送南京反省院。国民党中央调查统计局局长徐恩曾派中共陕西省委原书记、叛徒杜衡以高官厚禄对李茂堂进行利诱劝降。李茂堂顺水推舟“上了贼船”，成为国民党中统特务。

李茂堂被敌人逼着去揭发自己的同志。无奈，他只能有保留地去做些事情应付敌人。他想到了王世英曾跟他说过王超北失去了组织关系，就想用王超北去搪塞敌人，于是带着特务去上海抓王超北。据王超北说，他的被捕与李茂堂的自首有关。王超北出狱后重新接上组织关系，而李茂堂却“陷入敌人营垒，和我分道扬镳，彼此失去了联系”。

情况报到中共上海临时中央局，当时代管临时中央局、中央特科的王世英执着坚信：“这个人，绝对不可能叛变。”王世英让人给李茂堂捎话，单线联系，长期潜伏，“越貌似反动越好”。

冒死跳伞“营救”蒋介石

1936 年 12 月 12 日凌晨，张学良、杨虎城在西安实行兵谏。国民党南京政府乱作一团。宋美龄、宋子文等人主和，何应钦等人主战，内战一触即发。

中统特务系统也提出了众多营救蒋介石的方案，其中以李茂堂提出的“空降营救”方案最为抢眼，这一石破天惊的举动让所有人大跌眼镜，甚得中统特务头子徐恩曾的赏识。李茂堂的长孙李炜京后来接受采访时说：“当时就是要救蒋介石。然而到底怎么救？谁去救？这老是定不下来。出主意的人很多，一个比一个足智多谋，就是没有一个干实事的。我爷爷就主动请缨，铤而走险。他说他熟悉西安，熟悉周围地形，朋友也多，父老乡亲也多，一个人坐上飞机就飞过去了。”李茂堂天生胆大，说干就干，在一个天低云暗的夜晚，真的独自登机飞去西安，在郊外跳伞下来。当时西安城内兵荒马乱，昼夜戒严，他只好藏身在一个姓武的亲戚家中。李炜京说：“亲戚不让我爷爷出门。说你不能出去，人家知道有人跳伞过来了，到处找呢，可是他还是出去了。他说：不出去怎么救人？他简单化装一下就进城去了。”在西安城门口，李茂堂被如临大敌的东北军看出破绽，当场五花大绑了。

东北军发现李茂堂是中统派来的特工，再三逼他如实交代南京方面的动向，李茂堂无论对方如何大刑伺候，就是装聋作哑，一声不吭。李茂堂的顽固激怒了张学良，下令把他拖出去毙了。幸好后来西安事变和平解决，李茂堂才侥幸免死。

李茂堂英雄般地返回南京，不仅徐恩曾称赞他“对党国忠诚可嘉”，另眼相待，就是蒋介石也礼迎他的归来。李茂堂就此脱颖而出，得到重用，成为中统新星。

1937 年，抗战全面爆发，李茂堂在无意之中抓到了刺杀韩国独立党主席金九的日本凶手。此人心狠手辣，身怀绝技，任务就是刺探军情，伺机刺杀蒋介石及其左右。李茂堂再立新功，蒋介石对他恩宠有加，连升两级，提拔他为中统特训班总教官，后任中统陕西调查室副主任，成为中统特务在陕西的重要人物。

密送“中统电报密码”

1941 年，李茂堂由兰州回到西安，他委托表兄、地下党员武少文给王超北写了一封信。信中说，他可以把国民党中统局陕调室的反共阴谋资料偷出来交给共产党，要求见王超北一面。王超北即把原信交给当时直接领导其工作的中共西安八路军办事处主任伍云甫。伍云甫思考后让王超北去见一下李茂堂。王超北立即说：“李茂堂我不见！李茂堂在 1935 年自首后向敌人出卖过我，并带着特务去上海搜捕我，是我的死对头，我是发过誓不见李茂堂的。”伍云甫听后批评他要顾全大局。当时，胡宗南正准备破坏八路军驻西安办事处，而我们正苦于无法了解敌人的阴谋诡计。

后来，中央决定由王超北和李茂堂联系。为了更好地为党工作，李茂堂争取从兰州调到西安，任中统陕西省室副主任。

据王超北晚年回忆：李茂堂利用他任特务头子的公开身份，向党提供了敌人的许多政治情报和军事情报。例如，由胡宗南亲自主持的“党政军警宪特联席会议”是极其机密的。出席者一律用化名，本人如不能出席，不得派代表参加。然而 1945 年 5 月 1 日由胡宗南亲自主持的，有谷正鼎（国民党陕西省党部主任委员）、祝绍周（陕西省主席）、王友直（西安市长）、杨尔瑛（陕西省三青团头子）、李犹龙、李茂堂、陈建中（均为中统特务头子）等参加的第一次会议的全部记录，都被李茂堂搞来了。后来每次会议的记录，李茂堂都按期送交西情处（中共西安情报处——笔者注）。同时，他在掩护地下党组织、保护西情处工作人员安全、破坏敌特组织等方面，都起了重要作用。最重要的是，他曾把中统的电报密码告诉我党中央，中央因此破译出敌人的许多重要军事情报。[①]

利用国民党派系之争接掌一方大权

国民党特务系统有“中统”和“军统”等派系。在中统和军统内部，又分为不同系统。进入中统高层的李茂堂，了解到国民党高层“朱系”与“CC 系”的矛盾。抗战初期，朱家骅任国民党中央组织部部长，任用亲信王季高为陕西省党部主任委员，属于这一派的有省党部委员杨大乾、米志忠等。另一派是 CC 系，后台是陈立夫、陈果夫，直接联系的是二陈的表弟徐恩曾。朱系力图打击、排挤、收买 CC 系的人，令 CC 系十分不满。李茂堂向王超北反映了这一情况后，二人与潜藏在国民党陕西党部的中共情报员陈子敬暗中商议，决定进一步挑起敌人的派系矛盾，以便坐山观虎斗，瓦解打击敌人，以此提高李茂堂在中统内部的地位，搞掉王季高并取而代之。

1943 年春末（一说 1942 年年末），国民党陕西省党部召开年会，李茂堂带头发难，质问王季高为什么扣押他们向上级的报告。王季高回答不出来，早已埋伏在门外的 CC 系人马一拥而入，把王季高和组训处长翟绍武打得鼻青脸肿……中央组织部部长朱家骅闻讯大怒，一状告到蒋介石处，

① 王超北：《来自秘密战线的报告》，百花文艺出版社 1997 年版。

指名要惩办祸首李茂堂。蒋介石亲自下令，李茂堂被专机押送重庆，打入大牢候审。陈立夫、陈果夫不甘示弱，也向蒋介石告状，说王季高结党营私、排斥异己、横行霸道，才激起下属群起反对。一时两大派斗法，鹬蚌相争。这场官司打下来，由于蒋介石与陈氏兄弟之间你中有我、我中有你的微妙关系，朱家骅输了，陈果夫接任中央组织部部长，谷正鼎接任王季高的陕西省党部主任。CC 系大获全胜，在西安为李茂堂召开了庆功会。论功行赏，李茂堂被任命为中统陕西省室主任、西北局专员，掌握了陕西中统的最高权力。

1944 年夏，谷正鼎到陕西不久，在西安办了一个集中营，关押许多中共地下党员和奔赴延安的青年学生。在国共合作的局面下，国民党没有理由继续关押，可又不甘心放虎归山。谷正鼎设了一条毒计：派遣一个叛徒，以苦肉计方式取得难友信任，而后策动大家越狱，再由监管当局借口越狱暴动，用机枪扫射。在敌特联系会议上，李茂堂得悉这一阴谋后，西情处立即通知狱中地下党提高警惕。果然，集中营里来了一个新犯人，多次带头顶撞监管当局，并受到严刑惩罚，俨然敢斗分子。一天，周围的警戒人员突然不见了，此人振臂高呼："同志们，机会来了，逃啊！"就在他带头爬上高墙的时候，难友们把他拉下来，大喊："打死这只狐狸精！"一顿拳脚，这只癞皮狗就呜呼哀哉了。谷正鼎机关算尽，却吃了一个哑巴亏。他做梦也想不到令自己阴沟里翻船的正是亲信李茂堂。

毛泽东：两个主任介绍一个主任，我能不同意吗？

1945 年春，抗日形势好转，中共中央要王超北去延安汇报工作，接受新的任务。李茂堂也想去延安，解决他的党籍问题。

经再三考虑研究，他们认为秘密去不可能，只能明去。于是，他们想出一条妙计，由李茂堂直接找“西北王”胡宗南，以到延安打探中共召开七大后的动向为由，提出到延安搞中共高层的情报。胡宗南认为危险性太大，但是李茂堂表示为了党国，粉身碎骨在所不惜。不料，奸诈的胡宗南马上变脸，大拍桌子，令人把李茂堂带下去枪毙。当李茂堂从容走出门外时，胡宗南又把他叫回来，问他在枪决前有什么话要说。李茂堂脸不变色心不跳，说：“我李茂堂在胡长官领导下，为党国赤胆忠心，光明磊落，要杀就杀，问心无愧，还说什么！”胡宗南说：“我担心你到延安之后，中共如对你有怀疑，突然把你抓起来，要杀你，你吃不消，所以同你开个玩笑，你不必介意。”李茂堂因此获得了胡宗南的信任。应胡宗南之请，他说出了自己的锦囊妙计：“我准备化名张怀中，以中央交通部邮电视察员的身份去延安，视察邮电工作，直接去找李秉昆（堂兄）。随行人员不多带，由我的堂兄李茂荣陪同。他想去边区做点生意。这样可以减少中共的怀疑。同时，让第一战区长官部给延安联防司令贺龙发一公函，叫他加以照顾。”

胡宗南听罢，连说妙计。延安也同意李茂堂等的计策。8 月，李茂堂穿着笔挺的西装，以中央视察员身份通过了国民党的封锁线。而王超北则打扮成富商大贾的样子，以商人身份跟随。

李茂堂、王超北抵达延安后，中央社会部（统管情报与保卫工作）副部长李克农及罗青长、师哲等人热情地接待了他们。李克农紧紧握住李茂堂的双手，欢迎他归队回家。李茂堂则百感交集，恍如隔世。“旧路青山在，游子白首归。”

王超北与李茂堂向中央汇报了西安情报处几年来的工作。在会上，李茂堂郑重提出重新入党的要求。入党问题反映到毛泽东那里，毛泽东问李克农："李茂堂的党籍问题，你们为什么不给他解决？"李克农说："有人说不行啊，都断了那么长时间。"毛泽东说："这不是问题。问题是入党要有介绍人，你们谁愿意介绍李茂堂入党呢？"李克农说："罗青长和汪东兴可以介绍李茂堂入党。"当时，罗青长是中央社会部一室主任，汪东兴是中央社会部二室主任，而李茂堂则是国民党中统陕西省室主任。于是，毛泽东哈哈大笑："两个主任介绍一个主任，我能不同意吗？"① 为了迷惑国民党，中央把中共七大的文件《论联合政府》《论解放区战场》及中央对时局的政治态度等文件交李茂堂带回，作为在延安搜集到的共产党"情报"。李茂堂离开那天，延安新华社还发表了一条消息：国民党邮电视察员"张怀中"到延安后擅自行动，并发表攻击边区政府的言论，很不友好，本社授权声明，"张怀中"是不受延安欢迎的人。

延安之行，满载而归。西安 CC 特务大小头目，以至胡宗南、祝绍周等，都赞扬李茂堂的冒险之举。在国民党陕西省代表大会上，李茂堂成了大红人。CC 的大小头目都把他视为不避艰险、敢入虎穴的英雄。

1945 年秋末的一个晚上，胡宗南在小雁塔第一战区长官办公室主持召开"党政军警宪团特"联席汇报会议。司令部情报处处长刘庆曾汇报说：他获得了关于中共西安地下情报组织的匪首胖子所在地点的确切情报，决定在今晚 12 时动手。他已制订了详细的行动计划。此时，离 12 时还差 2 个小时。参加会议的李茂堂知道要抓的胖子就是王超北。他故作镇静，在会上提出一连串突袭行动的建议，希望尽快结束会议。然而中统西北局局

① 郝在今：《中国秘密战》，作家出版社 2007 年版。

长陈建中还在滔滔不绝地讲着。胡宗南也毫无倦意。李茂堂急中生智，佯装毒瘾发作，突然弄摔茶杯和热水瓶，满嘴喷吐白沫，一头栽倒地下，吓了大家一跳。胡宗南见状，赶忙吩咐左右送他去医院。一到医院，李茂堂就打电话给他的夫人张蕴玉：“刚才听说狄仁权今晚得急病，要马上送医院动手术，你立即去照料一下，要快!”夫人一听，知道狄仁权是西情处的代号，王超北遇到了危险。她立即通过奇园茶社的老板梅永和转告王超北，及时做了转移，从而脱离了险境。当刘庆曾十万火急地带着一群特务赶到预定地点时，早已人去楼空……

设计巧取潜伏特务名单

1947 年 10 月，中统改组为中央执行委员会党员通讯局，简称“党通局”。由于新局长叶秀峰把主要精力放在清洗老长官徐恩曾的势力和培养自己的班底上，陕西方面也就大换血，以向离替代了李茂堂。

1949 年年初，中共西北野战军连续发动了荔北战役和宜川战役，胡宗南部主力遭到毁灭性打击，西安解放指日可待。此时，潜伏在国民党“党通局”内部的李茂堂已经获取了国民党即将派遣大批特务潜伏并实施炸毁西安的“焦土政策”。为彻底摧毁这一惊天阴谋，李茂堂经过深思熟虑，想出了一条连环计。他釜底抽薪，派人将潜伏名单中的一名特务刺杀于西安火车站。听说自己的亲信被杀，向离马上驱车赶到现场，追查打黑枪的杀手。然而即使这样也于事无补，因为他千挑万选的那一份潜谍名单已报到南京。向离最怕惊动顶头上司叶秀峰。他快刀斩乱麻，一边严密封锁消息，对外一律说死者得了急病，一边重新起用李茂堂的旧部谢维杰，要他顶这个空缺。向离欺上瞒下，自以为得意，却深深陷入李茂堂给他设下的圈套。

谢维杰是李茂堂的亲密战友。他是西情处的骨干成员，而他的公开身份是中统资深特务。向离重新起用谢维杰，给西情处猎取那份潜谍名单及其背景资料提供了方便。然而这还远远不够。李茂堂想要一石二鸟，除了逼迫向离以谢维杰补缺，还要进一步斩草除根。李茂堂抓住了一个可以置向离于死地的机会——他得知"党通局"陕西省通讯组二科科长王克平与向离面和心不和，于是让王克平带上重礼去南京见叶秀峰，状告向离瞒天过海。叶秀峰拍案怒起，当即撤了向离的职，由王克平取而代之。

这一来，李茂堂就又策反了王克平。王克平迷途知返，临阵倒戈，把全体潜伏特务名单交给了谢维杰。

李茂堂还策反了军统起义。据王超北说："突击军统特务起义的工作，李茂堂做了一番艰苦的努力。到 1949 年 5 月，取得了一定的成绩。"军统陕西站组长任鸿猷将他所能拿到手的人事档案资料全部交给了西情处，把他所知道的军统特务潜伏情况全部抖出了。西情处已基本掌握了陕西省军统特务的分布及活动。西安解放后，李茂堂向有关部门递交了一份 6000 多人的国民党潜伏人员的名单，为整个西北地区扫除了巨大的隐患。

兵不血刃解放西安

李茂堂几乎把国民党的营垒变成了共产党的天下，胡宗南却还蒙在鼓里，把他当作最可信赖的知己。

国民党快撤退时，胡宗南打算撤往终南山，李茂堂劝胡宗南不要往终南山撤，意思是胡宗南的名字和终南山谐音，不利，到那儿就死了。胡宗南听了他的劝告，向陕南和四川撤退。其实，李茂堂不希望胡宗南撤到终南山，是因为那里离西安太近，只有几十里路，威胁太大了。

为了给解放军做内应，李茂堂向胡宗南主动请缨，由他代表西北军政长官公署和西北绥靖公署暂留西安，统一指挥有关各方有序疏散，并监督实施摧毁西安的“玉石俱焚”计划，最后再去宝鸡与胡宗南会合。胡宗南专门留下大批人员、物资、钱财和飞机由他调度指挥。

1949 年 5 月中旬，当胡宗南得悉解放军已占领渭河北岸，正向西安推进，便挟持陕西省主席等人登机飞汉中。但是胡宗南并没有听到西安剧烈的爆炸声，在西安地下党的配合下，李茂堂和西情处彻底粉碎了胡宗南的阴谋，他们挖出了胡宗南部逃跑前埋下的炸药，使文化古城西安免遭破坏。人民解放军兵不血刃，拿下了一个完好如初的西安。胡宗南听到的是欢庆解放的锣鼓和鞭炮，为此他在台湾遭到国民党的审判。

新中国成立后，李茂堂任国内贸易部第一任副部长，后因对他的政治问题有怀疑，他被加以“在敌人营垒染上了吸毒等旧习未改”之名，于 1950 年 12 月遭到逮捕。1953 年，他患病出狱治疗，5 月在北京病逝，终年 46 岁。李茂堂潜伏在敌人心脏，英雄虎胆，屡建奇功，但在“左”的思想指导下，这位红色特工的传奇人生差点被尘封湮灭。然而共和国不会忘记那些为民族独立和解放立下历史功绩的人——1982 年 3 月，经中央有关部门复查，李茂堂得以彻底平反昭雪，恢复名誉。他的英名，将永远镌刻在共和国的丰碑之上。

（转自《同舟共进》网易官方博客）

军阀楷模段祺瑞一生不蓄私财

金满楼

说起民国元年的军政巨头段祺瑞，也的确是一个传奇人物。

段祺瑞出身于一个军人家庭，其祖父段佩与刘铭传、张树声、周盛波、周盛传等人既是同乡，又同隶属于李鸿章的淮军体系之下，早年因镇压捻军有功而官居淮军统领。段祺瑞于1865年出生于安徽六安县太平集北的段家老宅，其父亲段从文倒是人如其名，一直耕读在家。段祺瑞五岁的时候，父亲段从文在合肥买下百亩良田，随后举家搬迁，因此段祺瑞又被人称为“段合肥”。

段祺瑞小时候主要受到祖父的影响，他在七岁的时候便被祖父段佩接到自己在宿迁的兵营，由此耳濡目染了军旅生活。尽管祖父给段祺瑞请了塾师带他念书，然而年少时的段祺瑞却最喜欢舞刀弄棍，看书也只爱看排兵布阵、奇门遁甲之类的兵书（难怪袁世凯赏识他，原来两个人都有如此经历）。在那段日子里，作为小少爷的段祺瑞过得还是很惬意的。

但是，段祺瑞的好日子在十四岁的时候戛然而止，因为他的祖父段佩在宿迁驻地突然亡故。失去了庇护的小段在军营中无以托身，只得将祖父的灵柩扶送回合肥老家安葬。不久，小段又只身一人步行两千多里，在风尘仆仆数十天后，终于赶到山东威海投奔了堂叔段从德，并在他的手下做了一名小兵。这一年，段祺瑞才十六岁。

不幸接踵而至。就在段祺瑞来到威海的第二年，其父段从文在赶到威海看望儿子后，在回家途中被盗贼所害（离家不过三十里地），盘缠被掳掠一空，年仅三十九岁。噩耗传到威海后，段祺瑞请假奔丧而未获得批准。八个月后，段祺瑞的母亲因为哀痛过度，也不幸亡故。一年之内，父母双亡，段祺瑞这次才被批准回家奔丧。

回到家中后，看着自己年幼的弟弟妹妹（大妹启英十二岁，二弟启辅十岁，小弟启勋九岁），十八岁的段祺瑞心情十分沉重。作为家中的长子，段祺瑞在父母双亡的情况下，必须承担起照顾弟弟妹妹生活的重担。

家庭的变故和养家糊口的重担，使得段祺瑞心事重重，愁眉不展。作为普通一兵，段祺瑞是看不到生活希望的。时来运转的是，李鸿章在 1885 年创立了天津武备学堂，并拟从淮军中招收学员。刚满二十岁的段祺瑞听说这一消息后喜出望外，他决心要抓住这个改变命运的绝好机会，于是立刻报名应征，并在考试中名列前茅，最终被选入炮兵科学习。

两年后，段祺瑞以“最优等”的成绩从学堂毕业，随后又被选派到德国去学习军事。据说，初选名单里本来是没有段祺瑞的，但李鸿章看到选派人员中安徽籍的只有两个人，心中十分不悦，于是把山东籍的划掉一个，而改选了一个自己的小老乡，也就是段祺瑞进入了最终的名单。说起来，李鸿章被人称为“李合肥”，段祺瑞后来也被称为“段合肥”，这两人还真有点缘分呢。

到德国后，段祺瑞等人进入柏林军事学校学习。在校期间，段祺瑞还闹起了剪辫风波，因为德国人看到中国人留着长辫子，觉得十分可笑，暗地里骂他们是“中国猪”。段祺瑞气愤难平，于是拿起剪刀要剪掉脑后的辫子。这时，督学荫昌正好进来，他看见段祺瑞要剪辫子，慌忙加以制止，这才避免了一场麻烦。

在其他人已经学成回国后，李鸿章再次指派段祺瑞前往克虏伯兵工厂实习，以熟悉并学习世界最先进火炮的制造和使用技术。直到 1890 年年底，二十五岁的段祺瑞才返回国内，在进入北洋军械局不久，又调入威海随营学堂充当教习。

可惜的是，当时的清军对这些军校毕业生不甚重视，他们中的大多数人都是被委以教习之类的闲职，而没能进入军营中做带兵官。当时的军界风气之下，那些行伍出身的旧派军官大都看不起军校毕业生，他们认为这些娃娃兵没有实际作战经验，不能委以重任，即便段祺瑞这样留洋回来的优秀军官，也屡屡遭到这些旧军官的排挤。

直到袁世凯的“小站练兵”后，那些军校毕业生才开始得到重用。当时，袁世凯请时任天津武备学堂总办的荫昌推荐人才，荫昌很自然地便想到段祺瑞，并将他推荐到袁世凯的门下。袁世凯的新建陆军是一支拥有步兵、骑兵、炮兵、工程兵等多兵种的新式部队，其中炮兵就有近两千人。段祺瑞随后被委任为炮队统带，并得到袁世凯的极大重视。当时，段祺瑞带的这支炮队有速射炮、重炮等六十门，战马近五百匹，这也是中国近代历史上第一支正规化的炮兵部队，段祺瑞也可以说是中国第一任炮兵司令。

随着袁世凯的不断升迁，段祺瑞也跟着沾光，陆续做到了北洋六镇的统制之职。在清朝覆灭后，段祺瑞做过几任陆军总长，后来因为反对袁世凯称帝而隐居西山。袁世凯死前，命人将段祺瑞找来并将国事托付给他，段祺瑞也由此做上了民国的内阁总理，成为当时最重要的政治人物。

段祺瑞的为人一向古板严肃，不苟言笑，给人的印象是不太好打交道。他平时的生活也很有规律，一年三百六十五天基本没有什么变化。一般情况下，他都是在家吃早饭，随后上书房看公事；看完公事后去衙门，中午再回来吃饭。

吃过中饭后，段祺瑞一般会在内客厅睡个中觉，然后有客的时候会客，无客的时候就与棋手们下下围棋（后来加入日本籍的国手吴清源，小的时候便经常陪老段下棋，老段会给棋手们每月开工资），或者找一些诗人搞搞诗会，当时王揖唐、梁鸿志等人便是段府的常客。晚饭之后，段祺瑞照例要打一会儿牌（麻将）。

段祺瑞非常喜欢下围棋，当时他还专门养了一批棋手，每月发给工资，以陪他下棋。据说，那些棋手和段祺瑞下棋时都十分识相，既不能赢段祺瑞，因为他自尊心很强，输了他会很不高兴；但也不能多输，因为多输的话，会让段祺瑞看不起。

据称，有一次段祺瑞和儿子段宏业下棋，棋到终盘，段祺瑞大负，气得他跳起脚来，把棋盘掀翻，并怒斥段宏业道："你这小子，一无所能，就知道玩这个，你以后有什么出息？"段宏业被斥后，只得诺诺而退。（想必儿子输给了他，段祺瑞又会笑骂："你这小子，连个棋都下不好，你以后还能干什么？"）段宏业是段祺瑞的大儿子，平时最喜欢吃喝玩乐，素无大志，在外面一向是花天酒地，唯独见了老段就像是老鼠见了猫，大气也不敢出一声，这不，赢了棋还被老段斥责一顿，但他屁也不敢放一个。

唯独有个小棋手却不畏惧段祺瑞，这就是后来成为著名棋手的吴清源。吴清源做段府的棋手时年纪还小，也最受段祺瑞的喜爱。他在和老段下棋的时候倒是毫不客气，俩人经常能下个旗鼓相当，但随着吴清源水平的不断提高，段祺瑞和他对弈往往输多赢少，后来也就不再和他下了。吴清源后来入了日本籍，成为日本围棋界的一流高手。

段祺瑞脾气大，治家严，手下的人都战战兢兢，不敢犯错，特别是不敢向来宾索取门包。按前清的规矩，一般大官的门房都有一个陋规，那就是收取门包，否则就进不了门。段祺瑞大概吃过这个“门包”的亏，因而最恨别人收门包，他要是听说谁收门包，还真能把人拉出去枪毙！

按中国人的习惯，过年过节的，终究要礼尚往来，而地方上的官员来京办事，也一般会给重要的京官送点礼。然而这个规矩，唯独到了老段这里行不通。每逢有人将礼物送到段公馆，门房都是将之放在内客厅门口的条案上，等段祺瑞亲自过目后定夺。段祺瑞每次路过时，总是仔细地看了又看，最后挑一两件最不值钱的留下，其余的全部让人送回。

有一次，江苏督军齐燮元给段祺瑞送了一个精美绝伦的围屏，围屏上镶有各种宝石，五颜六色，非常漂亮。段家的人喜欢得不得了，晚上还偷偷地起来观看。但第二天早上，段祺瑞便令人送回。张作霖有一次给段祺瑞送了一些东北的特产，如江鱼、黄羊等，在其副官的一再恳求下，段祺瑞才收下两条江鱼，这已经是非常大的面子了。唯独有一次，冯玉祥给他送了一个大南瓜，老段倒是很中意，没有送回。

另外，段祺瑞还不准家里人说私情。比如，有个老妈子托段祺瑞的一位姨太太替他的一个亲戚找个小差使，这刚一张口，段祺瑞的鼻子就气歪了，他大骂道：“好啊，你们想卖官还怎么着？你拿了人家多少钱！快说！”因此，在段祺瑞的面前，谁也不敢乱托人。

段祺瑞不但对自己严苛，对别人也非常严格。他手下有个姓苏的军需官，买了一个小丫头，而这个军需官的老婆经常虐待这个小女孩，三天两头地把人家打得鬼哭狼嚎。不知怎么的，这事传到了段祺瑞的耳中，他得知后勃然大怒，立即派人将苏军需和小丫头带来，自己则怒气冲冲地在大客厅等着问话。

当时的场面可谓杀气腾腾，如同旧时衙门上堂一样。等苏军需到后，段祺瑞拍着桌子大骂，并令手下用军棍重责四十大棍。这下把苏军需吓得浑身发抖，连连求饶。段祺瑞骂了半天后，气才消了下去，随后便吩咐手下将小丫头送到后院，让自己的家眷收养下来。

不过，段祺瑞只是表面上看起来严肃，其实内心也是真性情。段祺瑞少年的时候随祖父在宿迁军营，在当地私塾读书时认识了几个同年好友。后来，段祺瑞做上了总理，发达了，其中的一个叫申孟达的好友便试着来北京找他。刚开始的时候，申孟达害怕段祺瑞已经认不得他了，于是先写了封信让人送到段府，不承想段祺瑞在接到信后便立即派人送上银圆二百元，三天后，段祺瑞亲自来接，一下就开来了十几辆小汽车，并让人好生招待。

当年跟随段祺瑞祖父段佩的几个老人，后来也被段祺瑞接到府上。其中有一个叫刑宝斋的，他每次提到段祺瑞的时候，常说段祺瑞小时候一天到晚鼻涕邋遢，刑宝斋看不上他，那时骂他：“你这叫什么少爷啊，一点都不爱干净！”

刑宝斋常跟公馆里的人说这事，有的人听烦了，便反诘道：“你不是看不上他吗？可人家如今干出了一番惊天动地的大事业，你现在还在给他买笤帚！”刑宝斋被堵得没话说，只好结结巴巴地说：“我哪知道他有这一天啊，我要知道，当初也对他好点啊！”

《一士类稿》中有个这样的记载，说段祺瑞刚做上边防督办的时候，一日雪后，他偶至街头散步，忽然问随行的小童：“边防处距此远不远？”小童说不远，于是段祺瑞便让小童带他去看一下。到了边防处，卫兵见一个衣冠朴旧的老头昂然入内，便厉声呵止。小童赶上前斥道：“这是段督办，你怎敢如此无礼！”卫兵听后十分惊愕，慌忙请罪并报告处中重要职员，恭迎段祺瑞入内视察。众人平时都见不到段祺瑞，今天看到他突然莅临，以为有什么大事要宣布，于是一个个都肃侍静候训示。段祺瑞微笑道：“今日下雪，我乘兴闲游至此，你们不必管我了，各自回去办公吧。”说完，段祺瑞便让众人散去，自己则到督办室小坐了一会，随后仍旧缓步而归。

作为民国年间的大人物，段祺瑞一生不蓄私财，不徇私情，不拥兵自重，这在军阀中，无论如何也算是至为可贵了。

滇军两下广东

李晓明

1917 年，广州护法军政府成立后，孙中山即任张开儒为陆军总长，方声涛为广州卫戍司令。这支入粤滇军在他们的领导下，派兵监督广州有关税收机关，督导其向护法军政府提供财政费用，不遗余力地支援孙中山的各项主张。

1915~1916 年，云南护国第二军征战广东；1922 年，云南北伐讨贼军再下广东。两支云南地方军队（俗称滇军）在广东会师后，形成了前后驻军十年之久的“入粤滇军”，在中国近代革命中发挥了积极而独特的作用，书写了光辉的历史，并将广东与云南紧紧连在了一起，这被史学家们称誉为“民国史上的奇观”。

“亮剑讨袁”

1915 年，袁世凯授意“筹安会”鼓吹帝制，原云南督军蔡锷于 11 月潜出北京，辗转回到昆明。12 月 23 日，蔡锷以云南将军唐继尧、巡抚使任可澄的名义致电袁世凯，要求取消帝制，惩办祸首；至25日未获答复，即通电各省宣告独立，并组织护国军，以蔡锷、李烈钧、唐继尧分任第一、二、三军总司令，“亮剑讨袁”。31日，袁世凯对此置若罔闻，宣布将于1916年1月登基。蔡锷遂率护国第一军入川，李烈钧率护国第二军由桂入粤，唐继尧率护国第三军留守云南，护国运动正式开始。

云南三支护国军中，第一军是主力，在总司令蔡锷的统领下，从昆明经宣威、威宁、毕节开往川边永宁，对叙府、泸州发起进攻。

护国第二军则在总司令李烈钧的率领下，由滇南出广西后直下广东，与蔡锷的第一军形成互为呼应的钳击之势。

云南护国军兴之际，袁世凯一方面慌忙调集精锐部队，由曹锟、张敬尧等人率领入川，对抗蔡锷；另一方面则任命广东第一师师长兼广惠镇守使龙觐光为云南查办使，率部万余人，由广东经广西，挡住护国第二军。

面对龙觐光的来犯，李烈钧和唐继尧商定了对敌之策：由护国第二军张开儒、方声涛两梯团（梯团相当于旅）向广南、富州（今云南富宁县）急驰，正面迎击龙觐光部；并令护国第三军等部，由贵州境内东下，直趋广西百色，打击敌人的侧面，形成“两路夹击，腹背齐攻”的局势。

虽然护国第二军兵员和武器装备明显处于劣势，但方声涛梯团在收复广南县城后，毅然向皈朝挺进；张开儒梯团也正向皈朝转移。李文富派出重兵扑向皈朝，双方于此展开了决定性的一战。

护国军虽斗志旺盛，但兵力薄弱，双方相持了八九个昼夜，护国军渐感不支，关键之时，张开儒指挥炮兵连连长鲁子材轰击敌人阵地。鲁子材亲自操炮，经过精确瞄准，一炮轰出，居然毫无偏差、准确无误地落进了敌人的炮口，将那门敌炮炸飞。敌人见状，军心大乱。张开儒乘势下令反击，李文富部不支，全线溃逃。护国军攻占皈朝，收复了剥隘。这一天是1916年3月16日，是广西宣布独立、通电反袁的第二天，桂军将龙觐光包围在百色。云南护国第三军等部也一路奏凯，进入百色打击龙军。这时，在唐继尧的统一指挥下，护国第三军肃清了滇南各县的武装叛乱，收复了一度被叛军占领的个旧、蒙自、建水等地，又兵分三路向红河南岸的逢春岭进军，直捣外犒吾卡和那埂的龙氏封建老巢，至此，滇境乃得安宁。

护国入粤

李烈钧率领的云南护国第二军与第三军和桂军在百色会师后，方声涛梯团经过整军小驻，由百色乘船到达南宁，过梧州，进入广东境内。张开儒梯团则由百色直下广东，挺进三水后，向韶关逼进。当时，韶关由龙觐光的胞弟龙济光部把守。双方在韶关北门外的帽子峰展开激战，护国军几次强攻未果。1916年5月18日，张开儒得知帽子峰敌人兵力部署的消息后，亲自选择有利地形，命令炮兵对准敌人阵地要害连射三炮，全部命中——韶关南门、镇守署和帽子峰的弹药库被炸得火光冲天，敌人死伤了100多人，余者全成惊弓之鸟，无心再战，只得弃城而逃。护国军于次日一举攻克韶关城，取得进入广东后第一役的胜利，后来就有了“张开儒三炮定韶关”之说。

1916年3月16日，广西宣布独立的消息传来后，四川前线的护国军大为振奋。就在这一天，蔡锷在大州驿连下六道命令，反击袁军。两天之后，即3月17日，蔡锷下令总攻，奠定了整个护国战争胜利的基础。内外交困的袁世凯不得不于 3 月 22 日下令取消“承认帝制案”，但仍然自称“大总统”。蔡锷、李烈钧、唐继尧立即发出通电，不仅不承认袁世凯的总统资格，而且要求审判这个窃国大贼。4 月 6 日，广东宣布独立。5 月 8 日，云南、贵州、广西、广东等已反袁独立的南方各省建立了统一的政权机关，即设立在广东肇庆的“护国军军务院”，以作为对抗北洋政府的“南方政权”。

随后，陕西、湖南、湖北、四川等省相继宣布独立，北洋军阀内部进一步分化。袁世凯无计可施，忧愤成疾，于 1916 年 6 月 6 日在四面楚歌中死于北京。

袁世凯死后，北京政权由段祺瑞出任国务总理。善于投机的龙济光通电表示“服从中央命令”，得到段祺瑞的包庇纵容，被任命为广东巡按使。龙济光乘机密电段祺瑞派兵平定“粤乱”。孙中山历数龙济光之罪恶，指出“粤人恶龙甚于洪水猛兽”，要求“毋以一人之恶，而失粤三千万人心”。李烈钧率部与龙军在清远再次较量，龙济光以彻底失败而告终，最后逃出广东。

护国第二军消灭了龙济光残部，平定了广东全境后，李烈钧因北洋军阀诋毁，离开军职。护国第二军即由张开儒、方声涛指挥，两人分任滇军第三师师长和第四师师长，第三师驻粤北地区，第四师移驻广州及附近地区。这就是滇军首次入粤的由来。

北伐前驱

1917 年，广州护法军政府成立后，孙中山即任张开儒为陆军总长，方声涛为广州卫戍司令。这支入粤滇军在他们的领导下，派兵监督广州有关税收机关，督导其向护法军政府提供财政费用，不遗余力地支援孙中山的各项主张，并使桂系、粤系等势力不敢轻举妄动，成为孙中山有生以来第一支最可信赖和最可依靠，也最能就近指挥的革命军队，孙中山一度将北伐的希望寄托在这支云南地方军队的身上。

是年 11 月，孙中山组织征闽陆海联军，任命深得他信任的方声涛为靖国联军第四军军长，代理援闽军总指挥，其后被任为闽军总司令、孙中山韶关大本营参谋长等职，率北伐东路军进入福建。

护国战争结束后，孙中山以广州为根据地，成立了护法军政府，决心维护临时约法和国会。他把护法的希望寄托于南方各省，尤其是寄托在控制了滇黔等省的云南实力派人物唐继尧的身上。1917 年 7 月 3 日，唐继尧发出通电，表示拥护共和讨逆。他以滇黔三省靖国联军总司令的名义，先后组成了“靖国”八个军，入川出陕，直指两湖，引发了持续不断的川滇混战。

1920 年年底，驻川滇军第一军军长顾品珍竭力反对唐继尧发动的不义战争，宣布“息兵回滇”，率师进发昆明，在驻省内靖国第八军的配合下，宣布倒戈反唐，于次年 2 月 9 日进入昆明。

1922 年，孙中山发出北伐号召，要用武力打倒军阀，统一中国。顾品珍积极请愿，“愿为前驱”。孙中山特任顾品珍为云南北伐讨贼军总司令。顾品珍将所属各部编为四路大军，组成了云南北伐军，出师北伐，成为一支率先响应孙中山号召的北伐之师。

然而黯然离开昆明后流落香港的唐继尧不顾孙中山发出的“制止令”，抗命回滇，破坏北伐。唐继尧伺机袭击，向顾品珍部发起进攻。顾品珍

“措手不及”，不幸遇难。广州军政府追赠他为陆军上将。

顾品珍战死后，云南北伐军在副总司令张开儒的率领下一路连战皆捷，受到沿途人民的热烈欢迎与支持，浩浩荡荡地开赴广东。1923 年 1 月 14 日，云南北伐军开始进攻广州，驱逐陈炯明叛军，拥护已被陈炯明赶下台的孙中山从上海返回广东，组成北伐大元帅府。这就是滇军第二次入粤的历史功绩。

两支滇军，一次是为护国而来，一次是为北伐而来。北伐滇军为蔡锷护国第一军的底子，与护国第二军征战广东后成为中央直辖的滇军部队合为一股。因此，两次入粤的滇军实际上是云南第一、第二两支护国军在广东的大会师。

1924 年 3 月 24 日，孙中山先生对入粤北伐滇军作了一次《革命成功，国民始得享幸福》的演说。他在演说中指出：“滇军在这两三年中，为什么到广东来呢？说到源起，是由于民国十年，本大元帅到桂林预备北伐。当时顾（品珍）总司令在云南很有志气，很想为国家出力，便把云南的地盘不要，让别人去维持，自己一心一意带了你们这些滇军，跟随本大元帅北伐，去替国家做一番事业……抱这种宗旨去奋斗的军队，才是仁义之师。滇军这次继续顾总司令的志气，为革命而奋斗，费了很大的牺牲，真是仁义之师。”

统一全粤

孙中山总结了几次北伐失败的经验教训，认为只有首先统一广东，才能再行北伐战争。当时在广东的讨贼桂军及粤军许崇智、梁鸿楷，湘军谭延恺等部，计约5万多人。驻粤滇军共2万余人，比之桂军、粤军、湘军各部，无论从人数、装备还是从战斗力来讲，都是一支力量最强大的军队，也是孙中山认为最靠得住的军队。

从1923年4月开始，广州护法军政府以滇军为主力，在两个多月的时间里先后平定了与北洋军阀早有勾结的桂军第一路军司令沈鸿英的叛军，打败了广东军阀陈炯明的反扑，解除了对广州的威胁。

驻粤滇军在这时也发生了一出令人痛心的悲剧，那就是杨希闵叛变。

杨希闵（1886~1967），字绍基，云南宾川人，陆军上将；云南陆军讲武堂丙班学员；参加过辛亥昆明“重九起义”、护国战争。1922年3月，顾品珍战死后，杨希闵随张开儒进军广东，行至广西桂平，北伐滇军内部改组，其被推举为代理总司令。在讨伐陈炯明和沈鸿英叛乱后，杨希闵成了广东的风云人物。不久，杨希闵开始拥兵自重，把持广州税收，拒绝向广东革命政权提供财政支持，并多次拒不执行广东革命政府的命令，其军队官兵或私设烟馆，或狂嫖乱赌，军纪之败坏为广州人民所切齿痛恨，一见到红边帽（滇军军帽边沿为一圈红色）便避之不及。

1925年3月12日，孙中山在北京病逝。杨希闵和桂军总司令刘振寰更加肆无忌惮，于5月中旬在香港皇后饭店，勾结段祺瑞、唐继尧、陈炯明的代表商议联合进攻广东革命政权的计划，于6月初发动了蓄谋已久的“广州兵变”。广东政府立即下令免去杨、刘二人所任各职，以朱培德为驻粤滇军总司令，率部平定杨、刘叛乱。杨、刘叛军四散逃窜，全部被歼。

被俘的杨希闵部大多被编入朱培德部，于1925年10月参加了第二次东征，由西江进入开平，奉命阻击陈炯明旧部邓本殷对广州的进犯，配合黄埔教导团攻占了惠州城，乘胜东进，将从福建卷土重来的陈炯明残部全部击溃，实现了广东的完全统一。朱培德部返回当时广州的水陆交通重地大沙头，于原地进行整训，随后驻粤滇军被改编为以朱培德为军长的国民革命军第三军，准备北伐。

北伐开始后，朱培德率领的第三军成为江西战场的主力，其本人也成了一代北伐名将。

从 1915 年至 1916 年，李烈钧率领云南护国第二军征战广东，到顾品珍率先响应北伐，滇军两次入粤，再到朱培德率部参加统一广东的战斗；这一时期，云南陆军讲武堂也应邀派出工、骑、步、炮四大兵科科长带领一批优秀队官和枪械，前往广州长洲开办黄埔军校，以“武校精神，训练黄埔健儿，造就光荣历史”。由此，滇军在广东十年纵横，被称为“民国史上的奇观”。

（转自《时代周报》网易官方博客）

第三篇

乱世群像

于右老的诗法和人格

张大春

三原于右任先生一代宗翁，诗书领袖，时人誉为草圣，称道他开展了1000多年以来中国书法的新美学，这话一点都不夸张。试想："二王"以降，多少书家浮沉于时，矩矱森严者有之，好奇变怪者有之，不论是师法魏碑唐楷而得之于工丽者，或者是取径狂草拙石而出之以险峭者，绝少有一二豪杰于风格自树之外，还能获得广泛的赞赏和追摹。于右老则确乎是这样难得的人物。

我所就读的小学已经成立50多年了，到今天为止，还在某些重要的文件上保留着于右老当年手书的校名，只不过而今的师长们多不措意，还有人嫌那笔字大小跌宕、疏密错落、不近颜柳。国际驰名的鼎泰丰饭馆倒是还保留着于右老题额的真迹——"鼎泰丰油行"五字，每字掌心大小，墨泽焕发如新，神采昂扬，看上去连"油行"二字都别有他意，不像卖油的。

于右老的诗不大有人谈，毕竟他当了30多年的监察院长，诗名为书名所掩，亦不免为官衔所蔽。到旧体诗乏人问津的时代，更不容易获得应有的重视，这是很可惜的。实则于右老的诗除了惯常被行家称许的“夭矫苍莽”“雄健磅礴”之外，还十分亲切。用宋代诗僧惠洪《冷斋夜话·诗用方言》里的话比拟：“句法欲老健有英气，当间用方俗言为妙；如奇男子行人群中，自然有颖脱不可干之韵。老杜《八仙诗》序李白曰：‘天子呼来不上船’方俗言也，所谓‘襟纫’是也。”襟纫，指衣纽，古时用以连接衣服交襟的小绳带，也就是今人所言之“关键”也。

关键还不只是方俗言的使用，而是如何让整篇的诗句借由一二看似滑溜、通俗的语符、辞藻甚至结构，发出亲切的召唤，调和其他字句之中难免的浓稠意象或冷涩典故。在这一方面，于右老箱底有一套本事——我姑且称之为“迭词法”，也就是运用句中重复的字或词来营造一种民间谣曲的趣味，以疏散饱满的意义张力。如《月夜宿潼关见孤雁飞鸣而过》里的名句：“河声夜静响犹残，孤客孤鸿上下看。”还有《柏树山纪游》里的名句：“柏树山头柏盖苍，山前池馆已荒凉。”同诗腹联：“大户陵夷中户起，上田租佃下田荒。”又如《乙未士林禊集》的腹联：“日日翻新新未已，江山苦战战何妨？”这里不但善用重字，且巧妙地将“乙未”年倒装成“未已”，其妙趣如此。

《黄海杂诗》一绝起句也用了“迭词法”：“出塞翻挥入塞戈，南征转唱北征歌。”另一绝起句更如家人语：“客子争看黄海黄，黄流浩渺极天长。”《黄海杂诗》中尚有一联堪称此“迭词法”之典范：“沧海横流赋不清，为谁风雨为谁晴。”又如《西伯利亚杂诗》七律之一的后两联：“牧马迎风呼战马，羔羊觅迹唤羚羊。人情物理无中外，惆怅他乡忆故乡。”其流宕明爽，非铸句雕词之辈能为。

除了以迭词见平易之外，于右老还擅长运用熟俗的词汇入诗，一洗前朝遗老们那种苦涩幽峭、呕心沥血的“宗宋”之气。试看《西伯利亚杂诗寄王陆一》之“水绕乌城闻汽笛，山围赤塔见桑麻。面包价贵酪浆贱，牛饮归来买野花”，多么天真自然。至于“春莫（按：即暮）游乐天，共饮沪西道。醉后推小车，各矜手臂好。转瞬三十年，时光催人老。翠柏参天立，精神自浩浩”，更能于嬉笑家常中翻转旧体诗“拒人于千仞之上”的雅不可耐之风。

于右老毕生致力于推行标准草书，念念以国民书写为鹄的，看来也和他敦笃慷慨的诗风相辉映，这是一种“民国”的气度。知识人不危论于高阁之上，不腐思于斗室之中，所以，这诗人的句子会令所有的读者荡气回肠：“不为汤武非人子，付与河山是泪痕。”

告诉你一个真实的袁世凯

李宗陶

对于袁世凯，人们有过许多称呼：袁项城，是借用他的祖籍地；袁宫保，是用清廷所赐“太子少保”衔，当上民国大总统之前，这是他最喜欢的称呼；大总统，从他 53 岁叫到 56 岁，但长子袁克定即使在新中国成立后，提起父亲依旧称“先大总统”；洪宪帝，从 1916 年 1 月 1 日到 3 月 22 日，共 83 天；卖国贼、窃国大盗，从民国叫到新中国，出现在历史教科书里。

他的后代在上历史课的时候，不是“无地自容”，就是“回家暗自流泪”。

广州市社科院研究员骆宝善精研袁世凯 20 多年，能一眼辨认出袁氏手迹。“我读书的时候，袁世凯是窃国大盗；我在中大教书时，也跟学生说袁世凯是窃国大盗；直到我退休了，才能不这样讲了。”

“过去史书上说，袁世凯是个纨绔子弟，其实不是这样。从同治十三年到光绪三年，他正正经经在北京读了 4 年书，长进很大。他自己说过，那几年，为了要博一个功名，他读书累到吐血都没考取一个举人，这是他一生最大的遗憾。”

骆宝善忽然记不起袁世凯某年乡试所作的挺不错的联句，女儿悄悄递进来一张纸条：“光绪五年：重门惊蟋蟀，万瓦冷鸳鸯。”字是骆宝善的妻子刘路生写的。夫妇俩都是袁世凯的研究者，连女儿对袁世凯也很熟悉。

“袁世凯留下来的东西，是一批家书和向清朝政府报告的文牍。从家书中看，他的思路很清晰，考虑事情很周密，对事情的把握和分析肯定在同龄人之上。”骆宝善主持了国家“七五”社科规划基金资助的“袁世凯研究”项目，他主编的《袁世凯全集》囊括了所有已发现的家书和文牍，在 2011 年夏天出版，计 30 卷，2500 万字。

这个人

袁静雪（原名叔祯，袁世凯三女）印象中的父亲总是军人派头：黑呢制服，站或坐时腰背挺直；平常少有笑容；生气时骂“浑蛋”，气极了，“浑蛋加三级”；待部下很客气，但他们都很怕他。有人夸张地说，袁世凯坐在那里，睛光四射，像一只老虎。

在中南海的时候，袁世凯吃饭时要奏军乐。溥仪在《我的前半生》中记载，每当军乐声起，总管太监张谦和的嘴就会因生气而变扁：“简直钟鸣鼎食，比皇上还神气!”

统领军人，对袁世凯来说，“比起做文章来，到底容易多了”。一次闲谈中，张之洞问袁世凯练兵的秘诀，袁世凯说：“练兵事看似复杂，其实简单，主要是练成‘绝对服从命令’。我们一手拿着官和钱，一手拿着刀，服从就有官和钱，不从就吃刀。”

国民党人杨思义回忆说："袁世凯深知人情，除了威胁之外还有利诱，事情便可圆满。"

被清廷开回原籍彰德（今安阳）洹上（村名）3年，袁世凯不仅仅是湖上垂钓，他实在是很忙的：外界消息源源不断地汇总到他这里；留日学生回国，多绕道来拜，家中常常宾客满堂，他则视各人的才能，分别给予待遇或资助。所以，许指严在笔记中说，那两年里几乎每个月都有革命党揭竿而起，"皆袁之金钱蒸发力也"。

袁世凯待人接物，礼数周全，出手大方。

孙中山、黄兴、陈其美分别在京受到过袁世凯的隆重招待。袁世凯把自己所住的石大人胡同迎宾馆腾出来，让孙中山下榻，以示恭敬，把总统府搬到铁狮子胡同陆军部（今张自忠路3号）。孙中山曾经对人说："袁世凯真能办事，气度也不凡；虽然习惯于玩权术使诈，但也是迫于时事，不得不这样。"他还细述了见面时的观感："跟他刚一见面，他是至诚至真的样子；进一步谈，你会发现他话中有锋芒，眼光四射，一般人是窥探不到他的真心思的。我是心中存疑，所以也以一派城府相对。等到日后看他做的事情，全跟说的不一样。他真是一个魔力惑人的命世英雄啊！"

在官场

袁世凯早年亲近康有为，与之称兄道弟，是强学会中第一个捐银的人。甲午战败后，他内心深处是倾向变法维新的。他对于西法的了解，不在康有为之下。他上奏光绪帝的新政万言书充满了新鲜气息和要求变法的急迫，代表了那个时代的先进：采用西法，彻底更张，对清廷的用人、理财、经济、军事、外交实行全面改革。

晚清时期，跟袁世凯关系最密切的要人有3个：李鸿章、荣禄、奕劻。

袁世凯从朝鲜回京后，官居二品，是管辖温州、处州两府的道台。当时军机大臣是翁同龢、李鸿藻、荣禄。其中，李鸿藻尤其器重袁世凯，荣禄也随之附和。

荣禄是一个城府很深的人，据说驭袁有术。因他出面保全，小站时期的袁世凯才渡过了胡景桂弹劾案的危机，非但未受惩处，反而受到清廷嘉勉。从此，二人过从甚密。戊戌变法时，康梁及谭嗣同要袁世凯杀荣禄，是对二人的交情没有吃透。

袁世凯真正建立政治威信是因为庚子年间的义和团事件。当时华北大乱，山西乱，山东乱，京城也乱。袁世凯从小站兵营急赴济南到任山东巡抚，铁腕镇压，“清内匪以安民生，慎外交以敦睦谊”，为清廷立下汗马功劳。

李鸿章是最早用袁世凯的人，但他的资深幕僚张佩纶（张爱玲的祖父）对于袁世凯的看法前后变化很大，从早年的欣赏转变为日后的厌恶，认为李鸿章晚年昏聩，用错了人。在给军机大臣李鸿藻的密信中，张佩纶称袁世凯是“小人之有才者”。

胡思敬在《国闻备乘》中明白地写道：“光绪末年，小人阶之以富贵者捷径有二：一曰商部，载振主之；一曰北洋，袁世凯主之。”后来当上北洋政府陆军总长的段芝贵本由巡捕起家，是一个供达官差遣的走卒，因捉得袁家逃仆，袁世凯大喜，赞他有才，叫他捐了个道员，然后上折保荐；后来段芝贵重金购歌妓杨翠喜献媚于庆王府载振，一夜间成了封疆大吏。

处在这样一个龌龊官场中的袁世凯，所用之人，差异很大。中国第一批留美幼童中的很多人，如唐绍仪、詹天佑、梁如浩、梁敦彦等，以及严修、胡景桂一类正人君子，都受到过他的重用。一些流品颇杂的人物也被他收到麾下，如杨士琦、梁士诒、朱家宝、赵秉钧、凌福彭……而袁世凯自己，从朝鲜回国后攀结李莲英等人的丑行也已被日本学者揭开；即使在山东巡抚、直隶总督任上，他也是要每年进京“走动”的。

他的威势从他50岁寿辰的场面中可见一斑：京城寿帖卖空；北京锡拉胡同袁府贺客盈门，达官亲王争相献媚。李泰棻笔记中说，此前那桐（大学士，当时与袁世凯都任外务部尚书）去请京剧泰斗谭鑫培为袁世凯祝寿，想破例演两出戏，谭老板半开玩笑说：“中堂如肯给我请个安，我就来个双出。”话音未落，那桐已一请到地。

埋葬了清王朝，用什么代替它？

1905年日俄战争爆发，日本战胜俄国，给了清廷一个救命稻草般的启示：议会是个好东西。

日本在1889年有了议会，而俄国在这次战争之前没有。伊藤博文（曾任日本内阁总理大臣）劝告中国的钦差大臣：皇帝如果把宪法钦赐给国民，就可以继续位居万民之上而不受束缚；无论如何，最高权力不能落入人民手中。

1906年，慈禧宣布即将建立宪法体制；1908年，她颁布预备立宪诏书，以9年为预备训政期。

1911年4月，清政府实行政府改组，指定了一个“内阁”，13个阁员中满族 9 人，汉族 4 人。

6 个月后，辛亥革命爆发。

很快，华中、华南、东北几省相继宣布脱离满清，实行独立。

每省都由“新军”的指挥官担任督军，与省议会共同组成新的省政府。费正清认为，其实质“就是一省的温和改良派，以宣告独立来继续他们的士绅统治，摆脱了北京的控制而维持住他们在地方的政治、经济控制权。他们远远无意于社会革命，这场革命也谈不上群众参与”。

延续了 268 年的清王朝、绵延了 2132 年的帝制（从秦始皇统一中国算起）是灭亡了，然而问题是：怎样埋葬它，用什么代替它？

让我们看看总统大选的一幕吧——

1912 年 10 月 6 日，宣武门大选会场被三四千“公民团”团团包围，另有正式军队荷枪实弹，往来梭巡。在众议院会场，国民党、进步党及各小党派议员共到 759 人，需投票 3 次，检点人数、发票、投票、唱票，每次约需 4 小时，至少要两三天才行。

洪帮首领张尧卿率领的这支“公民团”，本色是流氓。他们代表“民意”警告每位议员：不选出袁大总统，不准出场。进步党议员籍忠寅、田应璜、张汉、廖宗北、彭邦栋等一干瘾君子烟瘾发作，涕泪满面，哈欠连天，然“公民”无情，决不通融。烟徒们抓耳挠腮，捶胸顿足，扯发撕衣，出足洋相。后来，他们在会场里乱窜，到处寻找国民党议员，又是拱手，又是敬礼，苦苦哀求，让他们放弃自己的意愿，赶快选出大总统，好早早散会。

进步党本部送来两担面包点心，说是给拥护袁总统的议员们用的，送进去了；国民党本部也送来食物，却送不进去，“公民”们破口大骂“饿死活该”，国民党议员惨遭挨饿。

第3次计票时，天已经黑了，议员们不得不在袁世凯和黎元洪之间做出选择，袁世凯终于得票过半。主席汤化龙大声宣告袁世凯当选中华民国第一届大总统。掌声稀稀拉拉——国民党议员不鼓掌；进步党中老者、病者、饥饿者、发烟瘾者疲极无力，也不愿意鼓掌。会场外，“公民团”听说选举完毕，领了报酬一哄而散。

4天后，就任中华民国第一任正式大总统的袁世凯身穿陆海军大元帅钴蓝色礼服，头戴叠羽帽，乘坐八抬彩轿，出现在故宫太和殿前。他宣誓就职后，文武官员都呼“万岁”。他登上天安门城楼检阅两万多人的部队，是乘坐二人肩舆代步的，现存的一张照片中，那轿夫的肩头刚好在大总统的足下。

一年多后的1914年12月23日，在历代帝王都举行过祭天仪式的天坛，袁大总统也举行了“祀天”，他是乘坐钢甲小汽车去的。从新华门到天坛，沿途加铺黄土，这是皇帝出行的礼节。

章太炎说：“袁公就职岁余，渐恣肆。”

外国观察家依据他们对中国少得可怜的知识曾坚信，在中国，皇帝是需要的。美国政治协会首任会长古德诺，经因短期访问中国而被认为通晓中国事务的前哈佛大学校长查尔斯·艾略特安排，为袁世凯当宪法顾问。古德诺根据在北京一年半的经验得出结论：“中国缺乏它要表现的自由民主所应具备的法制、个人权利，甚至纪律都没有，因此，专制应该继续下去，直到它发展出对于政治权威有更大的服从、对于社会合作有更大的力量、对于私人权利有更大的关注之后再说。”

古德诺不幸落得一个坏名声，因为他似乎在理论上支持了袁世凯的复辟，而袁世凯预先支付给顾问50万金的支票。唐德刚看过那篇专门写给袁世凯的《共和与君主论》原件后，评论道："从法理、学理和史实角度来看，这篇谬论不算太谬，但古先生谬在老学究的政治天真，以及与中国近代政治史的脱节。"

暗杀时代——谁暗杀了宋教仁？

辛亥革命后，国内和国际舆论一致认为：中国当时的局面，只有袁世凯有资格、有能力出面收拾。这个能力，主要是指他拥有武装力量。

据美国陆军参谋处资料，当时，袁世凯的北洋系部队大约有16.4万人；而南方革命党的民军，据日本陆军武官估计约有40万人——人数的优势与它的缺乏训练、纪律不良、军械庞杂、缺少合格官佐的劣势相抵消。

1912年2月16日下午3时15分，外务部大楼，两天前还不肯剪辫子的袁世凯兴致勃勃，让蔡廷干为他剃了个光头。两天里发生了许多大事：孙中山辞去中华民国第一任临时大总统之职；南京参议院选举袁世凯为第二任临时大总统；孙中山亲电袁世凯："民国大定，选举得人。"这象征着旧时代的辫子可以革掉了。

掌握政权时，袁世凯53岁。他深知怎样使旧制度运转，但对新制度所知有限。事实上，他是一个旧式人物，孝顺，迷信，封建。

1912年，中国多数爱国人士都接受一个观点：中国在政治上落后于西方，因此必须迎头赶上，应该有一个国会代表人民，有一个内阁主持行政。

1912年3月，临时大总统袁世凯任命唐绍仪为总理并组内阁。这些阁员觉得他们应该听命于袁总统而不是唐总理，一如北洋嫡系“只知有袁宫保，不知有大清朝”。这个总理没有预算，没有党组织，没有靠山，没有权力。到6月，他只好辞职。

同盟会领袖宋教仁深深专注于代议制民主的西方理想，他已经起草了一部临时宪法。1912年8月，他发动同盟会4个小党派联合组成新党——国民党。他搞过一次全国性选举，大约5%的人口有选举资格。宋教仁希望用立宪手段管理国会，“驾驭袁世凯”，把他变成傀儡。

1913年3月20日夜，年方31岁的宋教仁在上海火车站遭枪击身亡。6天后，国民党人在长沙的追悼会上称袁世凯是“绝大之凶犯”。

暗杀，大约是20世纪初从日本舶来的，常与革命党人或“侠”如影相随，成为清末民初的一道风景。袁世凯坐在马车上遭遇过炸弹；晚清预备立宪，随五大臣出国考察的袁克定也见识过著名的人体炸弹吴樾（生前写过《暗杀时代》）；袁世凯的手下搞过暗杀，孙中山、陈其美、黄兴、蒋介石的手下也都搞过暗杀。

宋教仁案破得很快，3天内水落石出，牵连出袁世凯政府的内务部秘书洪述祖、内阁总理赵秉钧。但在庭审之前，凶手嫌疑人武士英突然暴毙在特别法庭的监狱里，几位涉案犯或下落不明，或逃到租界，人证都消失了。一时间，《民立报》《民权报》上满是国民党人的讨袁檄文。一年后，赵总理被神秘地毒死，继任者是段祺瑞。

近年来，海外学者对这桩公案提出不少新证，认为宋教仁是国民党内部权力斗争的牺牲品——对破案出了大力的青帮大头目、国民党元老陈其美颇有嫌疑。陈其美最后也是在上海被暗杀的。

而上海东华大学廖大伟教授则从民初帮会与革命党交恶、与社会关系紧张的视角，重新阐释了这一血案：应桂馨是中华国民共进会（1912年7月由青帮、洪帮、公口等帮会联合发起，成立于上海）会长，因在社会转型中的角色与地位与革命党形成落差，因而产生报复心理；而宋教仁在国民党内的实际地位和未来政治角色，决定了他不幸被选为报复对象。

称帝闹剧

“洪宪大戏”前，拥戴袁世凯做皇帝的公民、商会、乞丐、妓女、人力车夫等各种请愿团鱼贯登场。与其说袁克定及“筹安会”强奸了民意，不如说他们操纵利用了一部分民意。当时的人民，实在搞不清大总统和皇帝有什么区别。

杨度一手策划了乞丐请愿团。有一天，他驱车经过闹市口，看到有两个乞丐吵架，其中一个厉声道：“今天还有王法吗？都是共和闹的，假如皇帝复生，一定不会让你们这些人如此横行。我只有每天早晚祈祷老天爷，再给我们一个皇帝吧。”杨度大喜，这才有了3天内召集不下万余乞丐请愿的壮举。

袁家诚（袁世凯孙，十子袁克坚之子）在与家人聚会时也问：“我就是想不通，他为什么一定要当皇帝呢？”

章太炎、汪凤瀛都曾点明袁世凯的私心所在：“元首不及世”“特一继承问题而已”。说白了，他就是想把王位稳稳地传给儿子。

他曾对五子克权说：“你大哥是个拐子，你二哥成天和一些清客鬼混。你们哪里见过天下有拐皇帝、书呆子皇帝呢！”

类似的话，他对部下冯国璋、李鸿章的侄子李经羲也讲过。据徐世昌记载，他对冯国璋说：“我绝无皇帝思想，袁家没有过六十岁的人（指男性），我今年五十八，就做皇帝能有几年？况且皇帝传子，我的大儿子克定残废，二儿子克文假名士，三儿子克良土匪，哪一个能继承大业？你尽管放心。”

记者在骆宝善、刘路生夫妇家中看到一份珍贵的日本外务省档案影印件。这是1915年11月22日出版的美国《独立周刊》对袁世凯的专访，题目是《中国的共和制将继续下去》。

编者按中说：

“鉴于从远东传来的惊人消息——袁世凯总统正在策划颠覆中国的共和制度，以便他自己做皇帝，我们很高兴提供他亲口给出的内容相反的保证。”

袁世凯对《独立周刊》记者说：

“你们的杂志一定有能力让美国官方和人民深刻地明白：说我赞同恢复帝制，希望成为皇帝的论调，并不是由我的朋友，而是由我的敌人虚构的。

“中华民国是否会失败？现在我申明，不会……的确，在我国的一些地方，有复辟帝制呼声。就在昨天，国会建议我下令召集国民大会，制定新宪法。命令正在制定，将在两个星期内颁布。我希望，在12月末或1月初召集大会。大会将有重要行动，但并不与变动政府形式发生联系，尽管我希望某些部门，特别是行政部门的管理，以及省级选举方式，发生重大变化。可能会出现恢复君主制的问题，我相信会有相当长时间、相当认真的讨论，但是，并没有出现帝制派成气候的迹象。”（刘路生译）

然而就在访谈还没发表的11月20日，国民代表大会以绝对多数票批准了君主制。12 月 11 日，各省代表假民意请求袁世凯就任中华帝国皇帝，袁世凯以无德无能婉拒；12 月 12 日，他“不情愿”地同意了代表们的第二次请求。13 日，他下令 1916 年新朝开启，名为“洪宪元年”。

北京最大的绸缎庄“瑞蚨祥”承制了袁世凯的龙袍、于氏的娘娘服、众妾的嫔妃服和皇子皇女服。那件龙袍，代价是 70 万金；仅一双文袜，就值 4000 金。

短短两个月，袁世凯改主意了？

清末政局，不是一般的混乱。政坛角逐的目的在输赢，而不在是非，每个人都没有固定的敌友，却都有讳莫如深的行为。

刘成禺在《世载堂杂忆》中披露了一次袁世凯和老友——英国公使朱尔典的秘密谈话，从中呈现出袁世凯的另一种心态。

朱尔典：大总统实行君主立宪的日子一定不远啦？

袁世凯：近年来各省将军、巡按使，还有文武各官，都说不实行君主立宪不能巩固国基。到了今天，全国都赞成了，我只有顺从民意。

……

朱尔典：现在各国，不论实行君主制的还是实行民主制的，都没有像大总统一样，权力如此之大，责任如此之重的。英国女皇的权力不用说了，就是德皇、日皇、美国大总统，他们的权力都不如您啊！

袁世凯：您这个说法，颇合情理。我现在所处的地位，一百分责任，我自己承担了八十分，而各部加在一起担了二十分……

朱尔典：如果换一个人担此重任，那他就寝食俱废啦！

袁世凯：我考虑帝制的事情，不过就在这几年，只是与我的子孙甚有关系。中国历史，王子王孙，年深日久，到头来没有不弱之理，这也是可忧虑的……当初提出创立共和制的人，根本不知共和是什么东西；今天主张立宪君主的人，也不知立宪君主是什么东西。多数人民，脑海中存留的不过是汉、唐、明、清的专制君主。也许一百个人里有一个知道日本的君主制、美国的联邦制。至于我要实行的这个立宪君主制，他们恐怕做梦也猜不出是什么东西……

五种人鼓动袁世凯称帝

据幕府里陪伴十多年的张一麐与刘成禺在南京的长谈可知，民国元年，袁世凯“尚知在《约法》中讨生活，无违背民国意”，然而他办不成事。

骆宝善告诉记者：“分摊权力的机构太多，比如议会、参议院、众议院，且国民党占议员的多数，几乎任何一件法令都通不过；任何事情都反对，又说不清原因，永远在扯皮。这种花样翻新的选举和分散权力，对于习惯了独断专行的中国首脑来说，近乎谋害。而分散权力有什么好处，当时几乎没有人能看出来。”

“民初那几年，中国真的不具备实行民主共和的条件。真正制造舆论和接受舆论的人就那么一小层，老百姓不懂，他们也未必真懂，包括孙中山领导的主张共和的革命党人也不懂。孙中山制定《临时约法》，并不是用来实行共和、约束自己，而是用来约束袁世凯的，这一点他自己承认，今天的学界也没有异议。总之，就中国当时的思想基础、制度基础，想要实行共和是非常困难的。”骆宝善如是说。

《王筱汀日记》的作者王锡彤（字筱汀）是袁世凯兴办实业的得力助手，他在日记中描述了袁世凯称帝前一个月已经四伏的危机：表面上各省纷纷成立筹安会分会，请愿帝制者频频组织上书，但云南、四川已在兴师，中央虽派兵讨伐，但将帅一直都在观望，不肯用力；“内则段芝贵别有怀抱，外则阎百川（锡山）、冯华甫（国璋）均另作主张”；大典筹备处兴高采烈，各种费用目不暇接地摊派给各省，跟前清祝寿时没什么两样；各省督抚虽然口头上都答应认捐巨款，但实际上“虚与委蛇，待时而动矣”！

即位当天，护国军内乱再起；第54天，袁世凯宣布推迟登基。四面楚歌的皇帝当到第80天，袁世凯不得不召秘书张一麐起草撤销帝制的文告。国号、年号、国旗都定了，龙袍、龙椅也做好了，还没来得及登基，朝代便告终结。

张一麐忆述了当时情形：“那天，项城把我叫去说：‘我糊涂，没能听你的话，以至于此。’……他意思是直接命令取消，并将拥戴书焚毁。我说，这件事你是被小人蒙蔽了。袁世凯回答说，这件事是我自己不好，不能怪罪别人。”

阎锡山在回忆录里细致分析过当时鼓动袁世凯称帝的五种人：一是长子袁克定太想通过立太子而承大统；二是清廷的旧官僚，意在封公封侯；三是满清的亲臣，意在促袁失败，好复辟；四是副总统黎元洪的羽翼，意在陷袁世凯于不义，使黎元洪能够继任总统；五是日英俄三国，意在促中国于分崩离析，使之永陷贫弱落后之境地，以保持它们在中国的利益。

阎锡山对拥帝派朋友说过：“你们这是要把大总统往炉火里推。”

从“二十一条”到“十二条”

晚清最恨日本的有两个人，一个是李鸿章，另一个是袁世凯。李鸿章脸上挨了日本人的子弹，虽然日本天皇及皇后派人送来亲手折叠的纱布，可中堂大人就是留着子弹在脸上不取，以便在《辛丑条约》的谈判中讨价还价。

袁世凯与日本的过节，可以追溯到驻朝鲜时期。1884年朝鲜宫廷政变中，袁世凯入宫救驾，平定了亲日的“开化党”人作乱，日本人很生气，但伊藤博文看重他，当李鸿章感慨人才难得时，伊藤说：“以袁世凯的才干，只当小差，难怪贵国缺人才。”

甲午战争时期，袁世凯对日本态度强硬。日俄战争时期，袁世凯实际上做了不少有利于日本军方的事；在他所练的新军中，日本教官也发挥了不少作用。

日俄战争后，美国与日本、沙俄争夺东北日益激烈，袁世凯“以夷制夷”，联美德制日，让日本很生气。1908年建汉冶萍煤矿公司，盛宣怀向日本借款，日本要求一部分管理权，袁世凯却主张将公司收归国有，没谈成，日本也很生气。

辛亥年间，袁世凯在外交上依赖英美，英美等国也公开支持袁世凯掌权，日本显得落后，于是认为如果袁世凯当国，日本在中国就不可能获得最大利益。1913年、1914年，日本对德宣战，强占青岛，在山东半岛登陆；到1915年，就端出了“二十一条”。

据曹汝霖（时任外交部次长）回忆，他收到的袁世凯批阅件上有这样的文字——

针对合办矿业：“可答应一二处，须照矿业条例办理，愈少愈好，可留予国人自办。”

针对建造铁路：“须与他国借款造路相同，铁路行政权须由中国人自行管理，日本只可允以管理借款之会计审核权，惟须斟酌慎重。”

针对开商埠：“须用自开办法，并应限制，免日本人充斥而来，反客为主。”

针对汉冶萍矿厂：“这是商办公司，政府不能代谋。”

针对福建让与：“荒唐，荒唐，领土怎能让与第三国。”

针对内地杂居：“治外法权没有收回之前，不能允许杂居。”

针对限制中国主权的第五号条款：“简直似以朝鲜视我，这种条件岂平等国所应提出，实堪痛恨，万万不可开议，切记切记。”

对照天津市历史档案馆现存的袁世凯对“二十一条”说帖的朱批原件，可以发现更多的“字斟句酌”和“讨价还价”。例如，对于日本政府提出的有关东部内蒙古借款、课税、开埠、合办农工业等方面的要求，袁世凯批：“办不到。”有关日本臣民在满州可租赁或购买土地，袁世凯圈出“或购买”3字，批：“购买有碍完全领土。”最后，他写道：“各条内多有干涉内政侵犯主权之处，实难同意。”

曹汝霖在回忆录里还披露了另一些情况：袁世凯特派日籍法律顾问有贺长雄回国，打探到日本天皇及政府尚未获悉“二十一条”内容，是日本首相大隈重信借政府名义提出，带有先斩后奏、事成邀功的意思。袁世凯获信后高兴地说：“得要领了，得要领了。满洲以外的要求，当然半个字也不能答应他。”他同时派出耳目，探明日本天皇是否真会因谈判破裂而出兵。

一方面，陆徵祥（时任外交总长）、曹汝霖奉命想方设法拖延谈判，比如，将每周谈判从5次压缩到3次，谈判代表顾维钧每次说完开场白即献茶，尽量占用两小时的谈判时间；另一方面，袁世凯将此事透露给英、美、法、俄，想通过它们的利益争夺给日本施加压力，同时，他也将内幕透露给中外报界，借助国内民意和舆论。

从1915年2月2日日本提出“二十一条”，到5月7日日本发出限时48小时答复的最后通牒，历时105天，谈判20多次。5月1日后，日本摆出大战一场的姿态：军舰在渤海一带游弋；山东、奉天兵力增加；关东戒严，日侨纷纷回国。

收到最后通牒的袁世凯召集政府要员开会，通告此事和不得不接受的原因，他说：“我国虽弱，苟侵及我主权，束缚我内政，如第五号所列者，我必誓死力拒。外交部恪守我的指示，坚拒到底，尽了最大之力……如今日人最后通牒已将第五条撤回，凡侵主权及自居优越各条亦尽力修改，并正式声明将来胶州湾归还中国。在南满虽有居住权，但须服从警察法令及课税各条，亦与中国人一律。因此，与初案相比已挽回许多……我国国力未充，目前尚难以兵戎相见。故权衡利害而不得不接受日本之最后通牒，是何等痛心，何等耻辱……经此大难之后，大家务必认此次接受日本要求为奇耻大辱，本卧薪尝胆之精神，做奋发有为之事业。举凡军事、政治、外交、财政，力求刷新，预定计划，定年限，下决心，群策群力，期达目的……”他还引用朱尔典的话，希望“埋头十年，与日本抬头相见”。

5月25日，陆徵祥与日本正式签订讨价还价后的“二十一条”，实际上是“十二条”。第五号共7条，没有签订，此外删除了2条。

当时留学美国的胡适说：“吾国此次对日交涉，可谓知己知彼，既知持重，又能有所不挠，能柔也能刚，此乃历来外交史所未见。”

20世纪30年代初，史家陈恭禄在其《中国近代史》中评点此事：“何可厚非。”

民国著名记者陶菊隐虽对袁世凯评价不高，但在《袁世凯传》中说：“外界传说他与日本人订立‘二十一条’另有密约，实在是没有这回事情。袁世凯被迫在‘二十一条’上签字后，好多天神志为之不宁。他让丁佛言撰写了一本书，叫《中日交涉失败史》，印了5万册，密存山东模范监狱。他常对左右说：‘勾践不忘会稽之耻，最后终于打败了吴国；那些咄咄逼人的人终有肉袒牵羊之一日，到那时，此书就可以问世了。’”

新近发现的一些资料表明，条约签订之前还有另一重压力——

日本驻华公使日置益向袁世凯面递“二十一条”时，曾说“彼等（指中国革命党）与政府外之有力日人有密切之关系，除非中国政府给予友谊证明，日本政府不能阻止此辈之扰乱中国”（引自王芸生《六十年来中国与日本》）。在“二十一条”的谈判过程中，日置益的说法显然让袁世凯感到了压力。袁世凯方面（不是袁世凯本人）曾因此骂孙中山“将效法吴三桂，引外兵扰乱本国”。二次革命之后，孙中山被通缉，流亡日本。现在日本外务省档案馆确实存有一份孙中山与日本人签订的盟约。按照盟约，如果日本人出钱或武器，帮助他重新在大陆夺取政权的话，（孙）就把满洲割让给日本。这个问题现在争议得非常厉害。每次开学术会议，几方的学者都恨不得打起来。日本学者都坚持认为这是真的，我国台湾地区学者坚持说这是假的，部分大陆地区学者倾向于认为是真的。

骆宝善先生说：“中国，包括世界上任何一个落后国家和民族的政治势力，想要在本国实现自己的政治目标，都要依靠外国的力量，不管打什么样的旗号。在寻求政治上、经济上支持的时候，只能拿国家主权、国家利益做交易。”

被遮蔽的功绩

袁世凯从1903年起在中国搞军事现代化，在华北组建了6个师的新军，这是中国近代第一支新式军队。他先后雇用了德国、日本的教官，并且办了步、炮、骑、工兵，甚至设立了现代化的通讯兵学校。北洋系军事人才济济，至少有5个先后当上了中华民国的总统或总理。

人们不太知道的是，袁世凯也是第一个在中国建立巡警制度的人。

1900年以前，中国的城市里没有巡警，维持治安由驻防军或衙役负责。租界出现以后，中国人看到西方的警察。1902年，袁世凯担任直隶总督和北洋大臣期间，在直隶省城保定建立了巡警总局和分局，并参照外国拟定了中国最早的《警务章程》。1905年，清廷在北京、天津也建立了巡警制度，4年后，全国各大城市都有了巡警。

直隶总督任上，袁世凯推行新政的主要成绩是支持创办实业、发展商业，地点主要在天津。

1900年以前，天津民族资本企业不过四五家，袁世凯重用周学熙，创办直隶工艺总局，几年后发展到一边办厂，一边办相关学堂，使天津成为中国北方的实业中心。其中，机器造纸、织造、电灯、自来水、烟草企业，特别是年产水泥20万桶的启新洋灰公司，都是全国规模最大的。

1910年的南洋劝业会（一个国际性的实业博览会）上，参观了直隶馆的实业家张謇在当天日记中写道："袁世凯确能干事，此人与别人毕竟不同，在工业上尤有擅长过人之处，远远胜过了江苏。"

袁世凯在直隶总督任上创办的各式新式学堂不下几十所，除了小学、中学、大学，还包括专科、技术、师范、医学、政治、军事等多种学堂。

1905年，他督修了中国人自己建造的第一条铁路——京张铁路。他出面筹钱，资金很快到位，进口的钢轨、枕木、机器、器材还都免了税；他任命当年的“留美幼童”詹天佑为总工程师兼办路务。这段铁路虽然只有170多里长，但途经居雍关、八达岭，地形复杂，工程难度高。詹天佑发明了许多新技术，比如，用两个车头一拉一推，巧妙解决了牵引力不足的问题。两年后，袁世凯奏请朝廷任命詹天佑出任汉粤川铁路总办。此外，新易铁路、中国和比利时合资建成的芦汉铁路都有袁世凯的功劳。

辛亥革命后，南京临时政府在“节制资本”思想的影响下，反对保护私有财产，而北京临时政府提出“保护私产”“经营自由”。财产私有，主要表现在“土地私有”，当时大批旗人变相出卖土地，许多封建官地和公田转到私人手里。比如，从1910年至1929年，黑龙江省95%的土地归私人所有。

现在公认，民国初年有一个民族资本发展的“黄金期”。一方面，它是“一战”造成的；另一方面，如果没有袁世凯的近代化意识和对外开放，“黄金期”不可能形成。学者苏全有认为，袁世凯的对外开放主要体现在两方面：一是自开通商业“特区”，扩大开放范围；二是引进外资，尤其注重侨资。

北京民国政府解除了呈请开办企业的若干限制，从1912年到1914年这3年间，新开的工厂为4000家，民族资本兴建的面粉厂、火柴厂、卷烟厂、造纸厂，以及采煤、冶炼企业，有了一个长足的发展。这其中，北洋系将领大多是新式工业的直接投资者和参与者，民国政府自总统、副总统以降，几乎人人染指企业。如，袁世凯是开滦煤矿、启新洋灰公司和自来水公司巨额股票持有者；黎元洪参与银行、企业12家；曹锟参与银行企业7家；段祺瑞参与银行企业9家；徐世昌参与银行企业7家。

骆宝善断言："尽管有私利交织其间，但袁世凯在推动中国走向近代化的路上确实做了很多实事，比孙中山做得多。"

咎由自取

1916 年正月十五，当了 15 天皇帝的袁世凯正在吃元宵，忽然，六、八、九 3 位姨太太为了"妃""嫔"之称当着他的面争了起来。袁世凯长叹一口气，说："别闹啦！你们都要回彰德，等着送我的灵柩一块儿回去吧！"他说完就回办公室去了。从此，这个精力旺盛、除了腿部有轻微风寒之外几乎从不生病的男人，食量渐减，恹恹成病。

七子袁克齐回忆了父亲的弥留之际："记得我父亲死的那一天，曾把我大哥叫到里屋去，我们在外屋听见我父亲说：'这个事我做错了，你以后不要再上那几个人的当。'过了半小时，他就死了。"

那几个人是谁？是北洋系蔡锷、称病拒绝讨蔡的段祺瑞、袁克定的把兄弟陈宧，以及北洋弟子陈树藩、汤芗铭？还是趁势敛财，最终富比王侯的管家袁乃宽？

帝制失败后，袁世凯曾对幕僚张一麐吐露："吾今日始知淡于功名、富贵、官爵、利欲者，乃真国士也。仲仁在予幕数十年，未尝有一字要求官阶俸给，严范孙（严修）与我交数十年，亦未尝言及官阶升迁，二人皆苦口阻止帝制，有国士在前，而不能听从其谏劝，吾甚耻之……总之，我历事时多，读书时少，咎由自取，不必怨人。"

袁世凯身后，留下一个军阀混战、武夫当国的乱局。各省督军，加上大约 200 名佩戴勋章的将军，率领他们步履蹒跚的队伍，从一地到另一地，每到一地，就将苛捐杂税强加到百姓头上。

看看几十年里人民背上的种种捐税吧：灯膏捐、肉捐、车马捐、厘捐、酒捐、煤炭捐、房捐、蚕丝捐、茶摊捐、铺捐、统捐、茶捐、茶碗捐、船捐、靛捐、旱挑捐、展帘捐、猎捐、渔捐、剃发捐、糖捐、鸡鸭捐、小商品捐、学捐、车帖捐、器具捐、柴草捐、粪捐、国民捐、米捐、路矿捐、花布捐、警捐、花捐、亩捐、牛马捐、果捐、秤捐、竹木捐、牌照捐、戏捐、出口捐、契纸捐、户口捐、文庙捐、油坊捐、染坊捐、纸捐、河捐、路捐、教养捐、烟丝捐、轿捐、槟榔捐、瓷器捐、巫道僧尼捐、红事捐、农会捐、洋药统捐……

12 年军阀混战与袁世凯主政时期相比照，章太炎的评价是，“一蟹不如一蟹”。

（参考：左舜生辑《中国近百年史资料·初编》，骆宝善《骆宝善评点袁世凯函牍》，茅海建《从甲午到戊戌——康有为〈我史〉鉴注》，杨国强《晚清的士人与世相》，唐德刚《晚清七十年》《袁氏当国》，沈祖宪、吴闿生《容庵弟子记》，刘成禺《世载堂杂忆》，黄濬《花随人圣庵摭忆》，白蕉《袁世凯与中华民国》，许指严《新华秘记》，徐一士《一士谭荟》，陈夔龙《梦焦亭杂记》，汪曾武《鹣龛随笔》，袁静雪《我的父亲袁世凯》，萧乾编《近现代新笔记丛书》，费正清《伟大的中国革命》，张永东《百年之冤》，西里尔·珀尔《北京的莫里循》等；鸣谢骆宝善、刘路生慷慨提供大量资料照片和日本外务省报告影印件。）

（转自《同舟共进》网易官方博客）

总统黎元洪的誓言

庄秋水

在他充满戏剧性的一生中，黎元洪的两任总统皆在失败中结束，但仍然不失为他个人的闪耀时刻。然而这对于民国，则是悲剧性的，黩武主义逐渐开始取代宪政，国家也开始走向分裂。

1916年6月6日，正是端阳佳节。袁世凯因尿毒症去世，民国元首出现了短暂的真空。接着，北京东厂胡同副总统黎宅上演了一出好戏。

一向远而敬之的总理段祺瑞，在总统府秘书长兼教育总长张国淦的陪同下，上门拜访。丁中江在《北洋军阀史话》里对这一关键时刻做了一番活灵活现的描述。据说，段总理一路上表情凝重，一言不发，让张国淦如坠五里雾中，摸不清总理的意图。到了东厂胡同黎宅，张国淦抢先进入内院向黎元洪报告："总理来了。"接着，他又仓皇地喘着气说："总统过去了。"接着，主人坐在长方形楠木桌子的主位上，段祺瑞、张国淦分坐两边。段祺瑞忽然起立，向黎元洪三鞠躬，黎元洪亦欠身答礼。礼毕，二人仍归原座。段祺瑞不开口，黎元洪也不出声，张国淦更不敢讲话了。段祺瑞临走时向张国淦交代说："副总统方面的事，请你招呼！"张国淦这才抢着问："国务院方面的事呢？"段祺瑞答："有我。"段祺瑞一面说，一面上了汽车，车子就开动了。

丁中江认为，之所以演出这幕哑剧，是因为段祺瑞发自内心看不起黎元洪，毕竟清末他的官爵便比黎元洪高许多。如今袁世凯一死，却要奉黎元洪为老大，段祺瑞内心里自然不情愿。只是护国军以拥黎元洪为旗帜，北洋一系内又各怀鬼胎，段祺瑞也只好暂奉黎元洪为总统了。

次日上午10时，黎元洪便在东厂胡同就职。他的总统就职典礼可谓极为简略。只有黎府门前悬挂着两面五色旗，东厂胡同的两端停有十数辆汽车马车，这才显示出本宅有大事发生。典礼仪式即将举行的客厅内，也只是临时悬挂了几面旗帜；厅北面放了一具屏风，厅中站了一队军乐队。没有前来祝贺的外国使节和各界精英，唯有段祺瑞及内阁阁员见证了这一时刻。10时10分，黎元洪穿着军服在数名幕僚和军官的簇拥下，来到厅中站在屏风前，向排列侍立的阁员鞠躬。各部长也向黎元洪鞠躬三次。

接着，黎元洪发表了就职宣言："现在时局艰难，补救之方，以遵守法律为主。元洪谨本前大总统救国救民之意，继任职务。嗣后一切设施，自应谨遵法律办理。惟元洪武人，法律知识较浅，尚望诸公同心协力，匡我不逮，无任感盼。"总理段祺瑞也致答辞，表示要"谨遵大总统训示，竭力办理"。至此，典礼便结束了。

在这一天，黎元洪又将继任一事通告中外，再次表示维护共和国体和建设法治国家的愿望。他在通告里说："自惟德薄，良用竞竞，惟有遵守法律，巩固共和，期造成法治之国。"

"自惟德薄"，黎元洪还真是自谦了。章炳麟在《大总统黎公碑》里赞美他的纯德远超同时代的大佬们（自有纯德，不由勉中，爱国恳至，不怵强大，度越并时数公远甚）。不幸的是，他遇上了民国史上最强势的段内阁。黎大总统柔软的德行抵挡得住刀枪的寒光吗？

一

黎元洪之就任大总统，似为连续的偶然机缘促成。

1911年武昌首义时，他已经47岁，职位不算高，21岁混成协协统。他不是革命党人，也非首倡起义的领导人，然而却出乎意料地成了湖北军政府首脑。广为流传的说法是，起义的新军士兵从床底下把他搜了出来，用枪逼着他当了老大。那一天，黎元洪宣誓就任革命军首领：众意难辞，自应受命；成败利钝，死生以之；决心革命，毋庸有贰。在给北洋恩师萨镇冰的私信里，他如是表白：“谁无肝胆？谁无热诚？谁不是黄帝子孙？岂甘做满族奴隶而残害同胞？洪有鉴于此，识事体之大有可为，乃誓师宣言，矢志恢复汉业，改革专制政体，建立中华民国。”此后，他也果真一力维护法统，弃专制而向共和。

如今，袁世凯因复辟而成千夫所指，仓皇死去，他又按照《约法》顺位做了总统。他能当上总统，与辛亥年可谓异曲同工，也是得益于当时势态。在时人及后来人眼里，这位为人忠厚的“黎菩萨”似乎捡尽了便宜。事实上，早在辛亥年四月，湖北革命党人就讨论过选定黎元洪来领带新的革命政府，因为他能够联合这两个互相竞争的革命集团。当日，黎元洪并未想到他以后还将承受由此带来的历史因果。学者周锡瑞目光深远：“确定黎元洪领导新的湖北军政府，这恐怕是在武昌起义过程中做出的最关紧要的选择。一直到1913年年终，黎元洪都控制着湖北，成了袁世凯在长江流域的重要同盟者。更重要的是，他创立了一种由军界上流人物与绅士及官僚的支持者结合起来的统治方式。这种方式直接延续到军阀时代。”①

在袁世凯时代，黎元洪是一个清高的帝制反对者。1914 年年初，记者黄远庸拜访黎元洪，有机会在瀛台吃一顿副总统府的午餐。此时的黎元洪，事实上是袁世凯的囚徒。黄远庸的报道字里行间透露出，黎元洪除瀛台外，不能越雷池半步，甚至他的随从仆役出入府邸也受到限制。黎元洪对国家大事没有决策权，每天唯有读书练字，修心养性。堂堂副总统落得和傀儡皇帝光绪一般的命运。据他的副官胡人俊回忆，黎元洪读书之际，会突然掩卷大放悲声。

然而黎元洪“忍功”惊人 。这时候的北京城，不论是逊清显宦，还是民国名流，多少人都被袁世凯网罗，献媚争宠，点缀升平。黎元洪以“三无”——无智、无能、无为——善自掩饰，韬光养晦。为了拉拢他，袁世凯让自己的第九子做了黎家的女婿。袁世凯想当皇帝，曾数次试探黎元洪的口气。有一次，袁世凯问他：“近来有许多人要我做皇帝。亲家，你看怎样？”接着，他马上又表白：“这些人当然是胡闹。”黎元洪回答说：“革命的目的是推翻专制，建立共和。亲家如果做了皇帝，怎样对得起武昌死难烈士？”② 当袁世凯真的称帝时，这个忠厚人表现出少见的刚烈。1915 年 12 月 12 日，袁世凯登基成了中华帝国的皇帝。洪宪皇帝的第一道诏书，便是册封黎元洪为“武义亲王”。数月前，黎元洪已经借口夫人有病，要求搬离瀛台。无奈之下，袁世凯出资 10 万元，买下了东厂胡同

---

① 周锡瑞：“改良与革命：辛亥革命在两湖”，载辛亥革命网 2010 年 9 月 10 日。

② 黎重光：“父亲黎元洪在辛亥革命前后”，载《武汉文史资料》2008 年第 10 期。

的新宅子。

于是，新朝的文武百官奉命前来黎邸祝贺。国务卿陆徵祥宣读贺词后，一身便装的黎元洪回答说："大总统虽命令发表，但鄙人决不敢领受。盖大总统以鄙人有辛亥武昌首义之勋，故优予褒封。然辛亥起义，乃全国人民公意，及无数革命志士流血奋斗，与大总统主持而成，我个人不过滥竽其间，因人成事，决无功绩可言，断不敢冒领崇封，致生无以对国民，死无以对先烈。各位致贺，实愧不敢当。"说完后，他转身进了屋子，百官们只好默默离去。当天下午，袁世凯派军衣成衣师傅来为黎元洪量制亲王服，黎元洪坚决拒绝："我非亲王，何须制服？"

几天后，政事堂来黎邸送公文，封面写着"武义亲王开拆"。送给黎元洪阅览时，一向和蔼的他居然大发脾气："我非武义亲王，岂能收受此公文！"随即，他命令退还了公文。[①] 后来，袁世凯又把溥仪生父、摄政王居住过的集灵囿改作武义亲王府，派人请黎元洪迁入，黎元洪照样不予理睬。

史学家唐德刚曾经惋惜袁世凯晚节不保，实则是"我国近代从极高度，甚或是已入化境的帝国制度，要转入一个超英越美的，国家、社会两得其平的后西方民主制度。则此项转变，非有两百年以上之慢慢磨练不可"[②]。在这个转型期，混乱、反复在所难免。民国初年的乱局，确也曾让不少醉心共和之人失望，曾是同盟会骨干的孙毓筠、刘师培不也成了帝制拥护者吗？

旧军人出身的黎元洪为何一旦投身共和，便之死靡它，对君主制再无

---

① 李兴濂："黎元洪的另一面"，载《同舟共进》2006年第6期。

② 唐德刚：《袁氏当国》，广西师范大学出版社2004年版。

留恋呢？从性格来看，黎元洪为人十分朴厚，这样的人往往不容易朝三暮四，尤其不愿打破自己在民众心目中“共和元勋”的形象；从经验来看，人常常会从不同的非政治的经验中，获得使自己在政治世界中立足和发展的技巧和洞察力，大概黎元洪深感帝制已经过时，任何想复辟的人都会成为国民公敌，所以，一贯谨慎小心的他才不会冒这个险。

二

当上总统的黎元洪很快便体会到，做一个旁观的帝制反对者比做共和和法治的执行者容易得多。

南方的护国军强烈要求大总统惩办复辟帝制的“祸首”——袁世凯帐下的“十三太保”。但是，“皇太子”袁克定不但自己毫发无损，还请求从名单上划掉两员大将；北洋老大哥冯国璋也来电为段芝贵求情；李鸿章的侄子李经曦则替严复和刘师培说情；国民党方面也要求特赦两位党籍人士。基于政治，基于人情，黎元洪都不得不答应，最后只得下令惩治杨度、孙毓筠、梁士诒等八人。

这便是黎大总统要面对的现实：北京政府虽然是立宪政体，立法、行政和司法也由法律予以区分，但实质上是各种关系网络构成的派系政治。“以广泛的关系网为基础，杰出的政治领导人在自己周围集合成由能干、忠诚、地位优越的人组成的派系。在共和宪法规定的不熟悉的社会中，领袖们越来越多地依赖他们的派系来继续开展政治活动。”①

① 费正清编：《剑桥中华民国史（上）》，中国社会科学出版社 1993 年版，第 302 页。

而此时最有力的派系，是总理段祺瑞的皖系势力，他一开始便把持了政府。这正是黎元洪自湖北军政府以来的政府组成模式。于是，我们可以说，他的命运既是偶然的，又几乎是必然的。如果不是以军队力量作为权力基础，如果没有私人积怨（在袁世凯的授意下，威逼黎元洪离开湖北赴北京的正是段祺瑞），黎元洪和段祺瑞在性格上互补，原本是一对绝佳的政治搭档。

黎元洪则踌躇满志，准备重开议会，恢复被袁世凯中断的民主政治。为此，黎元洪延揽梁启超为总统府秘书长，从 7 月起给梁启超每月 2000 元津贴。这年 8 月，中华民国重开国会，519 名两院议员出席。黎元洪亲自到国会致祝词，他希望议员们“一心一德，无党无偏，以法治为指归，立宪政之基础”。在数日后的茶话会上，他再次恳请议员们体谅这届政府由各方势力构成，变乱纷纷之后，对人对事莫要过分严格，以便和政府相互提携，打造法治国家。他的诚意打动了议员们，在 9 月初，国务员人选全部通过。

然而黎总统很快就体验到他这个国家元首恐怕多数时候只是个“橡皮图章”。用丁中江的话说，“黎元洪在总统任内没有过一天舒服的日子，因为黎、段之间势成水火，遂致总统府与国务院之间也无法调和。”[①] 梁启超看得极为明白，他在给蔡锷的信中，预言黎元洪有位无权，政局前途隐忧多多。故而，梁启超先是拒绝黎元洪的邀请，不想置身于旋涡之中，后来更选择了与实力派段祺瑞联手。

民国初年宋教仁致力于“责任内阁制”并为此丧命，谁曾想这竟然在段祺瑞组阁时实现了。国务院秘书长徐树铮，这个段祺瑞的心腹，不久写

① 丁中江：《北洋军阀史话》，中国友谊出版公司 1992 年版。

了一张通知，派人送到新华门总统府传达室，说现在是责任内阁制，所有总统的信件，包括私信，皆要送到国务院开拆。直到徐世昌一日来访，问及前几日所寄的信件，黎元洪方才知晓此事。黎总统脾气涵养再好，恐怕也要出离愤怒了。

此时，国会也是政团林立，意见分歧。以梁启超、汤化龙、林长民等人为首脑的“研究系”，原是反对帝制的中坚力量，现在转而和北洋系携手；而有国民党或依附国民党背景的其他几个社团，则持反段祺瑞的立场。南方革命党人和北方军阀势力的消长，一直是北京政府面临的现实难题。黎元洪当上了总统，正是双方妥协的一个结果。

如今，黎元洪决心再次利用这个政治空间，积聚力量以掣肘段祺瑞。段祺瑞自然不肯坐视。府院过招，随即便发生了新任司法总长张耀曾贩毒案。因涉嫌主角是护国军首领唐继尧的弟弟，普遍认为这是北洋系借机打击西南派。而黎元洪提名的外交总长唐绍仪，上任途中便遭到北洋系联名通电反对，给他安上了十二大罪。唐绍仪无奈之下，只好通电总统总理辞职，电文里直指北洋系：“枭雄柄国，颠倒舆论，仇视贤良，功罪错乱，黜陟舛迕，甚为骄兵悍将，嗾使干政，内外相结，上下交攻，遗毒无穷，于今为烈！”①

南北方你来我往斗法，小动作不断，黎元洪仍然希望来弥合纷争。这年双十节，因为共和重建，他发表大批授勋令，首授孙中山大勋位；蔡锷、唐继尧、陆荣廷、梁启超、黄兴、岑春煊六人是勋一位；段祺瑞、王世珍、冯国璋三人以一等大绶宝光嘉禾章；其他的西南反帝制派、北洋帝制派，乃至逊清皇室的载涛等人，分别都有颁赏。他就像个裱糊匠，用有

① 沈云龙：《黎元洪评传》，台北文海出版社 1978 年版。

纹饰的纸糊上裂缝，让这座纷攘械斗不止的屋子可以停下来装修一番。自然，他也逃不掉“滥用名器”的罪名。

三

黎元洪所希望的法治，在武人干政和派系政治下终不得施行。总统、总理与国会正慢慢地陷入龃龉丛生的危机之中，最终将不免破裂。政事的每况愈下，使得袁世凯死后民国恢复秩序的期望落空了。

矛盾在 1917 年春天达到了顶点。

4 月，段祺瑞在北京召开了一次督军会议，要求总统、内阁和国会批准中国加入协约国。梁启超一力推行，希望中国借由参战提高国际地位。在参战与否的问题上，民国的政府要员、各省督军和社会精英各有立场。军阀支持参战，主张解散国会。督军团表示，如果国会不通过参战案，就要求解散国会。黎元洪的回答也少有的强硬:“不违法，不盖印，不怕死。”

在幕僚的撺掇下，黎元洪发了一回狠，免除了段祺瑞的总理职务。北方八省的督军立刻发难，宣布脱离黎政府。安徽省长倪嗣冲通电表示免段祺瑞为非法，准备“北伐”，要做“北洋派的李烈钧”。安徽督军张勋紧紧抓住了这个时机，要做和事佬，调停府院矛盾。在张勋的压力下，黎元洪又解散了国会。

1917 年 7 月 1 日，黎重光回忆说，他在家里听到父亲在前面办公室大发脾气，后来得知是梁鼎芬劝说总统“归政”①。原来这天凌晨 3 时，溥仪

---

① 黎重光:“父亲黎元洪在辛亥革命前后”，载《武汉文史资料》2008 年第 10 期。

已在乾清宫升座，宣布大清复辟了。

黎元洪怒气冲冲，斥责前来劝退的代表，他骂王士珍“毫无心肝，背叛民国”，又对梁鼎芬说：“民国系国民共有之物，余受国民付托之重，退位一举，当以全国公民之意为从违，与个人毫无关系。君欲尽忠清室，当为清室计万全，复辟以后，余对于清室即不负治安责任。”

北京城里再次龙旗翻卷，唯有总统府仍然挂着五色旗。黎元洪及时发出通电：“天未厌乱，实行复辟。闻清室之上谕有‘黎元洪奉还国政’之言，不胜惊骇。因思中华国体，由帝制而共和，根据五族人民之公意，元洪受国民之托付，当兹重任，当与民国相终始，此外他非所知。特此电闻，以免误解。”

趁着活动还没有限制，黎元洪又致电冯国璋，让他在南京代行总统职权；又起用段祺瑞为国务总理，讨伐张勋。此时，张勋的驱逐令也到了。黎元洪从后门出府，住进了法国医院，后又到了日本使馆。

很快，段祺瑞打败了张勋的辫子军。对段祺瑞而言，迎回黎元洪比副总统冯国璋更为有利，然而黎元洪已经心灰意冷。再加上张勋复辟总是由他援引入京，他内心不免愧疚。他通电自我弹劾，真称得上民国熠熠生辉的文章。由此可知，民国当政者尚有“政治德行”，也还有传统的道德感，一旦觉得有负权责便引咎辞职。他先表明复职纯属流言，接着又列举自己因求治太急而犯下的“五大罪”：不能疏通国会；尔后又解散国会；援引张勋；不能反抗复辟；托庇于外国医院等。其中，解散国会尤其令黎元洪痛心不已，他自责“寡草随风，卒隳操持”①。

回到东厂胡同的黎元洪很快感觉到，京城对他来说已经是个险地。据

① 沈云龙：《黎元洪评传》，台北文海出版社1978年版。

黎重光回忆，家里的一个卫兵意欲刺杀黎元洪，结果刺死了卫队官长。黎元洪决定像民国的名流和下野政客们一样，退居天津做个寓公。

少了黎元洪这个黏合剂，大批议员南下，在广州举行了非常会议，通过了《中华民国军政府组织大纲》，推举孙中山为大元帅。

于是，南北彻底分裂，一国之内出现了两个政府。写《黎元洪评传》的沈云龙说，这是“民国史上之最大不幸也”！

四

据颜惠庆回忆，天津黎宅的生活中西合璧。黎元洪生活西化，日常起居颇现代，常常吃西餐，也会用西餐招待客人。花园里又有一座旧式西楼，每逢节庆便以堂会招待宾客。

政治失意的黎元洪，也有意料不到的收获。他开始了大规模投资实业。实业救国，也是黎元洪的夙愿。辛亥革命后，财政紧张，身为副总统，他便主张从生产入手，振兴实业。《黎副总统政书》里便提到“未雨绸缪，首倡实业”“应以实业为根本。开源节流，即视乎此”等实业救国的思想。担任总统的一年，是纷扰不断的一年，他无力去关注整个国家如何发展实业。如今无事一身轻，5 年之内，黎元洪投资了 20 多个银行和厂矿。当资金少缺时，他还不惜向银行借贷。

而北京政府再度风云变幻。1922 年，直系掌握了中央实权。冯国璋死后，直系首领曹锟需要一个过渡总统，黎元洪又成了最佳人选。所谓补足总统任期，恢复法统，一石二鸟，既推翻了徐世昌，又打击了孙中山的护法政府。

黎元洪发出了 3000 字的“废督裁兵”“鱼电”，表示有条件同意复职。经过一番讨价还价，黎元洪终于发电宣誓就职。据总统侍从武官唐仲寅回忆，黎元洪大有前度黎郎今又来的畅快和得意。在复职典礼上，黎元洪穿着礼服来回踱步，对镜顾盼大笑：“大家都说我是，黎大苕，今天我，黎大苕，又回来坐天下了！”①

或许忠厚和憨直只是一线之差。究竟是继任未完成的上一任总统，还是临时总统？黎元洪纠结于自己身份的合法解释上。北方学人创办的《努力周报》评论说：“其实，若黎元洪能老老实实地认清自己的职务，是在非常时代被拥戴出来维持现状的一个临时总统，那么这一层还可以得国人谅解，还可以得历史的谅解，他又何必多此一举呢！”

在黎元洪复职之前，《努力周报》蔡元培、胡适、丁文江、汤尔和、陶孟和等人便联名提出宣言，主张政治改革，提倡“好人政府”，建议召集各省和平会议，谋求南北统一。黎元洪上任之后，也确实任命有声望、有现代意识的律师、外交官和教育家组成了“好人内阁”。

然而黎元洪绝没有“冲”的胆魄，他反而要倚靠直系来保住总统之位。对于他的性格，他的老师严复曾有评价说：“黎公大德，天下所信。然救国图存，断非如此道德所能有效。何则？以柔暗故！遍读中西历史，以为天下最危险者，无过良善暗懦人。下为一家之长，将不足以庇其家，出为一国之长，必不足以保其国。”②

岂止保不了国，最后甚至堂堂民国总统也被羁禁在火车上，悲愤到要

① 赵（氵阳）：“夹缝中难生存的总统”，载《文史月刊》2010 年第 2 期。

② 刘丰祥：性格与命运——辛亥革命前后黎元洪政治命运的性格因素”，载《贵州社会科学》2004 年第 6 期。

饮弹自尽的地步。“元洪迟暮之年，饱经凶衅，新站之危，已拼一死以谢国人，左轮朱殷，创痕尚在，夫以空拳枵腹，孤寄白宫，谓为名则受谤多，谓为利则辞禄久，权轻于纤忽，祸重于邱山，三尺之童亦知其无所依恋，徒以依法而来，不能依法而去，使天下后世知大法之不可卒折，正义之不可摧残……”①

如今再读黎元洪从天津通电全国的文字，令人叹惋。共和，宪法，这些最珍贵的字眼，就这样在派系斗争中耗尽了自身的活力。

参考文献

1. 周锡瑞：“改良与革命：辛亥革命在两湖”，载辛亥革命网 2010 年 9 月 10 日。

2. 黎重光：“父亲黎元洪在辛亥革命前后”，载《武汉文史资料》2008 年第 10 期。

3. 李兴濂：“黎元洪的另一面”，载《同舟共进》2006 年第 6 期。

4. 唐德刚：《袁氏当国》，广西师范大学出版社 2004 年版。

5. 费正清编：《 剑桥中华民国史（上）》，中国社会科学出版社 1993 年版。

6. 丁中江：《北洋军阀史话》，中国友谊出版公司 1992 年版。

7. 沈云龙：《黎元洪评传》，台北文海出版社 1978 年版。

8. 刘丰祥：“性格与命运——辛亥革命前后黎元洪政治命运的性格因素”，载《贵州社会科学》2004 年第 6 期。

---

① 丁中江：《北洋军阀史话》，中国友谊出版公司 1992 年版。

大陆银幕上的蒋介石：从恶魔到末路枭雄

吴久久

在1979年拍摄的电影《吉鸿昌》中，蒋介石的形象第一次出现。在那之后的30多年里，蒋介石从一个恶魔，慢慢变得血肉丰满，成为一个无法掌握自己命运的末路枭雄。

蒋介石在大陆的电影中出现，仅仅比毛泽东晚了一年。

1978年，北京电影制片厂摄制的《大河奔流》中，演员于是之饰演毛泽东，在黄河大堤上接见农民大娘。这是大陆电影中第一次出现毛泽东的角色。第二年，一部有蒋介石出现的电影就在长春电影制片厂开拍了。

在此之前，除了宣传片，没有任何一部电影试图表现蒋介石的形象。解放战争时期，陈伯达根据毛泽东的意思，写了一本抨击蒋介石的宣传册子，叫作《人民公敌蒋介石》。小册子写道："蒋介石是窃国大盗，是屠杀人民的刽子手，是罪大恶极的卖国贼。"这本小册子成为评价蒋介石的"经典"。新中国成立后，根据这本小册子拍摄过一部同名宣传片。在很多年里，除漫画大字报之外，这是人们唯一可见的蒋介石形象。

那时候的观众，无论如何也想不到，有一天，蒋介石会以一个人性化的形象出现在银幕上。

为了吃馍

1979年，电影《吉鸿昌》开始拍摄，蒋介石的艺术形象第一次被搬到了大陆的电影银幕上。

49岁的老演员赵恒多接到了扮演蒋介石的任务。这一年，他刚刚调入长春电影制片厂。

赵恒多，1949年在家乡河南的乡下参军，成为一个文艺兵。政治学习的时候，每个战士要谈入伍动机，战士们高喊：“为了打倒国民党!”“为了解放全中国!”赵恒多实话实说：“为了能吃馍!”

由于文艺天赋和刻苦好学，赵恒多逐渐成了宣传队的业务骨干。1953年，他被调入总政话剧团，成为话剧演员。但是在20世纪70年代，他又被调离演员岗位，进入工厂当了一名学徒工，一直到1979年才重返舞台。

对于能否演好蒋介石，赵恒多没有十分把握。他想方设法弄到一些海外出版的蒋介石传记和著作，反复琢磨蒋介石的性格特征和神态举止。他还多次去拜访前国民党高级将领杜聿明和黄维。出于种种顾虑，老先生们拒绝谈话录音，赵恒多和妻子只好努力记下谈话内容，回家记在笔记本里。

但是，此时的蒋介石依然只能是一个反面的配角。为了衬托革命者的伟大形象，敌人必须是邪恶又愚蠢的，而蒋介石只是一个更高级的敌人。

在这部将近3个小时的电影里，人们第一次看到了蒋介石。摄影师用了一个近距离的仰视镜头，画面显得阴暗而压抑。部下来电请示如何对付吉鸿昌，蒋介石拿着电话，沉吟了片刻，恶狠狠地说：“多找些西北军的人，把他缠住，用酒、力气、谋刺，把他嘴巴封住！”

第二年，在电影《大渡河》中，赵恒多再一次扮演蒋介石。在这部表现红军长征的革命历史题材电影中，蒋介石依然只是一个简单的反面形象。他走下飞机，披着大衣，向高官点头致意。他站在台上，仰着头，脸上挂着不可一世的表情，恶狠狠地表示要全歼朱毛赤匪于大渡河，显得既愚蠢又阴险。

“突出”“美化”蒋介石

1981 年，西安电影制片厂的《西安事变》的拍摄已经拖延了两年。这部电影投资数百万元，在当时堪称大片。导演成荫没有找到心目中蒋介石的扮演者。

此时，一名北影厂的老同学向他推荐了贵州话剧团演员孙飞虎，说他在话剧《西安事变》中演过蒋介石，在当地非常轰动。于是，在 1981 年，40 岁的孙飞虎成为了第二个扮演蒋介石的大陆演员。

据当时的化妆师王希钟、李恩德回忆说，首次试装，孙飞虎就自己跑去理发馆剃了个光头。他们在孙飞虎的光头上再剃了一遍，然后用色彩把青色头皮盖住，造成尖脑顶的感觉。蒋介石的脸型比较鼓，而孙飞虎的脸型比较凹。于是他们采用塑形化装的手段，给他雕塑了一个假鼻子贴上去，然后扩大眼型，上提眼角，贴上小胡子。

蒋介石说的是宁波官话，孙飞虎是上海人，能够模仿一些宁波官话的语调和词汇。这种对白方式，成为蒋介石的经典声音形象，甚至在演艺界有了这样的传闻：国产影片中只有两个人物可以用方言对白，一个是毛泽东，另一个是蒋介石。

成荫试图在这部电影中塑造一个更加丰满的蒋介石。他说："要深刻揭露这种人物的反动本质，必须突破过去创作中对反面人物采取简单化的处理。"影片中，蒋介石不再是过去几个镜头一扫而过的阴险狠毒形象。他到西安，在张学良和杨虎城的陪同下游大雁塔，谈笑风生："秦王扫六合，虎势何雄哉——汉卿呀，难怪长安是兵家必争之地。秦川八百里，确实是个休养生息、谋图霸业的好地方！"事变被抓住之后，他也不光是恐惧。张学良来见他，他大声斥责："我不是你的委员长，你也不是我的部下！"

影片上映之后，有声音批评说电影"突出、美化了蒋介石"。然而孙飞虎的蒋介石形象从此深入人心，为他赢得了第二年的金鸡奖最佳男配角奖。

正面蒋介石促成两岸交往

蒋介石在大陆银幕上第一次作为比较正面的角色出现，是在1986年上映的《血战台儿庄》里。

赵恒多再一次扮演了蒋介石。在这部大陆首部表现正面战场抗战的电影中，蒋介石依然是一个枭雄的形象，但是也表现出作为抗战领袖大无畏的一面。

在为牺牲将领王铭章主持追悼会时，日军飞机来扫射轰炸，蒋介石镇定自若，继续发表演说："我们身为军人，要以王师长为榜样，临危不惧，视死如归！”

台湾“中央社”的香港负责人谢忠侯在看完电影后，立即打电话给蒋经国说：“我刚才看了中共在香港上映的一部抗战影片，讲的是国军抗战打胜仗的，名叫《血战台儿庄》，里面出现的先总统的形象跟他们以前的影片不同，这次形象是正面的。”

蒋经国听说后很是震惊，马上对谢忠侯说：“找一个拷贝来看看。”谢忠侯通过新华社联系到中共中央，并得到同意。

在看完《血战台儿庄》之后，蒋经国说：“从这个影片来看，大陆已经承认我们抗战了。这个影片没有往我父亲脸上抹黑。”不久，台湾开放国民党部队老兵回大陆探亲，海峡两岸公开往来的序幕从此揭开。

而在1989年上映、献礼新中国成立40周年的《开国大典》中，蒋介石第一次成为电影的主要角色之一。在这部影片中，孙飞虎饰演蒋介石，他的戏份仅次于扮演毛泽东的古月。

虽然总体上来说，《开国大典》中的蒋介石依然是一个反面角色，但他不再仅仅是一个狡诈凶残、“屠杀人民的刽子手”，而开始被人性化。

其中的一个镜头是，蒋介石深夜巡查，在江防司令部碰到几个军官打牌。在场的人都战战兢兢，蒋介石却坐下来，替输光了的李司令赢了一把。

另一个镜头出现在电影末尾，蒋介石乘船离开大陆，军舰在苍茫的夜色里航行。小孙子蒋孝文用稚气的声音问道：“爷爷，我们到哪里去？”

蒋介石的声音凄凉而疲惫：“到很远的地方去。”

“还回来吗？”

“会的。”蒋介石的声音沉重，充满了一个末路枭雄的虚弱和悲凉。

这种对蒋介石的丰满刻画，延续在后来的几部战争历史大片如《大决战》中。后来10多年里，在大陆影视剧中，对蒋介石的形象塑造再也没有超越这个高度。

一句台词切中人心

2000年，中共广东省委宣传部参与制作的《黄埔军人》，第一次描绘了一个在理想与野心之间摇摆的青年蒋介石。这部战争史诗片以第一次国共合作创建黄埔军校及其后东征、北伐为背景，蒋介石作为校长，带领学员宣誓："为民族兴亡而战，为国家统一而战""不要钱，不要命，爱国家，爱百姓"。而在孙中山去世，蒋介石向孙中山遗体告别时，他又一次立誓，要"为三民主义而死"。

这部戏里甚至还讲述了蒋介石与陈洁如的爱情。不过，这部电影最终没有引起很大的反响。蒋介石的形象再一次引起普遍关注，是在2009年的《建国大业》中。

在这部献礼巨片中，张国立出演了有史以来外形最不像，但绝对令人印象深刻的蒋介石。

影片中最为经典的一幕，是蒋经国在上海整治经济失败，蒋介石和他在中山陵音乐台谈话。蒋介石谈起国民党的腐败，充满愤懑和无奈地叹息道："反，就要亡党；不反，就要亡国！"话音落时，鸽群纷纷飞起。而这句话，也准确切中了当下的人心忧虑所在。

在另一个镜头中，浙江奉化老家，蒋介石坐在门口的台阶上，神情凄然，完全忘记了入秋的石阶如此寒冷。

张国立说，自己要在这部电影中竭力塑造一个“落寞英雄”的形象。但是看起来，这一个蒋介石落寞有余而英雄不足，因为能够展示他作为一代枭雄的戏最终未能面世。

其中一场是蒋介石和马歇尔谈判，愤怒的蒋介石对马歇尔说：“你不是中国的太上皇，在中国我说了算。”

参考文献

1. 顾育豹：“蒋经国看《血战台儿庄》：大陆承认我们抗战”，载《人民政协报》2010 年第 5 期。

2. 徐虹：“《西安事变》纵横谈——访成荫同志”，载《电影艺术》1982 年第 7 期。

3. 孙飞虎：“谈影片《西安事变》中蒋介石形象的塑造”，载《演员谈电影表演——首届中国电影表演艺术学会奖颁奖大会论文集》，1988 年版。

4. 伊夫：“缅怀饰演蒋介石的已故演员赵恒多”，载 http：//ent. sina. com. cn，2005 年 11 月 25 日。

蒋介石《中国之命运》引连锁反应

刘宜庆

1943年3月10日，蒋介石出版了《中国之命运》一书。这本书是由陶希圣根据蒋介石的授意代笔而成的（陈布雷是蒋著执笔者之一）。

先来看一下蒋介石的《中国之命运》出版的细节。30天发行15万册，用最好的纸张印刷，价格也极便宜，让百姓都买得起。在政府有关部门的推动下，很快在中国发行100万册。这本书国内赔本，卖的英文版权赚钱。

《中国之命运》共分8章：（1）中华民族的成长与发达；（2）国耻的由来与革命的起源；（3）不平等条约的影响之深刻化；（4）由北伐到抗战；（5）平等互惠新约的内容与今后建国工作之重点；（6）革命建国的根本问题；（7）中国革命建国的动脉及其命运决定的关头；（8）中国的命运与世界的前途。

《中国之命运》有两大论调：一是全力宣扬中华民族所谓“固有的德行”，认为正是帝国主义的压迫和西方文化的入侵使中国原有的优越伦理和宗族社会组织遭到破坏；百年的屈辱记忆，使蒋介石过多地强调民族自尊，全书含有强烈的排外性和农民民族主义色彩；与英美结盟后，废除了平等条约，英美自动放弃治外法权。二是国民党是抗战建国、民主复兴的力量和希望；核心是宣传只有国民党才能救中国，只有三民主义才能救中国；流露出反共的倾向。

关于这本书的写作缘起，时任军事委员会委员长侍从室第五组组长陶希圣说得很明白：

“自（1942年）十月十日起，蒋委员长着手起草一本书。书的目的是在指出百年来所受不平等条约的束缚，一旦解除，一般人应如何以独立国家自由公民的资格，与世界各国的国民平等相处，同时应如何自立自强，共同致力于建国的事业，使中国真正成为独立自由的现代国家，与世界上爱好和平的各国分担世界和平的责任。”

《中国之命运》出版后，国民政府利用行政手段强制规定国民必须阅读，但效果适得其反。该书引来三方面的批评：以西南联大教授为主的批评和反感；来自中共的批评；英美西方大国也是“二战”同盟国的批评。

蒋介石的《中国之命运》一书，令对他报有好感的知识分子感到失望。蒋介石在这本书中公开宣扬一个党、一个主义、一个领袖的专制主义。他不仅反对共产主义，连自由主义也不能容忍。闻一多说：“《中国之命运》一书的出版，在我一个人是一个很重要的关键，我简直被那里面的义和团精神吓一跳，我们的英明领袖原来是这样想法的吗？五四给我的影响太深，《中国之命运》公开向五四宣战，我是无论如何受不了的。”

而就在 1942 年，闻一多和长子闻立鹤谈时事，对国民党领袖蒋介石领导的抗战抱有相当的信心，把他视为“一生经历了多次艰难曲折，‘西南事变’时冷静沉着，化险为夷，人格伟大感人，抗战得此人领导，前途光明，胜利有望”。

无独有偶，1943 年，联大历史系雷海宗告诉一位学生，在政府众多败笔中，最大的败笔是蒋介石《中国之命运》的出版。他声称，那本书中的错误多如牛毛，连美国汉学家都能看出来。

雷海宗指的美国汉学家是费正清。1942 年，美国政府派费正清来华，身份是美国国务院文化关系司对华关系处文官和美国驻华大使特别助理。1943 年 5 月，费正清在昆明读了《中国之命运》。他发觉，这本掌权者的书，对著书立说的教授们是一种侮辱。费正清和西南联大的教授就这本书做了交流。

费正清在其回忆录中写道：

“自从蒋介石成为所谓的圣人和英雄后，这里的学者们反抗的呼声日益高涨，在我看来这是一种直言不讳的行动。老金（金岳霖）拒绝看《中国之命运》，社会科学家认为这部书废话连篇，对其表示不屑并感到耻辱。学术界现在和将来都不会轻易放弃他们的特权，现在蒋介石公然侮辱了他们。”

费正清在阅读《中国之命运》的过程中，“感到十分骇然”，认定这本书是“利用历史来达成政治目的”。因为《中国之命运》中有这样一个论调——“帝国主义是一切苦难的根源”。费正清慨叹：“一位政治家写出这样的小册子实在有失身份，如今我明白了为什么每位与此书英译本相关的人，都像得了寒热症一般。”

西南联大一些教授对蒋介石感到彻底失望，有的远离国民党政府，并走上左的道路。而在蒋介石政府任职的知识分子如何看呢？蒋介石的政府顾问、经济学家、原南开大学教授何廉说：“委员长走到哪里，政府的行政权力就行使到哪里，就职权而言，他领导一切。”《何廉回忆录》中说得很明白：“我们不过是政府的‘装饰品’！我们从未能够搞清楚幕后究竟在搞些什么。”即使执笔写《中国之命运》的陶希圣，也有如履薄冰之感，认为蒋介石用你，但并不信任你。

在中共看来，《中国之命运》的出版无疑是“反共宣战书”。陈伯达根据毛泽东的意见撰写了《评〈中国之命运〉》一文，文中说：“这是一本对中国人民的宣战书，是为发动内战的思想准备与舆论准备。”

蒋介石的日记中称英美不满《中国之命运》：“乃预想所及，然未料其反感如此之大也。”由此看来，此书的出版也招致英美方面的批评。

抗战爆发后，清华、北大、南开辗转迁移到昆明，成为西南联合大学，原清华政治学系教授浦薛凤在西南联合大学执教，后从昆明到重庆从政，任战时最高权力机构国防最高委员会的参事，参与了将《中国之命运》翻译为英文的工作。据浦氏回忆："当时高级文武官长对实际执笔人，殊颇不满……不平等条约固是国耻，政治、经济、社会、道德、文化一切之堕落，皆归罪于不平等条约，客观研究殊有问题。质言之，殊难折服盟邦在朝执政人士之心。此在平时犹需酌量，况在战时，又何况在需求协助合作之关头？"

蒋介石好不容易出版这样一本书，却引来各方面的批评。从这件事情可以看到民国时期新闻、出版、言论等方面的生态。至于引发的连锁反应，以及更大的影响，蒋介石无法预料。

就在批判《中国之命运》次年，国共关系果然开始发生政治转型，毛泽东正式提出，今后要由共产党，而不是由国民党，来担负起解放中国的责任，由此坐实了陶希圣所担心的"抗战的结果比抗战的进行更危险"。

从西南联大教授的批评来看，蒋介石《中国之命运》一书的出版，是失去精英知识分子的一个前奏，到抗战胜利、内战顿起时，又失去一大批知识分子的支持。书里书外，连接着 20 世纪 40 年代的历史风云。

大世界：商人黄楚九与流氓黄金荣唱双簧

李伟长

一

大世界称得上是老上海娱乐业的一颗明珠，尽管人们对它的情感很矛盾——一方面觉得它是纸醉金迷的生活方式的代表，另一方面又难以抵挡它的吸引力。20 世纪 30 年代有一种说法，说是当时最穷困的工人家庭，也要保证家里有一个成员一年能逛一次大世界。虽然我们现在已经难以证实这个说法的可信程度，但不可否认的是，这在一定程度上说明了当时大世界在人们生活中巨大的影响力。大世界在当时，甚至以后很长的一段时间里，都是上海娱乐业的标签，甚至成为一种文化标志。大世界在老上海的发展和两个姓黄的人有关，一个是它的创始人黄楚九，另一个就是后来接手的青帮头子黄金荣。这“两黄”都是当时上海滩的头面人物，一个经商，一个搞帮派。

大世界的创始者：黄楚九

黄楚九这个人物了不得，在上海商业史上赫赫有名，可以说是一个天才的商业家。他是中国西药业的先驱，创立了中国第一家民族资本制药企业——龙虎公司（中华制药公司），组建了中国第一个医药“托拉斯”——拥有21个医药工商企业的黄氏医药集团；他是中国娱乐业的先驱，建立了中国第一家屋顶花园——楼外楼，中国第一家综合娱乐场——新世界，远东第一大游乐场——大世界；还是中国新闻出版的先驱，创立了中国第一家发行量最大的娱乐企业报——《大世界报》。他一生创业横跨很多领域，几乎是哪里打鼓哪里就有黄楚九，当时他有一个称号叫“百家经理”，可见他涉足的领域之广。在商业运作上，他也极具创新意识，比如善于运用广告来宣传产品，树立品牌意识，注重维权，这些举措在中国广告史、商业经营史上，甚至在司法史上，都具有前瞻意义。

黄楚九决定兴建大世界之前，已经有了经营游乐场的成功经验。上海第一家游乐场“楼外楼”（也叫屋顶花园）就是他和另外一名房地产商人经润三合作兴建的，因为对市场预测准确，大大赚了一笔。尝到了甜头后，他们又合作兴建了“新世界”，生意依旧很火。后来经润三因病过世，他的妻子继承了丈夫的资产，与黄楚九产生了矛盾，合作难以继续。在这种情况下，黄楚九撤出股份，另立门户，筹巨资兴建了新的游乐场，这就是后来被称为远东第一游乐场的大世界。大世界真正的整体规划始于1916年。黄楚九打算把大世界建设成为一个集自然观赏、艺术享受、游戏娱乐、美食购物等为一体的综合性游乐休闲场所。在寻找地点时，法租界驻沪领事知道了这个项目，盛情邀请他把游乐场建在法租界，并表示在日后的经营中给予全力支持和保护。在那个年代，没有什么地方能比租界更为合适的了，于是，黄楚九欣然接受了法租界领事的邀请，将地址选在法租界靠近闹市区的爱多亚路、西藏路口地段，就是现在延安东路和西藏中路的路口。

在规划时，黄楚九和他的团队解决了四个问题：

第一是市场定位。精明的黄楚九没有选择走高端路线，他坚持认为，上海有这么多的人，只要在每个人身上赚一块钱，就不得了。于是他把票价定在让更多人都玩得起的标准上。

第二个问题是融资。由于黄楚九本人就是一个大企业家，加上他之前经营“楼外楼”和“新世界”很成功，因此吸引了很多人参股，连历史上那个主张复辟帝制的臭名昭著的长辫子张勋也出钱投资，成为公司的大股东之一。这样，很快就融资了80万元，这在当时是一个相当大的数目。

第三是建筑设计。可能我们现在难以想象，初期的大世界建筑竟然不是专业人员设计完成的，而是由孙玉声、刘半农负责设计并绘图。我们知道，孙玉声是一个作家，刘半农是著名诗人和语言学家，都是中国新文学运动的先驱，但就是他们这两个文人设计了这座在我国建筑史上颇有影响的独特建筑。

第四是经营什么项目。既然是中西合璧，他初步预想既有西方游乐项目，又加入中国许多传统娱乐项目，比如戏曲、评弹等，综合性很强。

从1917年3月破土修建，经过近4个月时间的紧张建设，到当年7月建筑基本完成。从一些遗留下的老照片中我们可以看出，这是一座具有相当规模的中西合璧式的建筑，占地面积约15000平方米。上面有一座镂空的宝塔，现在看上去感觉挺别致而怪异——怎么好好的一栋西式建筑上面加这么一个宝塔？实际上，当初刘半农他们的设计方案里没有这个东西。这里有一个有趣的小插曲：在房子建造过程中，黄楚九请了一个风水先生看风水。这个风水先生端着阴阳盘，绕着建筑走一圈，指着已经造好的大门说，大门朝江，江水会卷走财气，大门不能设在这里。一听说要卷走财气，黄楚九赶紧吩咐属下把这个大门给堵上，在西北部另外开一个大门。可是风水先生到那里一看，又说那个地方有邪气，最好要建一个宝塔来镇邪。黄楚九听了有些愁眉不展，因为这是游乐场，又不是寺庙，在场内弄这么一个宝塔实在有些不伦不类，太难看了。怎么办？要不还得说黄楚九脑子活络，左思右想后，他终于想出一个好办法——把宝塔建在主建筑的四层屋顶上，于是就成了我们现在看到的样子，下面是西式建筑，上面加一个中式宝塔，可谓中西合璧。

老上海的大世界

大世界决定在1917年7月14日开张。从7月3日开始，为了做足广告效应，财大气粗的黄楚九几乎买下当时上海所有报纸的广告版面，登报招艺、招商。开业那天是热闹非凡，名流云集，上海滩有头有脸的人都来了，成功开业。黄楚九为此得意了好一阵子。可以这么说，没有黄楚九就没有上海大世界。他不但提供了创意，筹集到资金，还有丰富的运作经验和经营手段，这都是建设一个超大型游乐场所必不可少的。

大世界的保护伞——黄金荣

尽管黄金荣没有直接参与大世界的经营，但大世界的成功和黄金荣有着莫大的关系。前面我们说了，大世界建在当时的法租界。当时上海滩上最大的流氓头子——青帮首领黄金荣，就是法租界的巡捕房巡长，也就是说，法租界的事情除了法国人做主，黄金荣几乎就是二老板了，呼风唤雨，为所欲为，势力之大，难以想象。

为了让大世界能够正常经营，精明的黄楚九知道，只要和黄金荣攀上关系，大树底下也就好乘凉了。一则这是黄金荣的地盘，黄金荣就是这里的土皇帝，说一不二。不和他搞好关系，想在这里安心做生意，门都没有，他手下的青帮喽啰专门找碴儿，会弄得你无法立足。二则法租界本身龙蛇混杂，地痞流氓小瘪三很多，他们专门惹是生非，讹人欺商。大世界做的又是游乐场，每日来往的人不在2万以下，安全无法保障的话，生意就很难开展。

经过权衡利害，黄楚九决定靠近黄金荣。黄楚九投帖认作黄金荣的门生，月月孝敬可观的银两，按照今天的话说，就是月月上交保护费。毕竟黄楚九也是大上海数得着的大生意人，如此把黄金荣看在眼里，主动屈膝，黄金荣自然也乐意。如此一来二去，他们就结成了同盟，黄金荣就充当起大世界的保护伞。这个作用是很明显的。大上海谁不知道黄金荣，哪个不晓得青帮的厉害?！有他们护着，谁敢在大世界造次?！这给大世界的经营构成了一个相对安静、平和的环境。

另外，在大世界的娱乐运作上，黄金荣也起了很大作用。黄金荣当时还有一个身份，就是上海梨园工会主席，和上海乃至全国梨园行关系很熟。在大世界的经营范围内，有很多中国传统节目的表演，比如京剧、沪剧、花鼓戏、说书等，这要去邀请那些名家，而黄楚九一个生意人很难办到。虽然他很有钱，但有些艺术家用钱是无法打动的。这个时候，黄金荣的作用就体现出来了。因为他有这个人际脉络，那些艺术家哪怕心里不愿意，也不敢得罪了黄大老板。如此，大世界才请到了许多著名的表演艺术家。

现在我们得客观看待黄金荣的作用：如果没有黄金荣的支持，得不到黄金荣的保驾护航，大世界不但经营无法保障，也请不到这么多的艺术名角。上面我们提到过，黄金荣肯给予帮忙和照顾，是拿了黄楚九好处的，天下毕竟没有免费的午餐。这从另一角度说明了大世界的成功不单纯是商业行为，它从一开始就染上了黑道习气，这也反映了当时社会治安的混乱和国家形势的不稳定。

黄金荣也绝非省油的灯，看着大世界这样日进斗金，赚得盆满钵溢，然而黄楚九每月孝敬的那点保护费连零头都不到，黄金荣心里自然痒痒，恨不得夺过来占为己有，只是得不到合适的机会。毕竟此时的黄楚九是整个大上海的头面人物，不但资产巨丰，和政界、司法界，以及和洋人的关系都非常密切，势力之大不下于黄金荣。然而正所谓天有不测风云，机会终于来了。

对金钱的无限渴求成就了黄楚九，最终也害了他。胃口越来越大的黄楚九后来涉足银行业和证券业，大玩买空卖空的伎俩，结果碰到一帮手段比他更狠毒、更狡猾的赌徒，输得很惨。为了翻身，他又投身房地产业，恰逢“一·二八”事变，日本侵华战争爆发，上海的房地产市场一片萧条。

黄金荣指示手下人去黄楚九的日夜银行集中提款，一时款项吃紧，黄楚九心急如焚，心脏病、气喘病齐发，撒手归西，最终彻底输了个精光。大世界就此被垂涎已久的黄金荣获得，更名为“上海荣记大世界”。在黄金荣的手里，大世界的经营基本延续了黄楚九时期的风格，只是更加开放了，娼妓、赌博、鸦片等项目公然上演，十足成了一个乌烟瘴气的淫乐窟。

黄金荣

民国乱象：为了经费实施绑架

路卫兵

盘根错节的团体

民国肇造，源于辛亥革命；辛亥的成功，则始于武昌首义的发起。说到武昌首义，就不能不提两个革命组织——湖北共进会和文学社。这两个最初名不见经传的革命团体，却有着相当复杂的历史背景。

湖北共进会是东京共进会的一个分支，而东京共进会则脱胎于同盟会。19世纪末到20世纪初，以反清为目的的革命组织如雨后春笋般在海内外兴起，一时革命激荡，星火燎原。1905年8月，孙中山和黄兴等人将几个规模较大、影响较广的组织——包括孙中山创立的兴中会和黄兴创立的华兴会，以及复兴会、科学补习所等几个组织——的部分成员合并在一起，于日本东京正式成立了中国同盟会。

同盟会成立后，在中国大陆的沿海和边境地区组织过几次较大规模的武装起义，但均遭失败。之后，同盟会内部发生了分裂：先是光复会退出；接着孙中山与汪精卫、胡汉民等人在南洋另组本部（后迁往上海）；而后宋教仁、谭人凤、赵声等人于1910年6月在东京召集11省区同盟会分会长会议，筹组了中国同盟会中部总会。而共进会也正是在此期间应运而生的。

1907年9月，一部分同盟会会员和旅日学生在东京成立共进会，相约“共做事业、共同长进”，发起人有刘公、居正、彭汉遗、孙武、杨时杰、张伯祥、焦达峰等人，首任会长为张伯祥。之所以另组团体，是因为当时一些人对同盟会很失望，认为其工作迟滞，“缓不济急”，不能很好地领导革命工作。关于这一点，当时同盟会的主要负责人黄兴和共进会的发起人之一焦达峰的一段对话很有意思。

黄兴诘责焦达峰：“何故立异？”

焦达峰答：“同盟会举止舒缓，故以是赴急，非敢异也。”

黄兴说：“如是，革命有二统，二统将谁为正？”

焦达峰笑说：“兵未起，何急也？异日公功盛，我则附公；我功盛，公亦当附我。”

需要说明的是，共进会在形式上并未完全脱离同盟会，仍然以同盟会的宗旨为宗旨，以同盟会的总理孙中山为总理，不过它有着自己相对独立且较为系统的组织机构，计有内政、外交、财政、交通、军务、侨务、党务、文牍等八部，并在各地设有分会。武昌首义“三武”之一的湖北夏口人孙武，当时就是共进会的军务部长，同时被推举为共进会湖北分会的负责人，湖北共进会的组织便是孙武组织并发展起来的。

文学社的历程就更曲折了，其前身是振武学社，振武学社的前身是群治学社，群治学社的前身是军队同盟会，军队同盟会的前身则是日知会。

日知会是1906年2月由刘静庵和曹亚伯等人在武昌成立的，萍浏醴起义爆发后，孙中山派同盟会会员胡瑛等人赴武汉，欲联合日知会响应起义，结果事泄，刘静庵、胡瑛等被捕入狱，日知会的活动就此终止。

1908年7月，原日知会会员、湖北新军第41标（注：标为清末陆军编制名称，相当于后来的团）的士兵任重远，在新军中秘密酝酿组织，因其也曾加入过同盟会，于是便将这个新组织命名为“湖北军队同盟会”。后来，任重远欲刺杀湖广总督陈夔龙，事泄后逃亡，军队同盟会也随之解体。

1908年11月，太湖会操时，第41标中的军队同盟会会员在一起商量，决定另组团体，于是回防后在武昌小东门外的金台茶馆聚会，成立了群治学社，暂设庶务一人，由钟畸担任，负责日常工作。当时《商务报》的刘复基、蒋翊武二人也加入了群治学社。

1910年4月，长沙发生饥民抢米风潮，群治学社想趁机起事，结果风声走漏，组织也因此遭到破坏，许多成员纷纷外逃。不久，群治学社留下来的成员又重新组建了振武学社，并推举杨王鹏为社长。振武学社后被时任湖北陆军暂编第21混成协协统黎元洪破坏，杨王鹏等主要负责人被军队除名，社务于是转由蒋翊武主持。

1911年1月30日，原振武学社成员蒋翊武、王守愚、刘复基、章裕昆等人，以新军团拜的名义在黄鹤楼召开大会，正式成立文学社，推举蒋翊武为社长。文学社以“联合同志研究文学，故名曰文学社”，在形式上给人以文学社团而非政治组织的印象，因此具有极强的隐蔽性，但其政治目的十分明确，以“推翻清朝专制，反对康、梁的保皇政策，拥护孙文的革命主张”为宗旨，因而在士兵中很有号召力。

互相争抢会员

共进会和文学社都将清军的新军士兵作为主要发展对象，用孙武的话说就是："只有运动军队，把清军一队一队、一营一营、一标一标地争取过来，才能以固有的组织和现成的人，为革命工作。"此即所谓的"抬营主义"。

湖北新军是在张之洞任湖广总督时所训练的"新式"军队的基础上改编而来的。1907 年，清廷确定新军军制，规划拟练全国陆军 36 镇（相当于后来的师），分配给湖北两个镇的指标，即陆军第 8 镇和第 11 镇。第 8 镇统制（师长）为张彪。由于当时第 11 镇尚未完全练成，于是暂编为第 21 混成协（相当于后来的旅），由黎元洪任协统（旅长）。当时，第 8 镇有士兵 10502 人、军官 702 人，第 21 混成协有士兵 4612 人、军官 288 人，总计 16104 人。

为了更广泛地发展会员，湖北共进会和文学社规定的入会程序都非常简单。共进会会员入会，只需填写"愿书"一份，无须缴纳会费，也无一定的入会仪式。至武昌首义前，共进会在军队中共发展会员 1500 来人，此外在各学堂中还有近 200 人，其他社会阶层 200 来人，共计 2000 多人。文学社的入社手续较共进会复杂些，需要经人介绍，再加审查，然后填写"愿书"。不过，这也只是个形式，所谓的"愿书"并非事先印好的制式表格，而是随手找到一张什么纸就行。到武昌首义前，文学社社员共有 3000 来人，是湖北新军中人数最多的革命团体。

由于两个社团的发展对象相同，于是便出现了这样一种情形：同一标营，两团体各有代表；同一士兵，两团体互相争夺。比如，马队的士兵黄维汉本已先行加入了文学社，结果共进会来找，让他填写“愿书”，黄维汉提笔即写，毫不犹豫。如此，便引发了双方的许多矛盾。

联合这事很难

随着共进会和文学社矛盾的加剧，两会中的一些开明人士便想促进两会的联合。经过双方代表十数次磋商，文学社和共进会的第一次协商会议于 1911 年 5 月 11 日在武昌分水岭 7 号孙武的住处举行。参加人员一共六人，共进会方面为孙武、邓玉麟、高尚志、杨玉如四人，文学社为蒋翊武、刘复基二人。就未来的联合形式，双方各执一端。蒋翊武说：文学社在军队中的力量大，联合应以文学社为主体。孙武则说：共进会属于同盟会系统，而且和各省均有联系，理应成为主导。二人为此发生口角，最后不欢而散。

1911 年 6 月，保路风潮高涨。在新形势下，两会又于 6 月 14 日在武昌长湖堤龚霞初家中举行了第二次协商会议。参加此次会议的，共进会有邓玉麟、杨时杰、杨玉如、李作栋等，文学社有刘复基、王守愚二人。这次会上，双方在联合的意愿上达成了一致。共进会表示：两个团体异途同归，现在正是要同归的时候，不能再异途了。文学社也表示：合则两美，离则两伤，譬如风雨同舟，大家都能和衷共济，就能达到目的。双方还就会员发展问题达成了共识，提出“万不可互争党员”的原则。

会议本来开得很顺利，最后却在组织领导问题上出现了分歧。共进会代表杨玉如提议，要文学社改推孙武为领袖，并开出条件：共进会将补助文学社一定的社费。文学社代表刘复基反驳说：文学社社费充足，无须补贴；同时，不同意共进会方面出任联合领袖。第二次会议再次不欢而散。

为了经费实施绑架

关于经费问题，也并不像双方说的那样乐观。事实上，两个社团不仅组织上较为松散，经费也十分拮据。文学社的成员多是士兵，会费从士兵的月饷中筹集，除入会费 1 元外，每个士兵拿出月饷的 1/10 充作会费。士兵的月饷本来就少得可怜（当时为 4 两 2 钱银子），社团的一切开支均源于此，经费紧张是必然的。共进会不在士兵中收取会费，而是从军队之外的其他就业人员中筹集，经费更为紧张。当时负责共进会理财的张振武，一度因经费筹措无门而不得不将祖产变卖充公，以解燃眉之急。为筹措经费，共进会可谓绞尽脑汁，还闹出了几个笑话。

焦达峰听说广济县（今湖北武穴市）有个达城庙，内有一尊金菩萨，于是和居正一起前往查看。由于金菩萨很重，二人无法运回，于是焦达峰去湖南召集人手，带着黎先诚、周海文等六人兴冲冲折回广济。夜半时分，几人翻墙入庙，取下金佛，然后轮流背负，踯躅前行，未想在半路上遇到清军捕快，几人以为盗佛事发，遂将金佛弃于田中而去。盗金佛失败后，焦达峰每日绞尽脑汁，张目以待。一日，在清和公栈巧遇来汉口贩卖夏布的浏阳商人刘贤构，于是向其展开宣传攻势，大讲国之大义。刘贤构倍受感动，欣然入会，并把夏布全部捐出，充作革命军费，暂缓了一时之急。

有一次，中部同盟会的成员邹永成来武汉，见共进会经费紧张，有心帮扶，于是对孙武和邓玉麟说，他有个婶母住在武昌的八卦井，藏有许多金银首饰，可设法取之。三人一拍即合，即刻付诸实施。邹永成特购好酒，邓玉麟托人配制迷药，置于其中。三人兴致勃勃地来到邹永成的婶母住处，邹永成让孙、邓二人于门外等候佳音，然后独自提酒入内，对婶母诡称将有远行，特来饮酒话别。未想几番把盏之后，其婶母依旧谈笑风生，无奈之下，邹永成不得不与婶母真的“话别”。出来后，邹永成不无遗憾地对孙武和邓玉麟说：“药不灵。”一计不成，邹永成再生一计，将其婶母的幼子骗至汉口，让其婶母付赎金后放回，此举共得经费800元。

尽管无所不用其极，共进会的经费依然是个老大难问题，甚至其成员的个人生活都一度陷入困境，邓玉麟、孙武、焦达峰三人“衣服典尽，至求一面包果腹不能得”。三人共有一件长衫，轮流穿着，汗衫则必须在晚上睡觉前脱下，由孙武的夫人连夜浆洗，待第二天晒干后再穿着出门。

最后，还是东京共进会会长刘公的“假私济公”，让湖北共进会暂时走出了经费困境。刘公家本是襄阳巨富，1910年刘公回国后，正赶上刘公的姑表兄陶德琨也从美国留学归来。陶德琨劝刘公的父亲刘子敬说：“要发大财必先做大官，做了大官，不难发大财，美国就是典型的例子，表弟刘公为日本留学生，正好捐一道台。”刘父心动，于是慷慨出资2万两银票为捐助基金。恰巧此时，刘公的另一表弟潘善伯受湖北共进会委托来襄阳迎接刘公去武汉，刘公欣然前往，并将准备捐官的2万两银票分作两份，1万两交由陶德琨保管，另外1万两给湖北共进会做了经费。

民国豪门间的献妻丑闻

刘继兴

盛宣怀在近代史上大名鼎鼎，是继胡雪岩之后当之无愧的清末首富。盛宣怀作为洋务运动的一员干将，办洋务40年，一生亦官亦商，亦中亦洋，势倾朝野，富可敌国，创造了中国洋务史上的10余项“第一”，如中国第一家银行、第一家电报公司、第一家钢铁联合企业等，极大地影响了中国近代工商业及教育文化的发展。

令同时代人艳羡的是，盛宣怀聚敛起来的大笔财富，居然顺利地移交给了子孙们。在遭遇了大清与民国的两轮清算后，盛宣怀1916年在上海病逝时，依然给子孙们留下了极为可观的、价值高达2000万两白银的遗产。而他的同时代人，其财富基本是昙花一现，并没有多少真金实银。

然而在民国年间，依然是豪门的盛家与新贵的风光相比，自然要差好大一截。于是，便发生了盛宣怀的第七子盛昇颐主动将太太献给孔祥熙大儿子孔令侃的丑闻。

1933年9月，财政部部长宋子文对蒋介石不恤财政困难十分不满，发生争吵而坚决辞职不干了。10月29日，蒋介石批准了宋子文的辞呈，以孔祥熙继任行政院副院长兼财政部部长，并仍兼中央银行总裁。孔祥熙自此掌握了国家财政，想出各种招数为蒋氏国民政府筹款：增税、借款、募捐、动用战时准备金、举借外债、变卖产业、征发、印刷纸钞、实行“公库”制度等。手段高超，花样出尽，极力保障蒋介石巨额的军费开支。

孔祥熙利用手中所掌握的权力，巧取豪夺，在使国家垄断资本不断膨胀的同时，也使自家的资财随之迅速增长。1942 年，国民党政府利用美国贷予的 5 亿美元，提取 1 亿美元为准备金，发行“同盟胜利美金储蓄券”，规定按 20 元购买 1 美元储蓄券，抗战胜利后凭券兑换美元。当时美元的黑市价已经是 110 元兑 1 美元，孔祥熙一面下令停止出售美元储蓄券，一面则由其部属出面，利用职权将尚未售出的 350 万美元储蓄券按官价购进，归入他的私囊；还有 799. 5 万美元的储蓄券则由中央银行其他人员购进私分。有人估计，在这次丑闻中，孔祥熙至少赚了 30 亿法币。

孔家从来都不承认自己的财产大部分来源于民脂民膏，孔祥熙的夫人宋霭龄曾经向人多次解释他们的财产是步入政界以前在山西老家经商积攒下来的。实际上，孔祥熙出生于一个没落的商人家庭，早年他也捡过煤渣，后来出国留学，经商有道，积累下一定的财产，号称“山西首富”。但是他的实际发迹是在当官以后，确切地说是在蒋宋联姻之后才官运亨通，历任工商、实业、财政等部部长和行政院副院长、院长等要职，主管财政 11 年之久。美国联邦调查局认为，孔祥熙当年的经营所得一共只铸了 3 个 1000 两银子的“莫奈何”，也就是 3000 两银子。这与他和宋霭龄今日拥有的财富相差何止千百万倍！

1939 年，一个美国记者披露孔祥熙的夫人宋霭龄在美国的存款是重庆政府中所有要人在美国存款最多的一位，被称为“中国人的钱袋”。孔祥熙的“民国首富”称号由此不胫而走。

这位“民国首富”不放过任何一个捞钱的机会。1942 年 2 月 7 日，美国国会批准无条件向中国贷款 5 亿美元，到 1943 年年底，中国政府提取了约一半的 2.4 亿美元，但根据美国财政部的调查资料，中国政府提取的 2.4 亿美元中有 8000 万美元已经存入了孔祥熙等人的个人账号上，可见其贪婪的程度已经到了何等的地步！

盛宣怀的第七个女儿盛七小姐，是上海滩有名的美人，曾差点就嫁给了宋霭龄的弟弟宋子文（盛家很保守，看重门第，对宋家没有好的印象，认为宋家是吃教会饭的，根底不正，门不当户不对）。盛宣怀的第五个女儿，是宋霭龄在中西女校时最要好的同学和朋友。孔祥熙权倾天下后，当年的盛五小姐、如今的林太太趋炎附势，登门来拜访老同学宋霭龄，还带着她的七弟弟盛昇颐夫妇。此后，林太太和盛昇颐夫妇就成了孔门常客。盛昇颐夫妇也是基督徒，每个礼拜都参加孔宋在西摩路宋家老宅的私家礼拜，听牧师讲福音。于是，盛昇颐夫妇就和孔令侃混熟了。尽管盛昇颐应该是孔令侃的大辈，但居然自跌身价，和孔令侃结拜了兄弟。

孔令侃在圣约翰大学毕业之后，孔祥熙把他安排到财政部去，给了他一个财政部特务秘书的名义。国民政府的官制上没有这个特殊的头衔，这是孔祥熙特创的，向考试院申报时被铨叙部驳回了。于是，孔祥熙自己出面，找到戴季陶。戴季陶只好卖面子，特地修改了公务员任用法，给了孔祥熙一个根据。孔令侃成为特务秘书后，没有一定的职权，爱管就管，事无大小，无不过问，实质上权大无比。

盛昇颐的太太比孔令侃大 10 多岁，但美貌无比，孔令侃一见之就惊为天人，心中就喜欢上了。盛昇颐为了能依靠孔令侃捞取更多的钱财，也乐意自己的太太开展“裙带外交”，甚至故意为他们提供单独相处的机会。孔令侃很好色。以前，只要是漂亮的女孩，他总要想办法弄到手，到后来玩腻了，又觉得女孩子没劲，还是结过婚的女人更有魅力，就专门和有夫之妇约会。他曾经看上宋子文妻子张乐怡的妹妹，鬼混了几次之后便提出要结婚。当即，孔祥熙、宋蔼龄和宋子文、张乐怡听后都大吃一惊，觉得这绝对荒唐。孔祥熙、宋蔼龄夫妇专门找孔令侃谈了这件事，并列举了种种不妥的理由，说明这件婚事的不合理性。孔令侃听后说："娘舅怕什么，讨了他的小姨子，我和他（宋子文）不就平起平坐了?"当时，这番话弄得孔祥熙和宋蔼龄哭笑不得。

盛昇颐"投之以木桃"，孔令侃自然"报之以琼瑶"。于是，国民政府财政部任命盛臣为苏浙统税局局长。这自然是作为特务秘书的孔令侃大力举荐的结果。

抗战期间，孔祥熙由财政部部长升为行政院院长。有人进言，中央信托局因负责对外接运物资，已撤退到香港，何不派大公子去主持。喜欢发国难财的孔祥熙一听，感到这主意不错，就派孔令侃充当中信局常务理事，代行理事长职权，在香港主持工作。

于是，孔令侃来到香港。随行的还有盛昇颐夫妇等人。中央信托局驻港机构除了抢运已向国外订购的军火外，还有续订飞机枪械子弹的任务，这无疑是可观的发财来源。于是，孔令侃、宋子安、盛臣三人商议筹组一家公司，专门承接这项业务。这个公司定名为扬子，设在香港，由盛臣担任总经理。

香港是个自由港，抗战后成为进出口的一条重要通道。扬子公司做起进出口买卖，交易愈做愈大。中央银行本来在上海有一个专用无线电台，上海失守后，借租界的掩护，专用电台仍然保留着。为了掌握沪港两地的行情，同时与重庆联系，孔令侃在香港租了一个套房，在密室里装了一部短波发报机，成为一个电台分台，这自然是秘密的。

当时，孔令侃每天在香港办公，在九龙居住，中午吃饭不方便。盛昇颐夫妇就盛情请他到自己家中用午餐，并让他餐后就在盛府午睡。盛臣常常借故走开。盛太太使出全身解数来招待，不仅每天都是上好的菜肴，而且每天都亲自陪着吃饭。饭后，她又安置孔令侃在自己的卧室里午睡。两人经常在一起共宿共眠，宛如夫妻。孔令侃把中信局和扬子公司两边的事务都交给盛昇颐具体管理，盛昇颐就此捞了大量钱财，所以他对太太与孔令侃的明铺暗盖也就睁一只眼闭一只眼，听之任之。

在香港，孔令侃曾陷入“商业间谍门”：他在香港秘密成立了电台分台，不断和沪渝两地通报，很快就被英国当局发现，这个事情是港英当局绝对不能容忍的。英方碍于孔祥熙的面子，作出从速拆除的警告。然而惯于我行我素的孔令侃表面上答应了英方，背地里却还在继续使用电台。一天，正当孔令侃向他母亲宋霭龄报告商情时，被英国情报人员当场抓获。港英当局的法庭作出判决，驱逐孔令侃离港，限令两小时出境。孔令侃匆忙离港时，来不及带任何东西，只是带着那位盛太太一同去了菲律宾并与之结婚。这事后来传到重庆，令孔祥熙夫妇说不出的尴尬，和大小姐孔令仪的婚事一样，既无从反对，又无法承认。

1943 年，宋美龄到美国访问，孔令侃担任秘书。抗战结束后，孔令侃回到上海创办了扬子公司。1948 年，国共内战后期，中国出现严重的恶性通货膨胀，政府进行了金圆券改革。蒋经国到上海督导经济管制，以铁腕手段抑制物价，查封了孔令侃的扬子公司，但由于蒋介石和宋霭龄的干预而受到挫败。此后，孔令侃将资金转移到海外，本人定居美国。宋美龄到美国后，住在孔令侃在曼哈顿上东城为她购买的公寓内。1992 年，孔令侃在纽约去世，终年 76 岁，无后嗣。

石友三逼婚名记之女终结反叛人生

蒋　丰

石友三在民国时期，由于他的反复无常、朝秦暮楚而成为各路军阀唾弃的人，最终走上了反民族、叛国家的不归之路。他与五夫人林慰君的婚礼，就像是给自己敲响的丧钟——没有序幕，只有军阀逼婚；结婚没几天，石友三就被自己的好兄弟给“坑”了，这个故事的结局实在超乎石友三的想象力。

说起这位林慰君，可是大有来头。她的父亲就是民国时期著名报人林白水。1926 年 8 月 6 日，当林白水面对直系军阀枪口慷慨就义的时候，他心里最牵挂的是年仅 14 岁的爱女林慰君。她幼年开始学习中文，少年时期跟随父亲林白水前往北平求学。

林慰君是一个看上去文文弱弱，但骨子里充满了倔强的福建女子，当她听说父亲惨死在直系军阀的枪口之下，就抱定了必死信念，吞服铅粉，以自杀反抗当时刚刚在贿选中获得“胜利”的曹锟，幸好得到及时的抢救。这一举动轰动了京津两市，她因此被人们赞誉为“弱姬烈女”。“林慰君”这个名字一时间成了“女汉子”的代名词。

林慰君始终都没有忘记父亲临终前的谆谆告诫——“爱女好好读书”，1930年成功考入北平国立师范大学英国文学系。当年的“弱姬”在暴风骤雨中不断成长，本来就性格开朗的林慰君也像父亲一样，热心于社会工作，在大学期间，她踊跃参加各种活动，并拾起了父亲留下的笔，成为《教育周刊》的主编。

林白水牺牲之后，家中生计的重担逐渐落在林慰君的肩头。这丫头不仅遗传了父亲的聪敏和练达，更有着福建人吃苦耐劳的本色。她从大学二年级开始，边学习边担任家教，以赚取生活费。大学毕业后，她先后在培华中学、志成中学、北平女中、民国中学及世界新闻专科学校任教，同时为报刊撰稿，而且还分别受聘于《北京新报》和《深重新闻》担任重要的编辑工作，成为20世纪30年代京津地区新闻界的新秀级名人。

“人怕出名”，林慰君这么大名头，自然受到当时担任冀北保安司令的石友三的“关注”。此时的石友三已经几乎把中国各大军阀派系都得罪遍了，正蜷缩在华北东部，企图借日本人的“东风”驶自己的船，只是他当时还没有明确表态。石友三知道，如果明确表示自己要投靠日本人了，那就等于把自己推到了中国爱国军人和全国老百姓的对立面。这么愚蠢的事他不干！但以日本人作为靠山，保存自己的实力，这还是划得来的。于是，他站定了华北，明着接受国民政府的领导，私底下接受日本人的扶持。

对于石友三的坏名声，林慰君早有耳闻。然而自己所在的北平市正归这个混世魔头管。林慰君对此非常纠结，父亲的遗言中特别给爱女留下了“以后择婿，须格外慎重”的告诫，而自己现在正面临落入魔掌的困境。作为冀北保安司令的石友三可不管那一套，他有的是办法逼成这桩婚事——派自己的卫队尾随林慰君外出“护卫”，随随便便派一队士兵“保卫”林慰君供职的报馆，“护送”林老师到学校上课……这种无赖加流氓的手段最终迫使林慰君无奈屈服了。

石友三逼婚成功，自己乐得都快蹿上房了。尽管此前他已经有四房夫人，还在天津为她们置办了宽敞阔绰的别墅，但是当土豪、当房叔都不如迫使林慰君点头允婚让石友三觉得扬眉吐气。然而石友三至死都想不到，娶这个五夫人，不仅把自己从汉奸之路的后台逼到了前台，也给自己的反叛之路和人生画上了句号。

林慰君是以“私人秘书”的身份入住石友三军营的。1940 年秋天，石友三突然宣布要与林小姐结婚。这个消息让久久得不到石友三确切消息的日本人看到了“曙光”。自从 1933 年石友三在日本人暗地里的支持下当上冀北保安司令以后，投降日本的事就黑不提白不提了。日本人搞不明白中国军阀混战的背景和目的，石友三可再清楚不过，他这是拿日本人当“东风”，趁机再巩固巩固自己的实力。石友三可以耗着，日本人可等不起，他们决定利用林慰君做篇文章。

1940 年，林慰君向石友三提出，要回趟天津置办嫁妆。石友三当然欣然允诺。哪知林慰君从天津返回的途中，就被日本人扣在了济南。日本人没有别的要求，只传话给石友三，“请石将军亲自赴济南接林小姐”。石友三对日军这一无赖举动的目的心知肚明，他可没那么傻去自投罗网，但是也不能把太太留给日本人啊！于是，石友三派出了总参议毕星垣和参谋长王清瀚代表自己前往。

林慰君成了日本人要挟石友三的把柄。毕星垣和王清瀚抵达济南后，日本人就向他们提出了石友三投降的条件，其中包括：石友三所部向大名方向靠拢；石友三本人通电宣布支持“华北政委会”，委任石友三担任河北省省长兼治安军总司令；提前拨发石友三部队的军饷。石友三爱美人不爱江山，全盘接受了日本人提出的投降事宜，以此换回了五夫人林慰君。

石友三撕下了原先的伪装，屁股正式坐在日本人的板凳上。为了压服手下众将领，石友三召开高级军官会议，当众宣布了自己投敌卖国的决定，随后，当场枪毙了几个持反对意见的将领，毫不掩饰他要当汉奸的心思。此举终于激怒了麾下的爱国将领。就在石友三与林慰君成婚后不久的1940年12月1日，石友三的拜把子好兄弟高树勋带领众多爱国将士逮捕了毫无防备的石友三，并将这个“卖国将军”活埋在了黄河岸边。

对于刚刚结婚就成了“寡妇”的林慰君而言，石友三之死为她打开了几乎已经无望解脱的枷锁。从此，林慰君重又拿起笔杆子，参加了抗日救国组织，像她的父亲林白水一样继续战斗。1948年，她赴美国执教，继承父志开始笔耕，终于成为美国著名的语言学教授、当代作家。

虽然远离故土，林慰君从来没有忘记过自己的祖国和福建闽侯老家。1986年8月6日，林白水就义60周年，林白水烈士纪念馆在他的家乡——福建闽侯县青口乡青圃村落成。72岁的林慰君专程从美国回乡参加了纪念馆落成仪式。为了纪念父亲，林慰君写下了《林白水传》《我的父亲林白水》等书籍和文章，以此寄托情思，抚慰亡灵。

骑墙式汉奸周佛海

双　阳

周佛海是不折不扣的大汉奸，同时又是个颇有文人气息的汉奸。他早年是小有名气的共产主义理论家，后来又成为三民主义理论家，再后又是汪伪“和平运动”的理论家和实践者，一贯善于文墨，勤于写作，写的内容却经常见风使舵、变化多端。

与蒋介石一样，他有写日记的习惯，从1937年出任江苏省政府委员兼教育厅厅长开始，一日一页，一年一本。家中遭遇火灾，老婆首先抢救珠宝首饰，他则马上去抢救日记，可见他对自己日记的重视。在回忆录方面，他陆陆续续写过一些文章，刊载在《古今》等杂志上，1943年由杂志的古今出版社结集出版为《往矣集》。

《往矣集》内收《汪精卫先生行实录序》《苦学记》《扶桑影溯当年》《盛衰阅尽话沧桑》《走火记》《自反录》等篇。《苦学记》篇所记，主要是家世和幼年从学经历。《扶桑影溯当年》篇所记，主要是他在日本的留学经历，包括他发起组织共产党的经历。《盛衰阅尽话沧桑》篇记述了他回国后到抗战爆发的从政历程。串联来看，可以周佛海的半生自传视之。

这一点和陈公博的《苦笑录》差堪相似，都是“半截子工程”，都只记述了成为汉奸之前的从政生涯，从题目“往矣”“苦笑”来看，也都别有怀抱，充满悲情。

《古今》杂志主编朱朴所作序言中称，《往矣集》乃是《古今》杂志所推出的《古今丛书》的第一种，收入者多是周佛海为杂志所撰特稿，并称：“在过去十数期的《古今》中，虽名作如林，无篇不精，但是读者所最欢迎、各方所最注意的，当推周佛海先生之作为第一。”

朱朴称：“他的文字之所以能博得大众之热烈欢迎，依我个人的分析，全在于一个‘真’字。一般人读了《三国志》及《水浒传》两部小说，没有不对于张飞李逵二人引起无上的敬爱者，无他，因为张飞李逵二人完完全全是一个‘真’字的表现而已。”“在我生平所交的朋友中，秉性之忠厚，情感之热烈，待人之真诚，行为之侠义，没有一个比得上周先生的。”虽是阿谀之词，但周佛海在“气焰正盛”时写的文字，除了以奉承汪精卫的《汪精卫先生行实录序》作为开篇之外，的确没有太多“官场气”。这也是此书可堪一读的原因。

野心与革命

周佛海早年丧父，由寡母抚养长大。他聪慧好学，成绩超拔，也素来“醉心”政治。家乡沅陵县城内有一座文昌阁，周佛海在《往矣集》中的《苦学记》一文中记述：“袁氏（袁世凯）死后，内阁常常更动，一下子某甲入阁，一下子某乙入阁，在看报之余，居然也想将来要入阁了。我们学校扩充，把附近的文昌阁，并入学校做宿舍。我因为常常想将来一定要入阁，替国家做事，所以和同学说到文昌阁去，便说‘入阁’……主观上虽然有这种气概，客观上上进发展的机会，可以说是绝对没有。真是前途黑暗，四顾茫茫!”这无疑是一个穷学子信心百倍、渴望出人头地的真实写照。

机缘巧合，在老师和同学的资助之下，他得以到日本留学，留学期间还写了不少分析国际政治、推介新思潮的文章到国内杂志投稿。他的政治开篇，是回国省亲期间结识陈独秀等，遂参与发起组织中国共产党，并作为留学生代表参加“一大”，成为共产党的创始人之一，地位仅在陈独秀之下。

回忆自己参与发起共产党的经历，周佛海坦言自己的目标是想成为“中国的列宁”。“我为什么赞成组织共产党，而且率先参加？第一，两年来看到共产主义和俄国革命的书籍很多。对于共产主义的理性，不觉信仰起来；同时，对于中国当时军阀官僚的政治，非常不满，而又为俄国革命所刺激，以为非消灭这些支配阶级，建设革命政府，不足以救中国，这是公的。第二，就是个人的动机。明人不做暗事，诚人不说假话，我决不隐瞒当时有个人的动机；我决不说假话，说当时的动机，完全是为国为民。不过个人的动机，不是升官，不是发财，不是享乐……当时所谓个人的动机，就是政治的野心，就是 Political Ambition。在一高（日本第一高等学校）的时候，正是巴黎和会的前后，各国外交家都大出风头。所以当时对于凡尔赛，非常神往，抱负着一种野心，将来想做一个折冲樽俎，驰骋于国际舞台，为国家争光荣的大外交家。后来研究俄国革命史，又抱着一种野心，想做领导广大民众，推翻支配阶级，树立革命政权的革命领导者。列宁、特路茨基（即托洛茨基）等人物的印象，时萦脑际，辗转反侧，夙兴夜寐，都想成为这样的人物。虽然现在年将半百，一事无成，但是当时意气之豪，实可以上冲云霄！怀着这样野心的青年，又值中国政治腐败，世界革命怒潮高涨的时候，那得不本着创造的精神，去组织一个新兴的革命党！这便是我参加发起‘中国共产党’的原因。”

“一大”期间，周佛海和上海小姐杨淑慧的婚外恋被报纸曝光，他也受到党内批评。会后，由于总书记陈独秀不在上海（后又被捕），周佛海代理了总书记的职务，主持中央局的工作。他还参与发动了上海劳工运动等活动。陈独秀出狱后，他携杨淑慧返回日本。1922 年，周佛海在完成了第七高等学校的学习之后，可在东京帝国大学和京都帝国大学中选择其一读书。“究竟进东京帝大或京都帝大，费了不少的考虑。当时有名的马克思主义的权威者河上肇先生任京大教授，我因为要进一步研究马克思主义，所以便入了京大。”

曾经以《经济学大纲》风靡国内学界的河上肇，后来成为坚定的马克思主义者，但其思想当时仍未发展成熟，也有反对“早熟的社会革命”的论点。周佛海从“研究马克思主义”，到后来走上“反对马克思主义”的道路，与陈公博在美国哥伦比亚大学的研究颇为异曲同工，但陈公博是对共产党不满在先，论证马克思主义“并非真理”在后；周佛海却是在研究中得出“共产主义不适合中国国情”的结论，并以此作为后来脱党的理由。与此形成对比的是同样留日的周恩来。一篇研究论文指出：“周恩来与周佛海均留学日本，学习河上肇的马克思主义学说。但由于学习马克思主义理论的目的和态度差异很大，加上河上肇学说中混合着马克思主义与非马克思主义的因素，他们进行了不同的取舍，思想也发生了很大变化。周恩来坚定了共产主义理想并为之奋斗终生，周佛海则从信仰共产主义、参与中国共产党建党到抛弃共产主义运动，两人的不同人生道路留给后人许多思考。”

另外，当时日本政府虽不禁止对于社会主义的研究与宣传，却严禁共产党的一切活动，特别是中国留学生中的共产党组织及活动。对于周佛海参加中共“一大”及其后的活动，当时在日本鹿儿岛的其他中国留学生都不知道，而日本警方却完全掌握，并对周佛海警告“敲打”。周佛海为学业和生活所迫，也只好“夹起尾巴”不敢擅动。虽与共产党活动渐行渐远，但也促进了他的专心于学业。留学期间，周佛海翻译了《互助论》《家庭、私有财产及国家之起源》等社会主义名著，也翻译了波格达诺夫的《经济科学概论》、翁特曼的《马克斯经济学原理》和野村兼太郎等的《各国经济史》等经济学著作，成果丰硕，他也成为“国内排得上号的老资格马列专家”，特别是“对社会主义理论思潮框架内的政治经济学有着独到的理解”。

1924 年春，周佛海京都帝国大学毕业之时，正为找工作操心，理想是当北京大学教授或商务印书馆编辑，月薪有 150 大洋便“心满意足”。“到政府机关去运动一官半职，既然不是我的志愿，也不是一个共产党员所应为。”不料恰逢国共合作，机会从天外飞来，时任国民党中央宣传部部长的戴季陶以每月 200 大洋的高薪，邀请周佛海出任国民党中央宣传部秘书。广东大学校长邹鲁又以每月 240 大洋的高薪聘他兼任广东大学教授。面对高薪厚禄，周佛海轻而易举地改变了志向，欣然投向政坛。面对其后国共对立局面的不断显现，他又继续为戴季陶、邹鲁所笼络，投向国民党右派，与共产党在思想理论上的分歧越来越大，离心倾向日益加重，拒不参加共产党的组织活动。周恩来亲自上门做周佛海的思想工作，但他一意孤行，还给中共广州执委写了一封长信，声明退出共产党。

脱党之后，周佛海与广东大学几名教授一起创办了《社会评论》杂志。创刊伊始，周佛海便发表了《中山先生思想概观》一文，提出在中国实行社会主义革命，无论是物的条件还是人的条件都不具备，因而“事实上是不可能的”。同年 8 月，周佛海将此文印成小册子，戴季陶特地写了《再版序言》，说：“我常说‘从社会进化史的见地，研究两先生（指马克思和孙中山——笔者注）的思想，可以说，中山先生的民生史观，是第一原则，马克思的经济史观，是第二原则。用马克思的经济史观可以更证明中山先生民生史观的真确，而不能减少中山先生思想的价值’。佛海先生在这一点，和我所见，大概相同。他能看到中山先生的民生史观，较马克思的唯物史观，更深刻博大，这是特异于一般盲信马克思者的地方。”周佛海还发表了《反共产与反革命》《再论反共产与反革命并答中国青年》等一系列文章，辨析他的“反共产”观点与“反革命”的不同，意在证明自己的“革命”。他对共产国际代表鲍罗廷说：“共产党的任务是国民革命，中国现在所需要的是国民革命，而不是社会革命。因为中国现在要以整个民众的力量，打倒封建军阀，要以整个民族的力量，抵抗帝国主义的侵略。中国现在，并不需要农民对地主和无产阶级对资产阶级的斗争。所以共产党应该放弃阶级斗争的工作，以全力来参加国民党的国民革命。”这一观点，应该说是相当一部分国民党党员的主流看法（陈公博回忆他与鲍罗廷的论战，也大同小异），这也说明周佛海已经完全脱离了共产党员的立场。

在《往矣集》中，他也以一副忏悔的姿态说：“当时我们对于这个党，是怀着满腔希望，而且举全副精力去奋斗的。哪知道以后参加了恶劣的分子，越变越坏，竟变成杀人放火、屠城洗寨的流匪，和张献忠、李自成一样的残忍。所以第一次全国代表的人物，大部分都先后宣告脱党……我们发起共产党的时候，做梦也没有想到会恶化到变成流匪。作俑的人，实在罪孽深重!”

国共皆欲诛之

1927 年，国共矛盾激化之际，周佛海正担任黄埔军校秘书长兼政治部主任。校长是蒋介石，邓演达是代理校长，张治中为教育长，后两人各有兼职。“学校的事，大半由我主持。当时最痛苦的，就是应对国共的摩擦。我已于十三年冬在广州脱离了共产党，所以共产党对我自然是对立的。同时国民党的右派却认为我仍然带有红色，不时加以监视和牵制。”事实上，经由“伯乐”戴季陶的指引，他已决意靠拢有“枪杆子”大权的蒋介石。国民政府迁到武汉之后，邓演达派恽代英担任总政治教官，实际上是执行政治部主任职务。周佛海常称病不到学校，并密谋逃走。正值夏斗寅进攻武汉，学生军匆匆出战，恽代英以代理政治部主任名义随军出发，周佛海在校留守。他利用岳父与船务公司的关系，带着以看戏洗澡为名离开武昌的妻儿，在汉口上了外国轮船，前往上海。

共产党发现他逃走之后，即致电九江军警截留，但此船并未在九江靠岸，未能截住周佛海。“谁知跳出了天罗，却跌入了地网!”周佛海格外小心，船抵南京并未上岸，打算到上海后先电蒋介石及张治中等人，然后再到南京。谁知他在船上便被国民党人发现，在南京向上级报告，南京政府便派人跟踪，并致电上海方面逮捕周佛海。他上岸后即被巡捕房逮捕。好在被捕当天是星期六晚，他一关便是四天，没有被立即引渡到国民党的特务处。妻子杨淑慧后上岸，也未被捕，当时上海传说共产党捉到就杀，她发现丈夫不见后着急寻找，得以向各方奔走。“如果早一两天引渡过去，那真是吾命休矣。因为那时杀个把人哪里算一回事。”“南京上海主张杀我的人都很多。”上海方面也不敢放他，关了两个星期后才移送南京，经电话请示在徐州前线的蒋介石，才予以开释。

周佛海在回忆文章中用大块篇幅追述了这段往事。“这是我生死关头，所以这一段特别写得详细”，后怕之情，溢于言表。当时审理他的上海“清党”委员会主任委员陈群，后来也成为汪伪政权高官，周佛海对他大加拉拢，然而私下对儿子谈起来却“旧嫌未消”，称陈群恨不得杀了他，但因杨淑慧的营救而没有成功。这段“国共皆欲诛之”的经历对周佛海的影响，一方面是了解到投靠“实力派”的重要性，另一方面也知道了“得罪谁都不行”，这也许是他最后成为“日、伪、中皆曰可用”的“骑墙式汉奸”的思想根源之一。

日、伪、中皆曰可用

蒋介石回南京后，周佛海又被任为新黄埔军校的政治总教官。惊魂初定，他又开始撰写《三民主义的理论体系》，打算奠定自己“三民主义理论家”的身份，向国民党表明自己的忠心。

周佛海作为蒋介石的“文胆”之一，与邵力子、陈布雷、陈立夫等一起参与机要，起草公文，过“半军人半文人的生活”，颇得蒋介石的信任。蒋介石建立“中统”，周佛海与陈果夫、陈立夫同为领导核心；蒋介石建立“复兴社”（后改为军统），周佛海又被指名为该组织最高级干部之一。周佛海与一众幕僚同事也交情颇深，抗战后作为汉奸被逮捕之后，陈布雷、陈立夫以及蒋介石的机要秘书陈方都出力为之求情。然而作为“半路出家”的幕僚，他虽时有升迁，地位却仍“半红不黑”，较有实权的职位不过江苏省府的教育厅厅长，与野心相比，这自然令他感觉“很不得意”。据其子周之友在《我所知道的汉奸周佛海》中回忆，他对儿子说过：“我在重庆很不得意。自从脱离共产党后，我当过国民党政训处处长，也当过江苏省教育厅厅长，现在当国民党宣传部副部长，和国民党中统关系也深，但始终没有什么作为。因此，我决心同汪先生一道出来，从另外一条道来解决中国的问题。”可以说，周佛海的卖国，首先是追求自己政治上的野心。

周佛海留日多年，颇有日本情结，面对日本侵略日甚一日的局势，他成为“主和派”的一员，与胡适、陶希圣、梅思平等组织“低调俱乐部”，鼓吹“战必败，和未必大乱”。据他对周之友的说法，“低调俱乐部”主要有三个论点：第一，中国的问题必须攘外先安内，假使不把内部问题搞好，和日本人打仗是打不过的，不仅如此，还会给共产党以可乘之机，共产党可借抗战扩大自己的势力，到头来倒霉的还是国民党；第二，国民党现在还没有力量，首先必须充实自己，然后才可以和日本人交涉，日本人对中国是有侵略的，但这事不能用简单的方法来解决；第三，中国问题的解决，是和整个世界问题的解决联系在一起的，当时国际形势仍然不宜抗战。周佛海的“妙论”是：“中国没有一件能与日本比拟，如果战争扩大并延长下去，日本自然也感到困难，可是日本感觉到痒的时候，中国已痛不可忍了！”这些观点，和对抗战前途悲观失望的国民党副总裁汪精卫颇为“同调”，原被视为“CC 派”的周佛海也逐渐从汪精卫“改组派”的政敌变成汪精卫的亲信。

抗日战争爆发后，他出任蒋介石侍从室副主任兼第五组组长，国民党中央宣传部副部长、代理部长等职，可算委以重任。然而他却主动派出高宗武、陶希圣等人与日本人暗中谈判，百般劝说汪精卫接受日本的诱降条件，积极开展“和平运动”，成为汪记“和平运动”的总参谋长。他和汪精卫的夫人陈璧君成为汪精卫“下水”的两个最重要推手，而周佛海更可以说是“始作俑者”。他对汪精卫做了大量的动员、劝驾工作，在日记里称“汪之性格，咸认为无一定主张”“无担当，无果断”。而他也摸透了汪精卫的特点，“断定虽有反复，结果必仍如原计划”。

更有一种说法，周佛海之所以敢瞒着蒋介石和日方谈判，是因为周佛海经“研究”断定蒋介石的真正态度是“主和”：“由于举国上下高唱全面持久抗战，蒋先生不能不附和，而且比别人的调子更高，以便压服反对他的人，争取舆论的支持，蒋先生是被逼迫着走上他不愿意走的路。”周佛海决定“以自己的胆识，把蒋先生的做法反过来加以灵活运用，等决心和平后，再向蒋先生报告”。事实上，蒋介石在知道高宗武等私下谈判时，也并未对之进行处罚。出逃之前，汪精卫和周佛海都各留下长信给蒋介石，强调自己是“曲线救国”“从敌人手下去拯救人民”“不惜牺牲个人名节去为沦陷区人民做点工作”。1945 年元旦，周佛海致信蒋介石，称：“五年以来，职临深履薄，无日不惄焉如捣，凡奉钧谕，辄竭驽骀……处身虎穴，一切策应反攻之工作，万绪千头，迟恐准备不及，急则泄露堪虞……职以待罪之身，誓必效命前驱，俟最后胜利之来临，甘愿受钧座之严惩，斧钺所加，死且瞑目。”据说，蒋介石阅信后为之感动流泪。

1938 年 12 月，周佛海跟随汪精卫出逃。1939 年 12 月 30 日，周佛海作为汪精卫的代表，与日本的影佐祯昭在上海签订了卖国密约。抗战后，周佛海被捕后受审，被法官责问：“为何不惜出卖国家民族的利益，甘心附逆?”他回答道：“当时我认为中日两国，实力悬殊。卢沟桥事变发生后，仅2年多时间，我国就连续失陷北平、天津、上海、南京、武汉、广州诸通都大邑。长沙一地，日本军队未到，已被自己烧得精光。我认为抗战必败，所谓胜利，前途渺茫，所以赞成汪精卫的‘和平运动’。近卫文提出‘中日亲善’三原则，我认为是媾和的大好时机，所以从重庆经昆明出走河内，转道香港返沦陷区。”

1940年3月30日，伪国民中央政府在南京粉墨登场，周佛海被任为伪财政部部长、伪军事委员会副委员长、中央政治委员秘书长等要职，后又任伪行政院副院长、伪中央储备银行总裁、伪警政部长、伪清乡委员会副委员长、伪物资统制审议委员会委员长、伪上海特别市市长等职务，掌握伪府的外交、财政、警察、特工与军事等各项权力，是傀儡政权中最具实力的显赫人物。周佛海受到如此“重用”，与他“懂日语、通日情”是分不开的。有学者曾对汉奸伪政权高级官员情况做过简略统计，发现“留日比例较高，在被统计的144人中，有留日经历者54人，占被统计人数的38%，占接受过近代教育人员的49%”。这里，既有情感上“亲日”的因素，也有日本人刻意利用的因素。

伪中央政权成立时，伪政府中的各院、部、会的汉奸要员都是在周佛海笔下提名炮制产生的，周佛海对此十分得意。他在日记中说：“国民政府还都，青天白日满地红旗重飘扬于石头城畔，完全系余一人所发起，以后运动亦以余为中心。”“人生有此一段，亦不枉生一世也!”

周佛海的荒淫和腐败也是汉奸中有名的，闹出不少醋海翻波之事。日记中还披露，周佛海先后以耐劳、慎独、宁远、百忍等20多个化名在上海数家银行存款近3000万元（约合当时黄金7500市两），他估算“为数虽不多，今日之蓄积，比上不足，比下有余，亦应自足矣”。

私人日记中的沾沾自喜，到了对外的文章中，就变成精心炮制的“悲天悯人”“苦心孤诣”。在《往矣集》中，周佛海以“孤臣孽子”自命，大赞汪精卫有“‘我不入地狱谁入地狱’的慈悲而勇毅的精神”，又为自己诡辩道：“尤其是我们现在所处的环境，正是周公恐惧流言、王莽谦恭下士的时候，是非未定，功罪难分。如果半途而废，虽存周公之心，终成王莽之果，上何以对祖先，下何以对子孙！后世的批评，我们可以不必去管，流芳百世也好，遗臭万年也好，无声无臭，与草木同朽更好，‘身后是非谁管得，满村争唱蔡中郎’，但是个人的是非，固然不必计较，国家的利害，却不能不加考虑。自古孤臣孽子的用心，不在求谅于当时及后世，乃在使个人的苦心、努力和牺牲，实际有益于君父。所以现在距我们企求的目的，虽然道路崎岖，关山险阻，但是救倾扶危的目的一日不达到，就是我们的责任一日未解除。一息尚存，此志不容稍懈，哪里能够因为人事沧桑之感，而改变鞠躬尽瘁死而后已的决心呢！”

周佛海甘当汉奸，但绝对没有“把鸡蛋放在一个篮子里”。成立伪政权后，他在日本人的默许下，做诱降重庆政权、谋取“全面和平”的联络工作，同时，不忘瞒着日本人和汪精卫，向重庆时时表明自己“苦心为国”的合作意愿。太平洋战争爆发后，周佛海预感到日本必败，更是频频向陈立夫、戴笠、顾祝同等人示好，如出面保释被捕的国民党要员、搞物资交换、在自己家中设立与重庆的直接联络电台、允许国民党特工在自己身边公开或秘密活动等。因其所处地位重要，国民党也对他积极争取：戴笠利用周佛海对母亲的孝顺之情，将他的母亲关押在息烽监狱进行要挟；陈立夫要周佛海“暗中布置，以备将来去汪（汪精卫）”；蒋介石也给周佛海写“知名不具”的亲笔信，要他“暂留敌营，戴罪立功”。共产党在上海的地下组织和情报机构也对他进行过劝导、策反。日本宣布投降后，周佛海第一时间向蒋介石拍了急电，表示他愿以“完整的上海奉给中央”，并乘机向介石蒋表忠心说:“职与其死在共产党之后，宁愿死在主席之前。”国民党军事委员会委员长侍从室奉蒋介石之命，任命周佛海为军事委员会上海行动总队总指挥，令他负责维护上海、杭州一带治安，由此，他在阻止新四军武装收复沪杭地区中发挥了不小作用。经此种种，周佛海自以为高明，俨然以抗战的“有功之臣”自居。在重庆被关押期间，他与沈醉争辩“汉奸卖国贼”的称号：“说我们是去当汉奸，我们承认，有时也感到这两个字的可耻。但说我们是卖国贼，杀了我我也不承认。因为我们无国可卖，只是替被敌人占领了的国土上的老百姓做点事。这些国土是敌人交给我们的，怎么反而说是我们卖掉的?”在法院审判时，面对法院对他“通谋敌国，图谋反抗本国”的起诉，他强词夺理地称自己最初是“通谋敌国，图谋挽救本国”，后来是“通谋本国，图谋反抗敌国”。

1946 年 4 月，国民党当局先后开始了对汉奸的公开审判。陈公博、梅思平、褚民谊、林柏生、陈璧君、缪斌等首要汉奸一一受审，不少被判死刑，然而罪行更大的周佛海却逍遥法外。这引起社会各界的强烈不满，纷纷质问当局：“独头等汉奸周佛海不知其何以久无消息？”迫于压力，国民党当局于 1946 年 10 月公审周佛海，并判处其死刑。经其妻子多方奔走运动，甚至以公开蒋介石的亲笔信相威胁，加上不少国民党要员为其开脱，或许还有考虑周佛海还算对自己“忠心耿耿”的因素，1947 年 3 月，蒋介石发布特赦令，将周佛海的死刑减为无期徒刑。在国民党逮捕和判刑的 2 万多名汉奸中，周佛海成为唯一得到特赦的汉奸要犯。但周佛海长期恐惧，重病缠身，已是时日无多，不到一年即病死监房。

对于不祥的命运，周佛海也早有预感。在《往矣集》中，他袒露了纠缠自己多年的无奈与虚无："我一生的遭遇，总觉得都是命运的支配。我现在能够有这样地位，负这样的责任，绝不是我的聪敏才智说得到的结果，完全是侥幸。侥幸，就是命运。""只要把从古到今的历史，翻阅一遍，任何人都会感觉世事无常、人生靡定，而有盛衰兴亡之感。""自从国民革命以后，虽然只有十九年，却亲自经历过许多突起突灭、时分时合、忽盛忽衰的悲剧和喜剧，令人啼笑皆非，悲喜莫是。在这样起落不定的澎湃潮流中沉浮了十几年，焉得不令人感觉得个人的事，无一不是空的，而发生消极之思呢？成固不足喜，败亦何必忧。得固不足乐，失又何必悲。荣华富贵，权位利禄，转眼皆空，何必劳形苦心于这些身外之物追求和争夺呢！"个人立场转换仿佛和政治风云变幻一般无足轻重，宿命虚无之思在现实中便落脚为及时享乐的托词，文人之笔固然高蹈，联结的却是争名逐利的"文人无行"，未免令人失笑。

三大汉奸中，汪精卫 13 岁丧母，14 岁丧父；陈公博 20 岁丧父；周佛海也是父亲早故，由寡母抚养长大。周佛海和陈公博都以孝子著称。军统头子戴笠对周佛海的争取，也是从软禁和善待其母亲着手。"心伤慈母线，泪染旧征衣。回首风尘里，中原血正飞。"这是"孝子"周佛海早年离乡求学时写下的诗句。"忠奸不两立，生死莫相违；知否渝中母，倚闾望子归？"这是军统特务以其母亲名义写给周佛海的"策反"书信中的诗句。怎奈母虽"倚闾"，子却"骑墙"，欲求"忠奸两全""忠孝两全"而不得，甚至"奸孝两全"也不得。他留给我们的，似乎只是一个背道者虚幻追求自我心理弥合的残缺样本。

（转自《随笔》杂志官方博客）

黑社会与革命

许　亿

上

黑社会，现在通常的定义叫作有组织犯罪，从字面上看，这也是个近现代的概念，比较客观地讲，应该定义为相对于主流组织体系以外的另一套组织体系或者秩序。它维持另一个方面的公平，是不是犯罪，这很大程度要看它所面对的这套主流法律是不是合理或者具备合法性。所以说，定义为黑社会在历史上是找不到共性的，通常而言，叫作秘密社会或地下社会。需要说明的是，本文致力于谈论的是本国的黑社会，现代文明最没有意义的事情就是给全世界找出共性，常常将某些事情简单分类，而给各个文明不同的状态统一命名。这样，往往导致很多削脚适履的事情发生，也闹出不少笑话。

有人考证中国最早的黑社会是墨家的巨子，老大就是巨子，团队有完整的组织系统、政治纲领、行动宣言（《墨子》十论，曰：兼爱、非攻、尚贤、尚同、节用、节葬、天志、明鬼、非儒、非命。其中不乏现代民主平等观念）。成员被统称为“墨者”，平日“串足胼胝，面目黎黑”，以吃苦为乐事。一遇弱国遭难或群众困难，他们立即前往救助，赴汤蹈火，死不旋踵。其要义是“强不执弱，众不劫寡，富不侮贫，贵不敖贱，诈不欺愚”，很具有狭义精神。当然，有人说这与今天的黑社会欺善怕恶很不一样。我说当然不一样，龚自珍骂他所处的时代“朝无才相，巷无才偷，泽无才盗”。这还真与现在的时代有相似性，现在食品也可以掺毒，人也没有了敬畏，盗就更加无道了。当然，道德不是本文所关心的，本文更关心的是墨家的组织性，从这个角度而言，可以更远地追溯到孔子和他的门徒。一个人，可以号召上千人追随（据说达到3000人，春秋普通一个国家的军队也不过如此，何况这是个庞大的知识分子团队），最重要的是，这个人完全依靠个人的道德文化修养，而没有依靠任何官方的协助。应该说，这是当时各国正常体制以外的一个有组织的力量。这也给后代的秘密社会留下一个鲜明的印记，就是门徒体制，以收徒弟的方式发展组织，这个端倪是从孔老二那里开始的。

春秋以前，中国是相对稳定的封建体制，天子、贵族、官吏、平民及奴隶保持一种垂直的管理关系。但春秋各国之间大规模的冲突发生以后，这个单纯的关系遭到了破坏，战争使很多人流离失所。他们之前或是贵族，或是奴隶，但他们以前的生活环境被破坏以后，大家都以一个平等的身份在这战争不断的土地上生存，叫作游民。其中的不甘自我湮灭者通过学习及自身力量获得或寻找新的职业，后来我们称他们为“士”。孔子和他的门人通过学习知识联系在一起，并有了一定的组织性，这就是我们国家最早的社会组织方式。这是一种很微妙也很高深的关系。因为他们并没有通过当时自身的组织对社会产生影响，而当他们一旦学成并各自谋取到职业以后，这个组织的影响就广泛地发生了，甚至影响到历史的进展。比如苏秦和张仪的故事，苏秦获得权力，致力于推广他的合纵理论的时候，不忘了布局，让他的同学到秦国去发展连横战略，来反证他的学说（苏秦和张仪是不是同时代人，就轮不到我考证了，这里只是举这个通俗故事而已）。以知识传授及创立一门学说，从而去影响列国，是当时比较风行的干政方式（当然也不是一定要去干政，也有用于生活的，比如道家）。这当中，墨家只是当时最具备组织性的一个学说门派，说他们是黑社会始祖有失偏颇。

而差不多到战国时候，另一种有组织的方式开始产生，就是养士。一个贵族，聚集一堆社会能人，没事的时候养着他们，有事的时候甚至可以让他们去死。这个方式，还真与现在老大养小弟没有什么区别。养士的传统应该从春秋晚期就开始了，比如吴国阖闾结识伍子胥、孙武、要离、专诸等人，去刺杀吴王僚夺得王位，专诸为此还送了命，不谈他的刺客职业，单从他做小弟做到死而后已的份上，也足称天下小弟的万世楷模。养士在战国时候蔚然成风，最著名的几个君，如孟尝君、平原君、信陵君、春申君等，无不以食客多而闻名。学者王学泰认为，这些人才是侠的代表，所谓侠者，是一个大人带着几个小人。司马迁说：侠以武犯禁，这些人物已经不仅是犯禁的问题了。信陵君请军救赵，魏王不准，他干脆盗得虎符，击杀大将晋鄙，取得军队去完成所想，这等风范，足以令今天所有的老大汗颜。战国后期的养士风气，使各国出现了一堆体制以外的老大，他们小可以立足一国而无人动其权威，大可以直接影响到国际关系。王学泰还认为，侠者，是后贵族时代的结果。战国后期的国际大规模冲突，已经使大批士人撇开身份羁绊，奔向政治舞台、权力高峰，这时候，人们已经毫不掩饰自己对于利益的追求，比如，在张仪“舌头是吃饭的本钱”、李斯“要当一只粮仓里的老鼠”的故事已经相当普遍的时候，而另一部分人，尤其是贵族身份的人，依然保持着对于某种理想境界的追求。这个追求也是很有市场的，商人吕不韦也养门人，甚至组织力量去写作《吕氏春秋》以追求他在历史上的地位。侠是千古黑社会一直极力标榜的道德形象，但到了后期，这个侠义其实是日渐式微的，秦统一以后，虽然以强大的行政力量去破除封建、整合势力，但可能是用力过猛了，反而激发了反动。秦政严酷其实只是秦灭亡的一个因素，六国势力的存在才是秦灭亡的主因。陈胜、吴广只取得了一时的成果，尤其可见平民还折腾不出大的动静。真正有实力的还是楚国的贵族项羽。当然，秦灭亡后的这场战争果实还是落在了一个平民的手里。这个楚汉相争的结果，是六国势力的彻底扫平。这为汉的长治久安奠定了基础。汉初也有人继续养士，但下场都不太好。另一方面，国家设置了平民上升的通道，如察举制，这也使知识分子、社会能人有了出路。国家正常以后，主流体制是有能力制止非主流的组织的。所以，过去的稳定隐患，如社会讲学、门人习惯虽然存在，但都是在一个社会正常秩序下的组织，成为社会发展的一个必要补充。大量的平民获得官职以后，这个社会又出现了新的不稳定因素，叫作“党”。

“党”在中国古代没有获得过好的名声（子曰：群而不党）。因为中国这样的农业社会向来是缺乏组织的，作为一个松散的社会国家形态，一个有组织的非国家政策秩序里的力量显然是危险的，所以在很多时期，中国严禁结党。在结党的后面往往出现营私两字，这也大致说明，结党的目的非为国家，而是某个势力出于自身利益的需要，有时候结党的人未必是坏人，但问题是向善的愿望往往与结果相反，东汉党锢之祸“凡党事始自甘陵、汝南，成于李膺、张俭，海内涂炭，二十余年，诸所蔓衍，皆天下善士”（《后汉书》），虽然是道德名士，但因相互欣赏而形成一派，对政治造成影响，尤其构成对非本派当权者的威胁。彼此不甘落后，于是相互攻杀，最终导致国家力量的消弱。这几乎成了中国的一个传统，清流结党，看似慷慨激昂，但最终对这个国家起到了什么样的作用实在可疑。比较无疑的是，一旦那些所谓的清流形成组织，往往是这个朝代濒临灭亡的时候。这是规律吗？不一定，但这是个大概率的事件。这是秘密社会的第三个形态，当初刚露出端倪的时候，还只是几个知识分子之间的相互结交。但发展到后来，比如孙中山“会党”一说的时候，其中的黑社会性质还是非常明显的。（兴中会成立后，很注意联络会党，以扩大势力和影响。孙中山曾说：“余持革命主义，能相喻者，不过亲友数人而已。士大夫方醉心功名利禄，唯所称下流社会，反有三合会之组织，寓反清复明之思想于其中，虽时代湮远，几于数典忘祖，然苟与之言，犹较缙绅为易入，故余先从联络会党入手。”）现代意义的政党其实并没有什么问题，“政党本质上是特定阶层利益的集中代表者，是由特定阶层中一部分最积极的分子组成的，具有明确的政治主张，为夺取、影响和巩固政权而开展活动的政治组织”（李文良）。问题是，中国从来没有出现普遍意义的现代政党。当然，我们说这是中国特色，也与我们的传统有着强大的联系。比如我一直分析的组织性。中国传统上一直是个缺乏组织的国家，所以在这个国家一旦有了组织将是非常危险的事情，除非这个组织本身当权，否则肯定是被打压的对象。

前面提及的所有组织，还都是知识阶层的联合，他们对于国家的影响应该说还是比较温和的，这个国家真正庞大的阶层是农民，只有农民组织起来以后，威力才是巨大的，破坏也是巨大的。如何组织农民一直是个问题，直到有人娴熟掌握利用迷信控制这一路径的时候。所以说，东汉以前虽然有很多起义，但还不能说最具破坏性。而真正产生启示意义的，我个人认为还是黄巾起义（黄巾起义，我认为与东汉佛教的传入是有一定关联的，起码佛教的组织形式对张角有所启发，之前中国有黄老学说，但没有宗教，而佛教已经是非常成熟的宗教组织）。这是一场以迷信组织起来的起义，前面陈胜、吴广的起义也是以迷信发动的，但并没有以迷信组织。黄巾自始至终以迷信贯穿其中，甚至发展到宫里的太监也成为会员，并作为内应（后来嘉庆年间的林清起义也发生过同样的事情）。这是非常可怕的，迷信超脱了阶级性，当然还是以迷惑广大无知的农民为主。农民因共同信仰凝聚在一起，就产生了翻天覆地的力量。比如，张鲁的五斗米教居然也成了事。所谓组织，必然有共同纲领，但要服从领导，还必须要有敬畏。虽然现代黑社会小弟反骨事件层出不穷，但总还是维持一个大致形式的，比如要拜关公，要拜祖师，要喝血酒，要背家法。除了在现实中的恐吓以外，还要告诉你头顶上有神灵看着，莫以为做坏事神不知鬼不觉。

中国历史上早期的非政府组织——秘密社会，也就是所谓的黑社会，往往表现出对政治的强大兴趣，这与城市的不发达、市民社会的不繁荣有一定的关系。秘密社会往往表现出干预政治的兴趣，甚至颠覆政权的欲望，当然，其中也有落草为寇、小富即安的。当市民社会强大、城市繁荣、工商皆备的时候，随着巨大利益的产生和图利心的驱动，又形成了新的组织。这就是比较接近现代定义的黑社会了。

中

即使是黑社会，估计也是看不上抢劫的人，我说过，黑社会其实追求的是另一种秩序，而抢劫往往是不讲规矩的，所以也就更谈不上有秩序。

虽然说抢劫是最没有技术含量的事情，但打家劫舍的祖师爷是个了不起的人物，这个人的哥哥与孔圣人是好朋友。他哥哥本身就是一个了不起的人，几乎是中华道德的代言人，这个道德标准放在今天依然不失其“先进性”。前段时间还有委员说要在手机及电脑上装软件屏蔽色情，以求全民贞洁。是的，这个道德叫作“坐怀不乱”。这人的哥哥叫作柳下惠。这个人叫作柳下跖，不过我们更加熟悉的是他的职业加在他名字上的叫法——“盗跖”。

盗跖是春秋时期一个声明显赫的强盗。声势强大的时候，“盗跖从卒九千人，横行天下，侵暴诸侯。穴室枢户，驱人牛马，取人妇女，贪得忘亲，不顾父母兄弟，不祭先祖。所过之邑，大国守城，小国入保，万民苦之”。据说，孔子想去说服他改邪归正，结果被能言善辩的盗跖反过来教训了一顿。这气得孔子后来宁可渴死也不喝“盗泉”的水，只因为一个“盗”字。

这个故事出自庄子的寓言故事，所以有没有盗跖这个人是要打问号的，但这个故事告诉我们，起码在春秋时期就有专门打家劫舍的组织存在。战乱之年，老百姓若没有正常途径谋生，抢劫不失为最后的手段。发展到后来，正如吴思的文章里写到，在山东，有一些人，忙时务农，闲时为匪。劳逸结合，这很像现在的民工，只是职业不一样而已。

抢劫虽然不需要技术，但显然需要力量，如何将力量组织起来就是一个很重要的专业问题。盗砣能把孔子骂得回不了嘴（怎么骂，请大家去看《庄子·杂篇 盗跖第二十九》），可见其能力非凡。而中国小说里的宋江，则是千百年来土匪领袖的另一个组织管理的巅峰。我们以前总是一厢情愿地将这些绿林好汉看成杀富济贫的英雄，但从绝大多数土匪的事迹来看，能做到“杀富自肥”就已经算不错了。大家在严重破坏道德良俗的前提下一起共事，没有一定的组织能力是非常危险的事情。晁盖搞掉了王伦，宋江也可以搞掉晁盖，搞来搞去只会消弱力量。所以，宋江的意义在于：首先，他将那种混乱无序的人事关系以 36 天罡 72 地煞的形式严密组织了起来；然后，以“替天行道”这四个字给他们的行为找到道义上的合法性；最后，又以求招安的方式找到他们弟兄最后的归宿。虽然结局并不太好，但事实上这也是一伙黑社会最好的一个可能。没有组织和管理，彼此之间就会火拼；没有道义与精神追求，组织就会堕落；最后，没有招安与合法化的洗白，那么组织迟早会被消灭，即使不被消灭，也不能老死江湖吧？！总之，抢劫是黑社会的末流。凡不可持续的都不是一个行当的主流。那么主流是什么？主流是帮会。

提到帮，就不能不提到商人组织。汉代开始轻商，商人除了地位低下以外，四海经商，人生地不熟，所以在人身上也是极不安全的。袭击商人的事情，也几乎是强盗和官府的共同爱好，强盗就不说了，当官的也好这一口，比如晋时与皇帝的舅父王恺斗富的石崇。石崇的官做到南中郎将、荆州刺史、领南蛮校尉、加鹰扬将军。他干的都是什么事呢？“在荆州，劫远使商客，致富不赀”，这样就赚下了泼天富贵。于是，商人必须自保。这就必须拉帮结伙，形成力量，动乱的时候起码可以对付一下。比如近代云南还存有的马帮。“帮”与“党”两个字都有结伙的意思，但还是很有区别，“帮”是协助的意思，而“党”则是偏袒。（《论语》：“吾闻君子不党。”孔注：“相助匿曰党。”）

太平的时候，商人的结合就显得更加重要，买通官府，同进共退，形成垄断。每一种行为都有经济学的意义，何况对于做生意的人。木萱子的《晋商之死》写道：中国的政府管理千年来是以土地和乡村为核心和维系的。当大批人马彻底离开了土地，摆脱了以乡村为主的生活方式之后，原有的管理规范对这一批人来说已经失效。如何能在内部形成有效的管理，抵御外来的麻烦与侵辱，使自己的生存、生意能够得到保障，也使得商业活动能够正常开展下去，自我维持和发展，就成了一个自然而然的问题。就像一个企业组建后，如何能保证内部各个环节的顺利运转，对此，制定各类规章制度就是首要。商帮也是如此，在实践中，各类商帮不得不自我建立一套规范和制度，于是，帮规登场。在中国历史上，能在残酷斗争中活下来，并能打垮对手的组织，往往都有“黑社会化”的过程。

管理的目的是追求效率。而黑社会是最有效率的组织，木萱子在他的书里详细描写了晋商的内部管理，晋商以严密的内部组织性而一度达到汇通天下的规模，同时也因为其内部的封闭性而导致在外来商业的冲击下最终破败不堪。商帮有其组织性，但是不是就此定性为黑社会还有待商榷。正如现在的许多公司犯罪，你也可以说它是有组织犯罪，但若这么一定性，恐怕所有打擦边球的经营行为都变得高危起来。

汉代自《盐铁论》后，形成了中国的一套日渐成熟的国家专卖制度。好处就不说了，但副产品就是产生了大批非法生意。当一种利益追求被迫转入地下，或本身就一直在地下，则会造成一系列地下秩序的再建。所以，这又必然会在常态下形成贿赂、腐败，在非常态下激化成对抗。有时候，这个对抗的威力是巨大的，我们知道，至少两个盐贩差点反抗成功而夺得天下，他们分别是唐代的黄巢和元代的张士诚。

今天的黑帮依然控制着法律严禁的赌博、色情、毒品、高利贷等行业，离开主流一片大好而颇为自得的宣传声音以后，我们谁也不会否认目前这些罪恶行当的欣欣向荣。然而是不是就此界定这些行业罪恶，我看还是要分时间。若干年间，卖包香烟也是有走私嫌疑的（说到这里，忽然想到我们的烟草专卖还是有的，走私香烟的罪恐怕还是有的，只是组织化肯定没有以前那么大了）。什么是罪恶？当原教主义清教徒式时代过去，新的价值观在崩塌的道德废墟上试图重建的时候，我们总有点泛滥地相信那些所谓的人性。所以，现在有学者呼吁卖淫的非罪化，还有的地区想开放博彩业以扩展地区影响，至于高利贷，你现在放眼全国，尤其三四线城市，几乎处处都是所谓小额贷款的门店。只有毒品没有松动而已。若全都放开了，老实说，也就没黑社会什么事情了。当然，其中有争夺，这多少与政府的力量有关系。这个关系叫此消彼长。

总之，政府不让做的，只要有利润，就像常说的，若超过7倍的利润，杀头的事也有人去。这是生意，是计算过风险概率并且投资回报率相当合理的生意。那么生意的黑组织化也是这生意达成的一个重要部分，比如，开皮包公司的，必然要有一辆宝马车；你打算购买毒品的话，也绝对不会在门口卖报的老头那里得到。黑社会的控制使非法生意保持了一定的稀缺度，从而提高了诱惑度和增值利润率。这是西方社会历经几百年也没消灭黑社会的一个原因。一方面，保持黑社会组织，甚至让一些组织公开社团化，从治安的目的来说也是期望地下社会有秩序，同时，巨大的利益也让黑社会并不情愿惹太多的事情。多少年前大街上的流氓假如现在还过得不错，必然已经开了公司，而那些打拼讲所谓义气，甚至不惜命的混混们，不是横尸街头，就是潦倒至今。教训就在于：光有力气是混不了黑社会的。黑白分明的世界，即使不好，但终能使人明白界限在哪里；黑白模糊的世界，也许在做事情上有了更大的空间，但终会因为不知道底线在哪里而提心吊胆，或者因为无所谓底线而歇斯底里。

秘密社会的一个重要分流应该与今天所谓的工会差不多。中国的资本主义到底在什么时候萌芽还真是个问题，或许资本主义就是个伪问题，中国老早就有大规模的工坊，以及大量从事手工业者或其他比如物流行业的工人。这些假如被定义为无产阶级的劳动者，很早以前就以自己的方式组织起来了。明万历二十九年，苏州织工在葛成的领导下进行了反税盐斗争，但织工并不能形成气候，这多少与织工的工作性质有点关系，毕竟这项工作强调的是耐心而不是气力。

明清两代依靠运河南粮北调，供应京师和边防，漕运维持了近600年，积聚了大量以搬倒货物谋生的脚行人力工人、车夫。大家为谋生存而聚在一起，开香堂，创建了漕帮。（有传说雍正年间，有翁、钱、潘异姓好友应招兴办水路粮运，创建了漕帮；也有传说翁、钱二位祖师均乃洪门/天地会会员，但基础是一帮吃苦受累、终日不得温饱、只有相互接济才能共渡生活难关的从业者。）因为工作聚集在一起，既然没有劳动法保护，那就只能靠集体的力量去保障自己。后来漕运废止，漕帮上岸，就成了风云一时的上海滩青帮，但还是不可否认，绝大多数的流氓首先是无产者。码头扛大包的时候，说一句在帮，这工作也稳当了好些。犯忌地说一句，后来很多工运也是从码头工人开始的。包括我党刻意忽略的一个总书记——向忠发。他当选的时候说是工运领导者，他当叛徒的时候就成了码头流氓头。风水轮流转，只为境遇改，个人如此，帮派也如此。

中国秘密社会的发展，更多的是一群人在地下寻饭吃的路径，也就是说，图利而已。但到了天地会的出现，目的就发生了很大的变化，当然，作为抵抗组织，天地会并不是第一个，白莲教做得更大。但就组织的生存力、严密度，以及目的的明确性而言，比天地会者已无出其右。所以，传说中的那个创办者陈近南（陈永华）是相当了不起的。天地会目标明确，就是反清复明。其组织非常严密（天地会，下辖十堂，包括前五房五堂，后五房五堂。前五房莲花堂、洪顺堂、家后堂、参太堂、八马堂。后五房青木堂、赤火堂、西金堂、玄水堂、黄土堂。各堂负责人曰“香主”），持续最久，即使今天海外华人社会的社团组织都称自己是洪门弟子。天地会演衍众多，有三点会、三合会、添弟会、哥老会、三河会、圈子会、汉流（留）等，据载有50多种名称。其中，袍哥（哥老会）一度影响了历史。清末保路运动，应该说袍哥起了决定作用。

陈近南创办了一个地下抵抗组织，持续斗争了将近300年，最后灭了清朝。这个组织的毅力，中国以前是没有的。最后要说陈永华可以找的事迹，其实主要还是在台湾，创办教育，发展民生。其在台湾病逝。当时台湾地区领导人郑经亲临吊丧，谥文正。清翰林学士李光地听说陈永华病逝，向皇帝上疏祝贺说：“台湾长久以来没有被收复，主要是由于陈永华经营有方。今上天讨厌战乱，让他殒命，从此台湾的收复将指日可待。”

天地会，这个“会”字是什么？“会”是成员间信仰相同的小团体。孙中山后受此影响，创办了兴中会等若干组织，可惜事业未能有大的进展，徒学了一些形式。究其原因，还是这个组织更大的意义在于抵抗，而不是建设。所以说，某种程度上，宋教仁整合其为党，不亚于使其脱胎换骨，凤凰涅槃再生。

黑社会毕竟是黑社会，一个高风险、不规则的环境，所以除了严密的帮规家法以维持表面的秩序外，还要以神道宗法或者伦理等一切形而上的东西来控制精神，使之敬畏，使之依赖。但以中国人的聪明和大无畏，所有的东西只如过眼云烟，一旦这个人为名利所驱，就形成了我们小说影视作品中层出不穷的黑帮火拼。事实上，这是历史上真实存在的。只患难而不共富贵，或者为谋上位而不择手段。忽然感悟，这何尝不与我们的传统政治相似?！对此，下节再聊。

下

陈丹青读《吴法宪回忆录》，读出这样的感觉：

“如获罪的共产党人，‘老实交代’——比如，他被逮捕的场景若不写出，谁能想象呢：先是他与黄、李、邱几位被带进人民大会堂，一排藤椅，每把藤椅后站一位‘彪形大汉’。不久，周恩来、叶剑英等老总鱼贯进入，宣布停止各人职务：‘给你们每人找了一个地方，好好反省。’此下吴法宪写道：周恩来又对我说：‘你把空军搞成这个样子，你不要出问题啊，会给出路的。’我明白周恩来的意思，是叫我不要自杀……周恩来说：‘你去吧。’然后，周恩来、叶剑英、李德生三人和我紧紧握手，让杨俊生把我带了下去。这一幕哪像是现代政治？帮派才如此处理人事，地点在国家殿堂：‘紧紧握手’！然后，吴法宪开始了不断变更地点的漫长囚禁。党政人物的回忆，千般机密，牵动亿万人，而亿万人浑然不知。”

黑箱政治，这大致也就是我们的传统，是执行规矩以外的另一套规则，也就是所谓的政治黑社会化。

中国的权力更迭，除了血缘延续，也就是世袭以外，大致还有两种，一种是我们想当然，但并不存在于实际历史当中的禅让（纵然是神话当中的尧舜，也有李白《远别离》中“或言尧幽囚、舜野死”的说法）；另一种则是暴力的所谓“革命”。

禅让从一开始就是变质的，几乎是政变的托词。我记不得是谁骂王莽，说这小子一开始做得还很漂亮，但不知怎么就搞起“禅让”，生生糟蹋了这样一个词，也由此带出他的虚伪。是的，这个词代表着中国的政治理想，一个理论上不能成立的乌托邦。而从“商汤革命”开始的革命，只不过是暴力行为的美化而已。暴力是中国人的宿命。比较起来，无论如何，政变都是代价最小的一个方式。所以，大的武力推翻现政权的行为，往往是在天灾人祸诸多因素集合下的一个恶变。而政变，则几乎是日常政治中各种势力平衡下的一个常态。

这个常态，到晚清的时候，即使谈不上频繁，也还是有很多次的。言谈于此，也就意识到，其实中国在百年前虽不是刻意为之，但冥冥之中，也在不同的意见与冲突中寻找着危机当中最小成本的突围。上层社会的黑箱政治，的确也带来了底层社会的相对平和。所以，辛亥革命的剑拔弩张，瞬间就在各派之间的斡旋与阴谋中轻易化解了。而剑拔弩张是从底层黑社会开始的。有意思的是，袍哥让本该算是乌合之众的商民又组织了起来。看整个路权运动，从运动到暴乱，有张有弛，组织得严丝合缝、一气呵成。有街头请命的，有放木牌串联的，文攻武斗，无不效率惊人，节奏明快。而相反，本该是严密组织的军队起义——武昌起义，却从混乱中开始，在混乱中结束，若不是袁大人怀着养寇自重之心，怕也早被忠国的冯军门灭得不知道哪里去了。对此，我们前面谈过，这里就不多说了。

四川的袍哥组织发展迅猛，发展到巅峰时，同盟会会员尹昌衡干掉清臣赵尔丰，重建大汉四川军政府，便设宴邀请袍哥首领，干脆请他们“设立公口，助维秩序”，由此出现了“皮管街”的局面（皮就是指袍哥）。王右瑜在《大汉四川军政府成立前后见闻》中记载：尹昌衡高居大汉四川军政府都督后，公开提倡哥老会组织，在都督府大门上挂出一个“大汉公”的招牌，自封为大汉公的“舵把子”。其他如周俊任军政部部长，就在军政部门口挂出“大陆公”的招牌，参谋部不甘落后，成立了“大参公”，军事巡警总监扬维组织了“汉兴会”，由此，政府彻底“黑社会”化，也算是当日的一个奇观。军政府即为“袍哥政府”，（当时社会各界）表示不予承认。后来，尹昌衡见到外面风声不好，便下令取缔了哥老会，于是，成都市上200多个公口招牌一律都收拾起来了，然而虽然表面上收了招牌，但暗地里仍然在继续发展。可惜，这个黑社会政府的下场真不好，云南都督蔡锷派滇军入川，大肆镇压，“尽遣散同志军，并屠贼其首长”。如，川南总司令黄方及所部百余人，黄方甚至被“烹其肝而食之”，“百余人悉刳腹挖心，极其残酷”（范爱众《辛亥四川首难记》）。尹昌衡后被袁世凯革职软禁，不过其因在四川军政界很有影响，国共两党的上层人士许多都是他的部属，而成为四川军政界的元老。1949年四川解放，他的老部下刘伯承邀请他担任了西南军政委员会的委员，直到1953年逝世，享年70岁，结局还说得过去。

黑社会成了革命的工具，用完了，自然因其上不了台面而被丢弃，四川的袍哥悲剧在于事成以后的过于嚣张，全然没有上海帮派的低调与务实。黄金荣没有因为蒋介石发达而卖老架子，反而很聪明地送还了门生帖子。杜月笙的手法还要更高明一些。他善于协调黑社会各派势力之间的关系；善于处理与各派军阀之间的关系，善敛财，会散财；广结名流，大学者章太炎、名士杨度、名律师秦联奎都是他的座上客；帮衬政府，无论“四·一二”反共还是抗日，都无不用心。他也长袖善舞，左右逢源，抗战期间也知道找一些军中急需的通讯器材、装甲保险车送给中共将领，并应八路军驻沪代表潘汉年的要求，将从外国进口的1000副防毒面具赠送给八路军使用。同时，他非常懂得知难而退。1946年12月，上海参议会选举议长，杜月笙经过多方活动，虽然以最高票当选议长，但因国民党不那么支持他，所以，他当选后马上辞职了。此后，他致力于向工商、金融、交通、文化、教育、新闻等各业发展势力，担任各种各样的董事长、会长、常务董事、校董达六七十个，也算大成。最后，他毅然离国，1951年8月16日在香港病逝，终年63岁，算得上善终。我总在设想那样一个场景：在杜月笙生命最后这一年的5月20日，当他读到载于上海《文汇报》和《新闻报》上发表的黄金荣的《黄金荣自白书》，或者看到那张著名的黄金荣在大世界门口扫地的照片，心中将会生何感触？以杜月笙之为人，我想他绝然不会是庆幸，而应该是由心而生一丝悲凉。

黎元洪的秘书长特为杜月笙撰写了一副对联：“春申门下三千客，小杜城南五尺天。”而这“当代春申君”的杜月笙曾经对一个有文化的朋友说过：“你原来是一条鲤鱼，修行了500年，跳过龙门变成了龙。而我呢，原来是条泥鳅，先修炼1000年变成了鲤鱼，然后再修炼500年才跳过龙门。倘若我们俩一起失败，那你还是一条鲤鱼，而我可就变成泥鳅啦！你说我做事情怎么能不谨慎呢？”

黑社会没有因为赞助革命而以功自居，一生唯谨慎而获得全身而退。

杜月笙晚年曾愤愤然说：“蒋介石拿我当夜壶，用过了就塞到床底下。”但不管怎么说，这把“夜壶”很识趣。

民国初年，热情有余的革命党与组织高效的黑社会勾勾搭搭，大家一起把事情做成了，就开始清算出身。与之比较，共产党并没有与黑社会发生更多牵葛，原因很简单——共产党的组织更高效。然而高效是不是检验好政府的唯一标准，我们也不确定，所以发生上面陈丹青疑惑的一幕也就不稀奇了。很多事情由组织的上层决定，而组织的低层只负责执行，我们虽然抱怨决策的不透明，但还是享受到一点高效率的组织生活，纵然盲目，但仍在前进。然而今天看到的是上有政策下有对策，以及地方与中央政策的公然背离，你感受到的不再是集权放开的松弛，从阅读历史的经验中得到的却是分崩离析的乱象。这是高效集权组织最大的隐患。我们古代叫作“下克上”。比如两会以后的房价高企，北京一天三“地王”出现背后所隐含的政治含义。相较于我们对于问题恶化的忍受，我们更害怕的是——最上层的权威和控制力是不是还在。这个若在，即使乱也会有边际；这个若不在，乱将没有边际。

没有民主的社会，组织结构黑社会化及政治黑箱化总还是没有办法的一个办法，因为凡事只可在组织内部解决，即使手段卑劣一点，但还不会导致问题普遍性的恶化，损失总还可以接受。如前面所言，政变，往往是调整内部关系，使之尽可能优化的最有效率的办法，但如果组织内部的手术式权力调整解决不了问题的话，或者更为糟糕的是，试图引进组织以外的势力以期改变力量对比，然而相对稳定的权力结构一旦被打破，导致外来势力的失控，那么结果将不可想象。三国时期，袁绍建议何进引外臣去搞定十常侍，曹操认为不可，对付几个太监，一个狱吏就可以办到，引外兵岂不天下大乱？结果也验证了他的担心。中国的宿命，是即使有了前车之鉴也会重蹈覆辙。这究竟是因为什么？想来还是因为贪欲，对于权与利的贪欲，一个不受控制的权力巅峰对于任何人的诱惑及煽动都是巨大而致命的。贪欲会使个人判断习惯性地走上最坏的单行道，使人弄巧成拙，使悲剧形成循环。

戊戌政变之后，光绪帝被幽于瀛台，慈禧立溥俊为大阿哥，以便取代光绪帝。然而此举并非像她所设想的那般顺利。清季学者王照在《方家园杂咏记事诗》中记载：“戊戌八月变后，太后即拟废立，宣言上病不起，令太医捏造脉案，遍示内外官署，并送东交民巷各国使馆。各使馆侦知其意，会议荐西医入诊，拒之不可。荣禄兼掌外务，自知弄巧成拙。又尝以私意阴示刘忠诚公（两江总督刘坤一），忠诚复书曰：‘君臣之义已定，中外之口难防。坤一为国谋者以此，为公谋者亦以此。’荣禄悚然变计，于是密谏太后，得暂不动。”

胡思敬在《国闻备乘》中亦有记述：“及已亥谋废立，英公使私探其情于李鸿章。鸿章力辩其诬，因留之饮酒，徐试之曰：‘顷所言，仆实毫无所闻。设不幸而中国果有此事，亦内政耳，岂有邻好而肯干人内政乎？’英使曰：‘邻国固无干与之权，然遇有交涉，我英认定光绪二字，他非所知。’鸿章以告荣禄，为太后所知，益恨之次骨。”

至于民间，也多有反对之声，如，经元善等人更是在上海联合海外侨民公电西朝，请保护圣躬。

溥儁与其父端郡王载漪又怎甘心如意打算落空？据说，溥儁在宫中对光绪很不友好，载漪在宫外更是无所不用其极，加上戊戌事变中保守派们也绝不允许光绪东山再起，这些势力集合在一起，搞个权力更替，虽有国内外的一些反对，也终不是太难的事情。只可惜，其心过于迫切，竟又想到旁门左道上去了。19 世纪末，现代科学已成昌明之势。而中国人的这群权贵依旧固守愚昧，这次，他们居然想靠义和团来解决问题。往上数 750 年前，北宋汴梁被金兵围困，徽宗居然相信一个道士的话，打开城门去让他作法，结果让金兵灭了国。750 年后仍死性不改，这次，他们相信一群声称“刀枪不入”的游民可以支撑这个 1840 年以来从没有对外打过一场胜仗的国家对全世界宣战。

恽毓鼎在《崇陵传信录》中论及此事，称：“义和团之为邪教，即八卦，白莲之支与流裔，劳玉初京卿考证最详。顾朝廷所以信之者，意固别有所在——邵陵（即司马帅所废之曹芳）、高贵（即司马昭所杀之曹髦）之举，两年中未尝稍释，特忌东西邻责言，未敢仓卒行。载漪又急欲其子得天位，计非藉兵力慑使臣，固难得志也。义和团适起，诡言能避火器，以仇教为名，载漪等遂利用之以发大难。故虽廷臣据理力争，谓邪术不足信，兵端未可开，皆隔靴搔痒之谈也。”

义和团的结果，于中国是《辛丑条约》，于这帮颟顸的大臣权贵则更是身败名裂。

慈禧以“惩办伤害诸国国家及人民之祸首”为由，除南逃保定自缢于莲池书院之崇绮、西行途中病死之刚毅及在京病故之徐桐不问外，革去庄亲王载勋爵位，并降旨赐帛令其自尽；革去刑部尚书赵舒翘之职，着岑春煊监视自尽；礼部尚书启秀、刑部左侍郎徐永煜则被革职正法，在北京菜市口斩首示众。对于大阿哥之父、端郡王载漪及其弟辅国公载澜，降旨革去爵位，载漪更发往新疆军台效力，永远监禁，永不减免。大阿哥溥儁“废黜出宫”，改封为不入八分辅国公衔。溥儁被“废黜出宫”时，年仅

17 岁，虽获得了个人自由，无人管束，但地位一落千丈，加之平日人缘也不好，回京路上连乘轿资格也没有了。

只是想让自己的儿子当皇帝而已，更何况已经有一个“大阿哥”的名分，只要花点时间等待即可，然而却偏要心急搞事，搞到最后自己一场空不说，战火屠城，帝都饱受蹂躏，还连累举国 4.5 亿人民每人一两以示侮辱地赔偿各国。

中国何辜！

“二战”“台籍”日军沉浮录 被囚禁的中国灵魂

张华

“每日思念你一人，未能得相见；亲像鸳鸯水鸭不时相随，无疑会来拆分离；牛郎织女伊两人，年年有相会；怎样你若一去全然无回……”这是20世纪40年代台湾流传的闽南语歌曲《望你早归》。

这首歌的背景是一名台湾妇女盼望其作为“台籍”日军的丈夫能够早日回家团聚。“台籍”日军是指第二次世界大战期间被日本殖民政府征召去服兵役的台湾人，包括直接从事作战和战争一线的相关人员，以及后勤部门和其他辅助人员在内的与战争相关者。

1937年7月7日，日本军国主义政府发动“卢沟桥事变”，日本侵华战争全面爆发。1937年9月，为了补充后勤力量，日本殖民当局开始从台湾征召不具备正式军人身份的“军夫”前往中国大陆随日军作战，成为军中杂役。由于军人在日本是一个荣誉的身份，因此日本初期并不让“二等人”——台湾民众当军人，而是作为“军属、军夫”（注：军属是当时日军用语，乃日语“军人用人”之意，非汉语“军人家属”的意思）。按照日军中“军人——军犬——军马——军属——军夫”的排序，“军夫”为最劣等。

第一批“台籍”军夫参加了淞沪会战，这批“台籍”日本兵被称为“台湾农业义勇团”，在上海附近开农场，为日军种植新鲜蔬菜。随着日本侵华战争的升级与扩大，日本的“台湾总督府”又以各种名义招募“台籍”军属、军夫到中国战线从事物资运输、占领区工农业建设等工作。

至于征募程序和方法，依日本军部的要求，由“台湾总督府”订定资格和条件进行选拔。比如，在征选“劳务奉公团”人员的时候，条件是20~30岁健康男性，日语基础较好，奉公精神良好，适合劳务活动者。在具体操作方面，“台湾总督府”分配一定数额给各州厅（日据时期，日本殖民当局对台湾行政区划进行了重新划分，共划为5州3厅），由地方州厅官员广为宣传，招募军人。若报名人数不能满额，警察和宪兵将调查年满20岁的男性，按地址挨门逐户地去“拜访”“鼓励”。所谓的“拜访”“鼓励”，其实是软性施压。在军人专政和警察制度森严的情况下，不接受“拜访”和“鼓励”的后果可想而知。之后，日本警察将有意者名单进行审核，并发给通过考核者一张“红单”（即召集令），即算是招募成为“台籍”军夫。

历史境遇，“台籍”炮灰的难言之隐

随着日本侵华战争的全面扩大，日本出现了军需物资补给人员严重短缺，甚至兵源不足的问题。由于日本人口有限，不可能无限制地征兵，所以日本殖民当局盯上了海外殖民地。当时的朝鲜有2140万人口，而且“皇民化程度”较高，因此，日本在1938年2月发布了“陆军特别志愿兵令”，首先在朝鲜开始实施志愿兵制度。在同为日本殖民地的台湾，与朝鲜同性质的“陆军特别志愿兵制度”在 1942 年才开始实施。

日军衰败，在台全面征兵

1895 年甲午中日战争后，腐败无能的满清政府被迫签署了《马关条约》，割让台湾给日本。台湾同胞闻讯后，展开了大规模抵抗日本殖民者的武装反抗，同日本殖民当局展开了殊死较量，沉重打击了日本殖民者。因此，日本殖民当局对台湾民众一直有所顾忌，担心台湾民众在中国战场上倒戈，不敢征召台湾民众参军。日本陆军省军务局的官员直截了当地说：“（特别志愿兵制）避免对台湾民众使用，是因为现在正处在与其旧祖国——中国事变之下。”其字里行间，流露出对台湾人民祖国意识的警惕。

1943 年，台湾原住民也被正式纳入“陆军特别志愿兵”内，被以“高砂义勇队”等名义征用者达到 5000 余人（“高砂”是日本古籍对台湾的称呼）。1942 年 3 月，第一批被称为“高砂族挺身报国队”的 500 人被遣至菲律宾，因 5 月 7 日参战成功击退巴丹半岛美军而声名大噪，从此改称“高砂义勇队”。台湾原住民生活在山地部落，在丛林中特别骁勇善战。

据日军回忆，该队人员能于无道路之丛林穿梭侦察，也可以分辨远处声音，从事伏击。队员精于狩猎，可清楚地分辨丛林内的动物是否可以食用，使日军可以在缺粮的情况下得到补给。此外，该队队员也传授日军在丛林生活的方法。日本兵罹患疟疾，高砂队员还冒险摘椰子取水帮日本兵解热。日军士兵认为，对于“高砂队员的英勇、服从、为长官效命及牺牲奉献的精神”，日军成员也只能望其项背。驻印尼的日本司令也曾颁发奖章赞扬他们：“神出鬼没，白刃杀敌，令敌人丧胆；没有米粮，削树皮、吃野菜，令人佩服。”

适逢“二战”末期盟军展开跳岛战略的反攻时期，他们不是遭到盟军飞机的密集轰炸，就是受到优势火力的攻击，队员伤亡惨重。此次高金素梅赴日抗议，所指的祖先就是这批高山族日军。

随着日本侵华战争陷入战略相持阶段，加之太平洋战争的爆发，日本“台湾总督府”于1943年1月又实施第二期陆军志愿兵募集，选了1030名进入陆军。在陆军特别志愿兵制取得一定“经验”的基础上，日本军部于1943年5月11日颁布海军特别志愿兵令，同时在朝鲜和台湾实施。兵种有水兵、整备兵、机械兵、工作兵、卫生兵、主计兵等。同年7月，开始募集海军特别志愿兵3000名。此后，日本又在台湾多次募兵，前后共招募了约5500名陆军志愿兵与1.1万名海军志愿兵，合计约1.65万名“台籍”青年加入到日本作战部队当中。

在全世界人民的共同反击下，法西斯势力日趋衰弱，日军也开始节节败退，日本在台湾最终实施了全面征兵。1943年9月23日，日军驻台湾司令部、高雄警备府与“台湾总督府”共同发表声明，将自1945年起正式在台施行征兵制度。1945年1月，台湾开始正式全面实施征兵制度。第一批有2.2万名被日本侵略者挑中，成为日本侵略者的炮灰。

据日本厚生省统计，至日本投降时止，总计80433名台湾青壮年应征加入日本军队，成为一线战斗人员，更有多达126750人被征为军属或军夫，二者共计207183人。此外，在校读书的青年学生也必须参加“学徒兵”。其中，约半数被派遣在台湾各军事基地，6万多人前往东南亚、澳洲等地，有2万多人被派往包括香港在内的中国战区，另外有1万多人则是在日本本土服役。

“从军”的现实考量

台湾青年加入日军，为日军服务，乍看似乎让人难以理解。但置身于当时的历史境遇，台湾民众的“从军”背后也有说不出的难言之隐，历史和现实的共同作用造成了这种现象。

除了政治上受骗之外，台湾民众现实生活的考量是最重要的因素。

首先，帮日军工作会获得更多的报酬。在日本殖民统治下的台湾极度贫穷，台湾民众过着艰难的生活。当时，台湾一般民众的工资水平大约在20元左右，而加入日军则可以领到200多元。台北的徐东波就承认：“1943年夏天，我23岁，那个时候在报纸上常会看到刊登入伍的通知及新闻，在我结束餐厅工作后第2天，台南有入伍的考试，当时我想，每个人都得抽签入伍，若抽到了，去当兵只有10元的薪俸，但是志愿从军，却有160元的薪俸，就在这种半勉强、半志愿的心情下，我向日本军队报到，大约1个月之后，即启程前往菲律宾。”

其次，当兵可以获得跟日本人大体同等的社会地位。日据时代的台湾民众并不能享有与日本人同等的社会地位，是二等甚至三等国民：日本人吃白砂糖，台湾人配给较差的黑砂糖；日本人吃上等瘦肉，台湾人则只能供给少量的下等猪肉。

然而如果能够当兵，则不仅能够有更多的收入，而且能够与日本人有同等的地位。因此，许多台湾人就志愿从军。曾经参加日本陆军特别志愿兵的台湾宜兰县简传枝称：“当年当日本兵的台湾团仔（闽南语：年轻人、小孩子之意），只想与日本人平起平坐，成为一等国民。”

愚民洗脑，威逼利诱

更深层次的原因是，日本殖民当局为了消弭台湾人民的反抗意识，巩固殖民统治，大力推行“皇民化”政策，企图将台湾人改造成在精神与行为上对日本帝国完全效忠的愚民。1937 年，小林总督为了切断台湾与祖国大陆的文化联系，下令各报纸废除中文栏，并强迫关闭民间传授中国语文的汉文书房，1940 年更宣布禁止庆祝农历新年，并以纪念日本建国 2600 年为由强迫台湾人改换日本式姓名。

此外，日本殖民当局还通过教育、文化等途径消弭台湾人的祖国意识，灌输其必须效忠日本天皇、支持对外圣战的思想。其中，以《沙鸯之钟》的集体洗脑最为典型。《沙鸯之钟》是日本在“二战”期间拍摄的“大东亚共荣圈”样板电影，电影讲述的是泰雅族少女沙鸯，为奉召从军的蕃童教育所日本老师送行，在途中失足坠河的故事。日本驻台湾总督在沙鸯失足的河边立下一口钟，钟上刻有“爱国之女沙鸯”字样，并在河边立下纪念碑，将这名不幸丧生的少女作为共荣圈人民效忠日本、为国牺牲的样板。

这部集合了当时的一流编导、演员，并由日本首席红星李香兰主演的电影，在台湾播放时反响热烈。在这个氛围下，台湾原住民泰雅族陈干雄当时也奉召加入了由台湾原住民组成的“高砂义勇队”。

据陈干雄称，当时日本先把曲调哀伤、歌词感人的歌曲拿到各学校传唱，当台湾街头巷尾都能听到这首歌曲时，日本就开拍电影，电影一拍摄完成就轰动了全台湾。当时他们出发到东南亚作战前，日本当局还把他们带到台北集体观看了这部电影。

正是在现实生活的威逼利诱及日本“皇民化运动”的殖民政策下，不少台湾青壮年加入了日军。

对于“台籍”日军士兵，日本军方从未消除猜疑。据来自屏东客家的邱锦春叙述，他在因缘际会下考上日本陆军军官候补生，在经过 9 个月的训练后，1943 年前往名古屋地区的陆军第七航空部队报到，担任日军轰炸机的副驾驶。

邱锦春说，他在名古屋服役时，由于美军已经开始对琉球展开攻击，因此他们的任务多数是载运弹药与粮食，空投给琉球岛上的日军地面部队。

他一到部队报到后，队长就鼓惑航空队员说：“人难免一死，病死也是死，交通事故也是死，但是为日本、为天皇战死沙场，死后将被供奉在靖国神社，受到永世的敬仰。”队长同时还下令不准其他日本人歧视他。

虽然日军强调对他这个台湾出身的日军不会有差别待遇，然而在美军攻克琉球后，一趟运送武器到台湾的秘密任务却让他感受到日军对他的不信任：“当时我从名古屋飞到汉城，汉城飞到上海，上海再飞到桃园。队长他们三个人飞了八个钟头，先去休息要我监视加油。加完油以后一出飞机场，前面一个宪兵，后面一个宪兵。那个时候我就感觉到，他们怕我跑掉，我一跑掉飞机就不能飞了，我觉得很生气。”

邱锦春向他的队长提出质疑时，日本队长告诉他加派宪兵是为了要保护他，怕杀手潜伏到台湾刺杀他。

战后凄惨，死魂被囚，生者遭弃

“二战”结束之后，“台籍”日军的处境相当凄惨，其日后的生活也相当悲凉。至“二战”结束时止，在20余万“台籍”日军中，共有30304人战死，约占总人数的14.6%；其中军人占2.7%，军属占22.2%。相较于朝鲜籍日军242341人中22182人阵亡的9.2%的阵亡率，“台籍”日军的阵亡率是很高的。在这些战死者当中，共有28000万名战死的“台籍”日本兵被供奉在日本的靖国神社。

此外，在台湾新竹县北埔乡的济化宫里也供奉着33000多名“台籍”日本兵（与日本厚生省统计的阵亡人数30304不符），李登辉的大哥李登钦1944年战死在菲律宾吕宋岛，也以日本名字“岩里武则”名列其中。

即使没有成为炮灰的“台籍”日军，在战后也面临盟军军事法庭的审判。

根据相关史料记载，战后共有173名“台籍”日军被判有罪，其中26名被列为甲级战犯而判处死刑，另外有147名乙级及以下战犯被判处有期徒刑。这也大大高于朝鲜籍日军中129人被判有罪和14人被列为甲级战犯的统计。

而对于侥幸生还返乡的多数“台籍”日军来说，日本政府对他们态度的冷漠更让他们寒心。回到台湾后，这些人因带着战俘的标记，长时间受到监控，只能在社会底层勉强谋生。部分“台籍”战俘到日本寻求帮助，几乎无一例外地遭到了拒绝。一些“台籍”战俘长期滞留在日本抗争，串联散落各地的同伴向日本政府求偿，甚至上诉到日本最高法院。日本司法部却以违宪为由，裁定“台籍”“日本兵”终身不得求偿。一些“台籍”

战俘当年的军饷，以及存在日本邮局里的存款，也都无从追索。

据披露，一些“台籍”战俘和日本战俘一起在盟军监狱服刑，被释放后随日本战俘到达日本横滨，随即被隔离，其中的日籍官兵受到了热烈欢迎，“台籍”日军却进了东京的监狱补服刑期。原来，日本在1952年修改了“国籍法”，导致居住在日本的台湾人和朝鲜人丧失了日本国籍。这也造成军属的抚恤、索赔等统统将“台籍”日本兵排除在外。直到1974年12月，一位前“高砂义勇队”士兵史尼旺（日文名中村辉夫）在印度尼西亚摩露泰岛的原始森林中被发现并送至台湾，“台籍”日本兵问题才开始受到世人重视。

自1977年起，仍然在世的原“台籍”日本兵在留日台湾同乡会等团体的协助下，展开向日本政府要求补偿金的运动。经过多年诉讼，日本政府才在1988年决定以议员立法方式对在“二战”期间战死或重伤的台湾人支付200万日元抚恤金。这与日本人至少可领4000万日元的抚恤金相比，差别甚为悬殊。

“台籍”日军的悲凉遭遇，一方面显示了“台籍”日军只不过是日本军国主义侵略别国的工具，同样也是日本殖民台湾的受害者；另一方面也警醒我们，正是由于当时满清政府的腐败无能，才致使台湾割让给日本，让台湾地区民众遭受了日本殖民者的愚弄与压榨。在中国大陆和台湾地区正逐步迈向统一的今天，我们仍然不能忘记那段不堪回首的历史烙在台湾人民记忆中的伤痕。

（转自《时代周报》官方博客）

后　记
网易名博丛书之“前世今生”

网易名博丛书即将在东方出版社出版，与广大读者见面，实在是一件令人高兴的事情。本书的前言短小精悍，立意高远，对于此丛书出版之意义已经做了完美介绍，无需我在此再作铺陈。作为丛书的主编之一，我在此简单介绍一下网易名博丛书的“前世今生”。

季我努学社与东方出版社、网易博客频道都有密切合作关系。东方出版社的总编辑许剑秋、副总编辑黎松是季我努学社的顾问，网易博客频道姚文广主管是学社的理事，也是我的好友。季我努学社在网易博客开始的博客——季我努，也是博客频道的著名文化博客之一，短短两年间，博客的点击量超过520万人次。

这套丛书的最初创意来源于黎松副总编。2013年12月，有一次我到东方社拜访，黎松副总编跟我说，著名媒体的文章结集均有良好的社会和市场反响，他希望我联络一下季我努学社会员所在的强势媒体，打造一批优秀的出版物。

我立刻想到了网易博客频道，在博客这样的一种媒体类型中，网易博客处于遥遥领先的位置，名家云集，影响巨大。季我努学社的博客也开设在网易，作为网易博客的名博主之一，我很熟悉网易博客的精彩内容。我有段时间，简直成为了网易博客控，一天要上“季我努”博客上看几次，看着点击量不断增长，心里感到无比高兴。我深为赞同黎总的想法，觉得此事具有极强的操作性。

我将此事立即与文广商议，一拍即合，文广提出的思路是确定主题，然后遴选名家的博文，每位博主一篇博文，汇集成册，结集出版。这样便于汇集全频道之精华，也降低了出版难度。纵观网易博客频道的各个子频道，以“文化·历史”子频道名家阵容最为整齐，很多博主都是在中国近现代史上具有极高造诣的名家，于是我们选定以中国近现代史作为网易名博丛书的开篇。黎总获悉我与文广的编辑思路后，立即在时政编辑室指定了经验丰富的李烨老师作为丛书的责编。

由于篇幅的限制，李烨老师拿掉了一些优秀的博文（这批博文也有相当之数量）。虽然未能收入首批名博丛书，但它们将在后续的丛书中与读者见面。

网易博客频道和东方出版社都具有崇高社会责任感，对于梳理、传播中国近现代史的史实一直非常重视。季我努学社的职志是整理出版传播中国近代史料，在这方面，我们将进行密切的合作，争取向广大读者奉献更多的关于中国近现代史的优秀作品。

还历史以真实，还生命以过程，这是网易博客频道、东方出版社、季我努学社整理出版传播中国近现代史料的共同宗旨。真诚地希望这套中国近现代史名家作品荟萃的网易名博丛书能够有助于读者聆听中国近现代历史前进的脚步声，有助于读者把握近代和现代中国令人心怀激荡的坚强脉动。

季我努学社社长　康狄

2014 年 9 月 17 日于北京水碓子